旅游语篇建构的关系小句研究

A Functional-Cognitive Study on Relational Clauses in the Construction of Tourist Texts

陆礼春　著

南开大学出版社

天　津

图书在版编目(CIP)数据

旅游语篇建构的关系小句研究 / 陆礼春著. — 天津 ：
南开大学出版社，2024. 7. — ISBN 978-7-310-06614-8

Ⅰ. H0

中国国家版本馆 CIP 数据核字第 2024RZ4781 号

旅游语篇建构的关系小句研究
LÜYOU YUPIAN JIANGOU DE GUANXIXIAOJU YANJIU

南开大学出版社出版发行
出版人:刘文华
地址:天津市南开区卫津路 94 号　　邮政编码:300071
营销部电话:(022)23508339　营销部传真:(022)23508542
https://nkup.nankai.edu.cn

天津创先河普业印刷有限公司印刷　全国各地新华书店经销
2024 年 7 月第 1 版　　2024 年 7 月第 1 次印刷
240×170 毫米　16 开本　18 印张　2 插页　242 千字
定价:88.00 元

如遇图书印装质量问题,请与本社营销部联系调换,电话:(022)23508339

桂林旅游学院高层次人才项目资助

桂林旅游学院外国语言文学一流学科建设成果

前　言

关系小句（relational clauses）是系统功能语法创始人韩礼德（Halliday，1967，1985a，1994，2004，2014）从及物系统提炼出来，主要通过"是"（being）和"有"（having）来识解外部和内心经验世界的一种小句类型。关系小句主要通过归因与识别方式描述事物属性及事物间关系结构，是系统功能语法中既能表达经验意义（获知功能）又能表达人际意义（行为功能）的小句类型。关系小句是旅游语篇常用句型，也是语篇建构的重要手段。关系小句分为"三型（types）"和"两式（modes）"，三型两式排列组合形成六个关系小句类型。自 20 世纪 60 年代以来，国内外语言学界对关系小句的研究成果丰硕，但各个语言学派对关系小句的界定和研究方法不尽相同，尤其是对关系小句的分类及表述各有不同，莫衷一是，作为系统功能语言学框架里重要概念的关系小句的研究也大多停留在词汇语法层面。对于同一种语言现象，不同的语言学派有不同的研究方法和路径，其研究成果也各有侧重。

根据文献资料，目前国内外关系小句的研究主要从传统语法、系统功能语法和认知语法三个方面进行。在以往的关系小句研究中，传统语法主要描写句法结构，系统功能语法虽然注重功能语义，但关于关系小句如何体现三大元功能的研究并不多见，而关系小句的认知语法研究也仅限于构式语法分析。

概括起来，关系小句研究存在四个方面的局限：第一，英语关系小句的传统研究零散且不成系统，主要从语法结构描写和讨论联系动词和表述句型的语言形式，忽略了语言使用的语境与功能。第二，虽然系统功能语法也区分了六个关系小句类型，并将其视为描述作为载体的实体特性的资源，以及通过分配评价属性给载体来实现评价目的的核心语法策略，但关于关系小句如何体现三大元功能的研究却鲜见于国内外文献。第三，由于认知语言学将关系小句分割成两种构式，使得关系小句的构式研究显得零散而不集中，而且往往忽略关系小句的语言表征及其建构现实的功能。第四，认知语言学的意象图式没有被用来解释关系小句是如何形成并反映人类对现实的认知，一些重要的语言学理论（认知模型与原型范畴理论）也没有被用来描写关系小句的事件结构和句法构式。

语法皆有漏洞，没有一种语言学理论能够完全解释某一种语言现象。未来语言学研究趋势一定是语言学科内部之间以及语言学与其他学科理论之间的互鉴与融合，比如系统功能语言学与文化语言学的互鉴，以及系统功能语言学与认知语言学的结合研究。由于关系小句是系统功能语法的一个重要句型，因此关系小句的研究应结合其他语言学理论来进行，这也是关系小句研究的未来趋势。系统功能语言学和认知语言学都认为经验通过意义识解，意义则由词汇语法来体现。因此，结合语域（旅游语篇）分析，从系统功能语言学和认知语言学互补视角来研究关系小句以探究事物的属性以及事物之间联系就成为本书选题的一个主要理论动因。此外，通过基于语料库的定性与定量研究，结合多维度及综合研究范式，可以揭示关系小句的词汇语法、功能语义和认知机制，进而论证关系小句在旅游语篇建构中的重要作用。

总体而言，关系小句的研究是零星且分散的，没有形成一个整体研究范式，更没有一个可用于研究关系小句的综合理论框架，且对旅游语篇中关系小句的研究也极为少见，这些都为建立一个以系统功能语言学-认知语言学理论框架为基础的综合研究范式提供了可研究空间。

语言学研究需要在特定理论框架下进行，关系小句的研究也概莫能外。关系小句是系统功能语言学的一个重要句法概念，主要用于描写事物的属性或特征。属性与人的认知紧密相关，是事体性质在人们心理中的体现，也是人与客观世界互动的结果（王寅，2006：120）。系统功能语言学的语义特征分析法往往忽略了人类的主观认知能力，因而在实际语言分析时具有某种局限性。基于此，本书在系统功能语言学理论基础上，通过增加认知语言学视角，构建一个用于分析关系小句的系统功能语言学-认知语言学理论框架。在这个框架中，系统功能语言学和认知语言学相互补充，形成互利关系，即系统功能语言学和认知语言学之间的协作与互补为关系小句的研究提供一个综合的理论分析框架。

　　为此，本书先概括系统功能语言学的总体取向，然后简要概述关系小句研究的系统功能语言学理论基础，包括语境论、层次观、级阶观、体现与例示、元功能理论、评价理论及局部语法，这些基础理论构成了用于研究关系小句的系统功能语言学模型。通过该模型，我们可以探索关系小句如何通过语篇功能来表达命题意义（包含经验意义和人际意义）。具体而言，根据该模型，本书先从过程类型、参与者角色、时态与体态等方面表达关系小句的经验意义，然后从语气、情态与极性、评价理论、评价的局部语法等方面识解关系小句的人际意义，最后从主述位结构和信息结构视角探索关系小句如何体现语篇功能。除了对关系小句进行功能语义分析的系统功能语言学模型之外，本书还简要概述关系小句研究的认知语言学理论基础，包括意象图式、理想认知模型、构式语法以及原型范畴理论，这些基础理论构成了用于研究关系小句的认知语言学模型。通过该模型，我们可以解析关系小句形成的认知机制。具体而言，意象图式可用于分析关系小句的静态及物性，基于意象图式的认知模型可以为关系小句的形成提供概念结构，构式语法可以用来描写关系小句的句法结构，而原型范畴理论可用于分析关系小句的类型、及物系统、时态与语态、语气系统与极性系统。

　　基于系统功能语言学-认知语言学理论框架的关系小句研究有以下主要发现。

第一，本书运用系统功能语义与符号学方法，从过程、参与者和环境成分三个要素以及时和体等方面展开及物性分析，探究旅游语篇中的关系小句如何通过关系及物性来识解经验意义。根据统计，包容型和归属式分别以 59.20% 和 82.80% 的使用比例占据了关系类型和关系模式的首位，表明旅游语篇中的关系小句多用于描写事体（包括旅游目的地、游客和旅行活动或事件）的状态、特征或属性；在五个高频动词中，连接动词 be 的使用比例最高（62.40%），彰显其在构建包容型和环境型关系小句中的重要作用；环境型关系小句中环境成分的前三个语义项按使用比例（67.10%：10.70%：9.20%）依次排序为"空间＞时间＞方式"，表明旅游语篇的首要任务是提供旅游景点的空间信息（即地理方位），其次才是关于如何（方式）与何时（时间）观赏景点的信息；旅游语篇中关系小句的时态按使用比例（77.76%：20.64%：1.60%）依次排序为"现在时＞过去时＞将来时"，这表明作为无标记的现在时适用于表达静态及物性的关系小句，即关系小句的现在时适用于旅游景点非动作性静态属性或特征的实时描述。

第二，语旨（话语基调）按参与者角色分为个人语旨和机构语旨，它们构成了一个影响人际意义选择的语境变量，并决定语篇建构的人际意义范围，即上层的语旨影响下层人际意义的词汇语法表达，反过来，人际意义的类型（如语气和情态）随着语旨的变化而变化。研究发现，98.86% 的关系小句使用陈述语气来体现人际功能。25.30% 的关系小句使用情态手段来表达人际意义，其中认知型情态动词与道义型情态动词的使用比例分别为 93% 和 7%，表明旅游语篇中的关系小句主要使用认知型情态动词来呈现与命题可能性意义有关的旅游信息。在关系小句的极性分析中，95.70% 的关系小句使用肯定极性来呈现旅游目的地的正面信息。在关系小句评价意义的词汇分析中，情感、判断、欣赏三类态度形容词按使用比例（1.30%：4.50%：94.20%）从低到高依次排序为"情感＜判断＜欣赏"，其中鉴赏类形容词在旅游语篇中的使用比例最高，这类形容词主要用于评估事体的价值，因而常常被作者从审美视角对旅游目的地进行主观描述。此外，评价的局部语法和总体语法的结合使用，使关系小句的人际意义分析更为全面而准确。

第三，本书分析的 6718 个关系小句是从语料库提取的，因而每个关系小句都是没有上下文的独立存在，即没有篇内语境（上下文），小句的主位和述位是孤立的；离开了语境，小句的信息也就不存在已知和未知之分。换言之，主位推进模式和信息流动机制更适用于语篇层面而不是小句级阶的语法分析。虽然对限定小句进行的语篇功能分析没有多大意义，但是从主位–述位结构和已知–新信息结构这两个功能视角进行分析，我们还是可以看到关系小句如何通过组篇方式将经验意义和人际意义组织在一个句子里，这有助于我们理解关系小句在旅游语篇建构中的重要作用。

第四，在众多的意象图式中，用于描写关系小句句法成因的最重要的意象图式是连接图式，它和类型–实例图式、容器图式、部分–整体图式相结合，可用于关系小句的意象图式分析。在使用比例为 59.20% 的包容型关系小句中，描述属性的归属式和辨别身份的识别式的使用比例（30.10%：69.90%）表明，旅游语篇中的包容型关系小句大多用于识解事体的身份，而较少用于描述事体的属性。根据容器图式，在使用比例为 14.10% 的环境型关系小句中，表示空间和表示时间的比例为 93.10%：6.90%，表明旅游语篇中的环境型关系小句主要用于呈现旅游目的地的空间地理信息。此外，结合连接图式、容器图式和部分–整体图式，使用比例为 12.90% 的所有型关系小句主要识解四种所有型关系，这四种关系按使用比例（80.90%：16.80%：1.60%：0.70%）依次排序为"拥有者–被拥有者＞整体–部分＞部分–整体＞被拥有者–拥有者"，其中前两种关系的使用比例加起来高达 97.70%，表明旅游语篇中的所有型关系小句主要用于表达旅游景点所拥有的以及可以为潜在游客提供的信息和服务。

第五，理想化认知模型可以用来解析关系小句的句法结构。研究发现，经典事件模型中的舞台模型和事件域认知模型中的静态场景概念相结合可用于描述由关系小句表征的静态事件，即这两种认知模型的优化组合可以用来解析关系小句的句法结构。此外，基于静态场景概念的射体-界标模型和参照点模型也可以优化组合成一个参照点/射体认知模型，用于描写关系小句中充当参照点/射体的主语/主位。根据此模型，关系小句描写的对象（即主语或主位）可以识解为六个语义类型的参照点/射体。这六个类型的参照点/射体按使用比例（52%：17%：16%：6%：5%：4%）依次排序为"位置＞非实体＞人物＞实体＞方式＞事件"的顺序，表明旅游语篇中的关系小句主要用于提供旅游目的地在时间、地点和方位等方面的信息，其次用于描述关于旅游景点抽象的观点和概念（包括心理感受），以及既是旅游主体又是旅游目的地人文地理景观重要组成部分的人物。最后是对关系小句的陈述语气进行命题模型分析。根据统计，98.86%的关系小句为陈述句，其中76%为简单命题，24%为复合命题，这表明旅游知识或信息主要体现为简单命题，因为由简单命题建构的旅游语篇更容易被读者理解，因而更有助于旅游目的地人文地理知识的传播。

第六，构式语法也可以用来分析关系小句的语法结构。根据构式语法，本书将关系小句划分为表述性关系构式和谓述性关系构式，两者的使用比例分别为87.10%和12.90%，这表明旅游语篇中的关系小句主要使用表述性关系构式来描述事体的属性或特征。根据统计，四种表述性关系构式按使用比例（54.50%：29.50%：16%：0%）依次排序为"表述性名词构式＞表述性形容词构式＞表述性介词短语构式＞表述性所有格构式"，其中表述性名词构式的使用比例最高，表明旅游语篇多用表述性名词构式来建构旅游知识或信息，而占比为零表述性所有格构式表明这种构式不适用于旅游语篇。此外，在占比为12.90%的谓述性关系构式中，拥有者-被拥有者关系（包括整体-部分关系）和被拥有者-拥有者关系（包括部分-整体关系）在旅游语篇语料库的比例为97.70%：2.30%，如此悬殊比例，表明前者在谓述性所有格构式中的绝对主导地位。通过占有关系的转喻和隐喻延伸，这类构式大多用于展示旅游目的地拥有的条件以及能够提供的信息和服务。

　　最后，鉴于建立范畴是构建知识的重要途径，本书从原型视角对关系小句的类型、关系及物性、时态与语态、语气与极性逐一进行了分析。研究发现，关系小句范畴就是围绕包容型小句建立起来的，因为包容型小句不仅是首创的，而且在整个关系小句范畴中拥有最多的共同属性和最大的家族相似性。在对由名词词组体现的参照点/主语进行的语料库统计分析中，六个类型的参照点/主语按使用比例依次排序为"位置＞非实体＞人物＞实体＞方式＞事件"，在充当主语的名词范畴中，原型成员的使用比例仅为22%，而非原型成员的使用比例高达78%，表明用于建构旅游语篇的关系小句多使用名词范畴中的非原型成员来描写旅游目的地并创建旅游形象。在对动词词组的统计分析中，体现关系小句过程的五个高频动词（be、have、offer、provide、include）的使用比例合计达79.50%，这些连接动词不是典型的及物动词，这表明体现关系小句过程的连接动词是动词范畴的非原型用法。在对时态的统计分析中，占比77.80%的现在时表明其作为无标记时态的原型用法，彰显其在时态范畴中的原型地位，同时也表明旅游语篇中的关系小句大多使用现在时表示现阶段主体（语）非动作性的状态或特征，以及对旅游语篇中具有时间指示性的关系过程的实时描述。在对语气系统的统计分析中，陈述语气以98.86%的使用比例彰显其在关系小句语气范畴中的原型地位。此外，在陈述语气的功能范畴中，描述现实和传递信息是原型用法，而表达观点和提供证据是非原型用法，这表明旅游语篇中的关系小句主要使用陈述语气来描述旅游目的地以及传递旅游信息。

　　希望本书对于关系小句研究具有参考价值，有助于其他英语小句类型的研究，能为系统功能句法的多维度跨学科研究提供真实案例，也希望关系小句的功能-认知研究方法不仅可以应用到教育研究、体裁研究、翻译研究等学科和领域，对旅游外语的教学与研究也有所促进。

由于作者水平有限，书中难免有错漏之处，欢迎批评指正。

陆礼春

2023 年 11 月 20 日

目　录

第一章 绪 论

关系小句是系统功能语法创始人韩礼德（1967，1985a，1994，2004，2014）从及物系统提炼出来、主要通过"是"（being）和"有"（having）来识解外部和内心经验世界的一种小句类型。关系小句主要通过归因与识别方式描述事物属性及事物间关系结构，是系统功能语法中既能表达经验意义（获知功能）又能表达人际意义（行为功能）的小句类型。关系小句是旅游语篇常用句型，也是语篇建构的重要手段。本章旨在厘清关系小句的研究背景，讨论关系小句的研究目标、内容、意义及价值，交代本书的研究方法和语料收集，简述本书的组织结构。

第一节 研究背景

自 20 世纪 60 年代以来，国内外语言学界对关系小句的研究成果丰硕，但对关系小句的界定和研究方法各个语言学派却不尽相同，尤其是对关系小句的分类及表述各有不同，莫衷一是，作为系统功能语言学框架里重要概念的关系小句的研究也大多停留在词汇语法层面。对于同一种语言现象，不同的语言学派有不同的研究方法和路径，其研究成果也各有侧重。有鉴于此，本节主要对关系小句国内外研究现状和关系小句的未来研究趋势以及作为研究语料的旅游语篇进行概述。

一、国内外研究现状

关系小句主要通过归因与识别方式描述事物属性及事物间关系结构，是系统功能语法中既能表达经验意义（获知功能）又能表达人际意义（行为功能）的小句类型。关系小句是旅游语篇常用句型，也是语篇建构的重要手段。关系小句分为"三型（types）"和"两式（modes）"，三型两式排列组合形成六个关系小句类型。根据文献资料，目前国内外关系小句的研究主要从传统语法、系统功能语法和认知语法三个方面进行。

（一）关系小句的传统语法研究

关系小句的传统语法研究指根据传统英语语法对系动词或表语句子进行的描写与探讨。具体而言，关系小句的传统研究主要集中在三个方面：①系动词（Jespersen，1924，1984；Lyons，1967；Quirk & Greenbaum，1973；Huddleston，1984；Thomson & Martinet，1986；Lenci，1998；Biber *et al.*，1999；Greenbaum & Nelson，2009；Kolln & Funk，2012；薄冰，2000；张道真，2002；章振邦，2012），研究者们从语义方面将系动词分为三类：表达人或事物的状态或品性、事物转化为另一种状态或逐渐具有某种特质、事物持续某种状态或保持某种特性；②表语句的语义类型（Graham，1965；Bach，1967；Huddleston，1984；Quirk *et al.*，1985；Moro，1997；Adger & Ramchand，2003；Penston，2005），研究者们区分了系动词表达的语义类型：成员关系、包含关系、属性分配、身份识别、时空定位、所有关系、整体-局部关系、亲属关系；③基本结构和补语类型（Whitney，1883；Jespersen，1933，1984；Bloomfield，1983；Huddleston，1984；Quirk *et al.*，1985；Freeborn，1995；Greenbaum，1996；Biber *et al.*，1999；Leech & Svartvik，2003；Dikken，2006；Börjars & Burridge，2010；Greenbaum & Nelson，2009；薄冰，2000；张道真，2002；章振邦，2012）。简而言之，传统语法研究者们认为系动词决定表语句的基本结构（S–V–C），而表语或补语（sC 或 aC）的类型决定关系小句的基本类型。

（二）关系小句的系统功能语法研究

功能研究指语言研究的功能模式，强调意义及语义的建构。系统功能语法认为小句的意义是语言三大元功能的统一（Halliday，1994：

37)，而意义的本质是人对经验的识解，经验的识解则是一个主体间性的过程，即人际关系过程，它既是符号的，又是社会的（Halliday & Matthiessen，1999：428）。总体而言，关系小句的系统功能语法研究主要集中在三个方面：①关系小句的描写和分类（Halliday，1985a，1994，2004，2014）；②其他功能语言学家对关系小句的分类问题研究（Eggins，2004；Thompson，1996，2004，2014；Laffut，2006；Fontaine，2013；Praet & Davidse，2015）；③对关系小句某个具体方面的研究，如 Davidse（1992，1996，2000）研究了关系小句的例示-体现关系和成分-从属关系；Harvey（1999，2001）、赵蕊华（2013，2014）研究识别型关系小句的等值与穷尽性以及识别型关系过程的系统与功能；黄国文和赵蕊华（2013）研究识别型关系小句的未确定性；邓庆环（2009）用认知-语用方法研究关系小句；方琰和 McDonald（2001）研究汉语关系小句的功能结构。

（三）关系小句的认知语法研究

关系小句的认知研究主要集中在两方面：①连结构式（copulative constructions）。Radden & Dirven（2007）、Taylor（1996）、Davidse（2000）、Laffut（2006）、任绍曾（2011）等研究者们认为，以 "A 是 B" 为形式的连结构式主要表达 A 和 B 之间的静态关系；②所有格构式（possessive constructions）。兰盖克（Langacker，1995）用参照点模型分析了 Have-所有格构式，将主语/所有者视为用以定位宾语/所有物的参照点；Taylor（1996）也认为 Have-所有格构式常用于描述射体-界标/所有者-所有物关系，并用动词 "have" 来体现某物的可及性（accessibility）或可用性（availability）；拉福特（Laffut，2006）从意象图式视角研究了 Have-所有格构式里的动词 have、own、possess 和 belong to；史塔生（Stassen，2009）研究 Have-所有格构式里表示所有关系动词的及物性，并将此种构式用结构表示为 "所有者+过程+所有物"。

二、关系小句的研究趋势

概括起来，以上研究存在四个方面的局限：第一，英语关系小句的传统研究零散且不成系统，主要从语法结构描写和讨论联系动词和表述句型的语言形式进行研究，忽略了语言使用的语境与功能。第二，虽然系统功能语法也区分了六个关系小句类型，并将其视为描述作为载体的实体特性的资源，以及通过分配评价属性给载体来实现评价目的的核心语法策略，但关于关系小句如何体现三大元功能的研究却鲜见于国内外文献。第三，由于认知语言学将关系小句分割成两种构式，使得关系小句的构式研究显得零散而不集中，而且往往忽略关系小句的语言表征及其建构现实的功能。第四，认知语言学的意象图式没有被用来解释关系小句是如何形成并反映人类对现实的认知，一些重要的认知模型也没有被用以描写关系小句的事件结构和句法构式。

综上所述，语法皆有漏洞（Sapir，1921：39），没有一种语言学理论能够完全解释某一种语言现象。未来语言学研究趋势一定是语言学科内部之间以及语言学与其他学科理论之间的互鉴与融合，比如系统功能语言学与文化语言学的互鉴，以及系统功能语言学与认知语言学的结合研究。由于关系小句是系统功能语法的一个重要句型，因此关系小句的研究应结合其他语言学理论来进行，这也是关系小句研究的未来趋势。系统功能语言学和认知语言学都认为经验通过意义识解，意义则由词汇语法来体现。因此，结合语域（旅游语篇）分析，从系统功能语言学和认知语言学互补视角来研究关系小句以探究事物的属性以及事物之间联系就成为本书选题的一个主要理论动因。此外，通过基于语料库的定性与定量研究，结合多维度及综合研究范式，可以揭示关系小句的词汇语法、功能语义和认知机制，进而论证关系小句在旅游语篇建构中的重要作用。

三、旅游语篇研究现状

作为一种交际话语，旅游语篇被视为用于建构和传播旅游景点知识（文化和形象）的语篇类型。根据马丁（Martin，1997a）提出的语类结构理论，语类是一个分阶段、有目的的社会过程：语类具有社会性是因为语篇本身就是涉及参与者的交互事件；有目的是因为语篇要被交互事件中的参与者用以做好某种事情或完成某种目标；分阶段指完成目标通常需要多个步骤。用功能语言学的术语来说，语类是一个反复出现的意义配置（a recurrent configuration of meaning），用以建构一种文化的社会惯例。因此，旅游语篇在旅游宣传（即旅游推广与潜在游客之间的互动）中起着重要作用，它可以提高旅游景点的声誉并鼓励潜在游客采取行动。此外，旅游语篇也是一种使用于某种情景类型如旅游场景的语域。语域是一种以语篇为例示的语义变体，也是一种文化成员用于情景语境的语义资源配置，即构成语篇的句子或语段使用于同一个情景语境。换言之，语篇是按同一个话语范围、话语基调和话语方式（field、tenor、mode）展开的。从语域视角看，旅游语篇包含景点介绍、导游话语、旅游接待、旅游宣传、游记、旅行文学和自然景观纪录片等。

然而，与旅游语篇有关的文献较少，关于旅游语篇的研究也是零散的，因为大多数语言学者或者只关注旅游语篇的某个类型，或者只关注某类语篇的词汇语法特征及其翻译，也极少有语言学者选择旅游语篇来建立用于语言分析的语料库。迄今，旅游语篇的研究主要集中在以下四个方面：①语类结构或文体特征分析（王丽秀，2003；王晓燕，2006；徐佳佳，2007；王晨曦，2008；宋丽颖，2016）；②翻译与跨文化交际（康宁，2005；陆国飞，2006；贾静静，2007；魏蓉，2016；陈明芳、周晗，2017）；③互文性（周琦，2009；陈聪颖，2018）；④系统功能视角与旅游形象塑造（张友香，2005；胡韵，2006；张宏刚，2008；刘若男，2012；谢丽丽，2012；陈建生，2012；文建欢，2015；

刘燕茹，2015；梁兵、蒋平，2015）。其中王丽秀（2003）对旅游景点介绍文章的体裁分析以及王晓燕（2006）对中英文旅游景点介绍语篇的语类分析最接近旅游语篇研究的本质，但不足之处在于旅游语篇仅限于旅游景点介绍，没有从语域视角再进行分析。总之，旅游语篇较少用于理论分析而多用于翻译与跨文化交流。即关于旅游语篇如何体现两大元功能（概念功能—旅游信息的经验识解；人际功能—人际关系的建构）的文献几乎没有，遑论旅游语篇中能同时体现这两大元功能的关系小句的研究。

第二节　研究目标、内容、意义及价值

如前所言，关系小句是系统功能语法创始人韩礼德（1967，1985a，1994，2004，2014）从及物系统中提炼出能同时识解经验意义（获知功能）和人际意义（行为功能）的小句类型，至今已有50多年。关系小句是旅游文本常用句型，也是语篇构建的重要手段。本小节主要对研究目标、研究内容及研究的意义和价值做一简单介绍。

一、研究目标

本书旨在探析关系小句在旅游语篇建构中的作用。基于此，本书的总体目标可概括为：现状描述、语料收集与语篇分析，文献收集与整理、质性研究、理论框架建构。具体而言，本书要在系统功能语言学-认知语言学框架下建立一个用于研究关系小句的功能-认知模型，用以论述句法、功能和认知之间的相互关系，进而准确分析英语关系小句的语法和语义及其在语篇建构中的作用。总之，本书要建立一个互补的功能-认知分析模型，先从系统功能语言学的元功能视角探究关系小句如何识解经验意义并表达人际意义，再从认知语言学的意象图式、理想化认知模型、小句构式等视角剖析关系小句是如何形成并反映人类对现实的认知，进而分析关系小句在旅游语篇构建中的作用。

二、研究内容

基于上述总体研究目标，本书先分别论述关系小句的传统语法研究方法、认知语言学以及系统功能语言学的研究模式路径，然后针对已有相关研究的缺陷，在系统功能语言学-认知语言学综合研究范式框架下建立一个适用于研究关系小句的功能-认知模型，再将具体研究细化为以下四个方面的内容，以便展开全面有序的研究探索。

（一）现实、认知/语义、语言之间的关系分析

在认知语言学模型里，人类对现实的感知是认知的基础，认知又是语言的基础，"现实—认知—语言"三者存在依次决定的顺序，其中语言是终点（terminal point）；而在系统功能语言学模型里，人们使用语言通过识解经验意义构建现实，语言是起点（starting point）。从这方面讲，现实、认知/语义、语言构成一个识解经验世界的连续统（continuum），即人类和世界的互动经验通过认知机制映射到语言（如关系小句），而语言又通过语义用以构建现实。

换言之，认知语言学主张描写语言与认知能力之间的相互关系，语言如何在认知基础上形成的，并解释语言形成的认知机制；系统功能语言学则将语言系统视为由若干语义子系统构成的意义生成资源，语言形式（如词汇语法）的使用受语境（文化语境与情景语境）支配，即语言在特定社会情景下被用以识解意义，进而表征现实。

（二）系统功能语言学与认知语言学之间的互补性

总体而言，系统功能语言学与认知语言学可被视为相互补充的、一个总体研究领域的两个互相依存的方面（Langacker，2000：61）。系统功能语言学侧重语言的社会方面，主要从语言的社会功能和使用情景来研究语言，将语义置于中心位置。认知语言学则侧重语言的心理方面，强调身体经验和认知方式在语言形成中的作用。

具体而言，两个学派在以下五个方面具有互补性：①语法结构方面，系统功能语言学认为功能体现于结构，句子成分的概念也是语义

的，认知语言学则主张语言体现于认知能力，句法根据语法范畴组织而成，经验世界通过句法识解为概念结构；②语法方面，注重过程导向的系统功能语法适用于捕捉语言使用的内在动态性，而基于构式的认知语法主要从静态视角审视语言的交际过程；③在系统和结构关系方面，系统功能语言学侧重纵聚合关系（系统），而认知语言学更注重横组合关系（结构）；④语法表征方面，系统功能语言学将语法视为经验理论，即语法用以表征外部世界，认知语言学则聚焦语言的内部结构，注重语法的内部描写，探究人类如何将语言概念化，以及意义如何反映到语言；⑤在经验识解的路径方面，系统功能语言学认为人类用语言表达语义以识解经验，其路径是"语言→语义→现实"，而认知语言学通过认知将经验识解为语言，其路径为"现实→认知→语言"。

（三）关系小句研究的系统功能语言学视角

系统功能语言学有几个核心概念，也是语言组织的五个维度，分别是层次、级阶、体现、例示、元功能。这五个维度构成了语言研究的系统功能模型。根据这个模型，我们可探究关系小句如何被用来表达经验意义、人际意义和语篇意义。此外，这些维度加上评价理论以及评价的局部语法，又构成语言研究的重要参数，用以描写作为语言分析单位的小句语法。

具体而言，关系小句研究的系统功能模型包含关系小句的及物性分析、时体态分析、语气分析、情态与极性分析、主位-述位结构分析、态度词分析，以及根据评价模式进行的关系小句分析。

（四）关系小句研究的认知语言学视角

关系小句的认知研究聚焦语言的认知维度，涉及意象图式（Johnson，1987；Lakoff，1987）、理想化认知模型（Lakoff，1982，1987）、认知语法（Langacker，1981，1982，1987）和构式语法（Goldberg，1995；Croft，2001）等核心概念，其中意象图式和理想化认知模型是本书的两个重要认知理论。意象图式指人类通过身体的空间移动、对物体的操纵、与世界的感知互动而获得的反复出现的样式；理想化认知模型指特定文化背景中人们对某领域中的经验和知识所做出的抽象的、统一的、理想化的理解，是建立在许多认知模型之上的一种复杂的、整合的完形结构（gestalt, a complex structured whole）。

具体而言，关系小句研究的认知语言学模型包含关系小句的连接图式分析、部分-整体及容器图式分析、类型-实例结构分析、射体-界标及参照点模型分析，以及关系小句的表述构式和谓述构式分析。

三、理论意义与实际应用价值

根据"旅游+"新时代、中国加快从旅游大国迈进旅游强国的发展战略，多维度研究旅游语篇的关系小句具有多方面的理论意义和实际应用价值。

第一，文化是旅游的灵魂，文化通过旅游传播，语言则是文化建构的一种载体，而关系小句是旅游语篇建构的重要手段，因此，通过对英语旅游语篇的关系小句分析，全面深刻地认识和理解英语国家旅游语篇的特征与规律,有助于建构用于对外传播中国文化的旅游语篇。第二，本书通过对英语关系小句系统的整理与研究，改变以往关系小句研究零散、不成系统的现状，丰富英语关系小句的词汇语法研究。第三，多维度跨学科与定量研究方法相结合不仅使本书具有理论创新性和论述充分性，而且也有助于理解关系小句在建构旅游语篇中的作用。第四，研究系统功能语言学与其他语言学派之间的互补性在关系小句的体现，不仅可以探究不同语类中关系小句的词汇语法特征，也有助于促进语言学综合研究的发展。第五，研究关系小句这一个案，可为其他语言现象的研究从理论上提供可借鉴的途径与措施。

此外，由于关系小句在学科知识和旅游信息的建构中起着重要作用。第一，从功能-认知互补视角研究英语关系小句、功能与认知、语篇之间关系，不仅有助于语法研究和语篇研究的发展，也有助于其他英语小句类型的研究，对英语旅游语篇的建构也有指导意义。第二，语篇分析是提高语言教学的有效途径,而功能-认知视角的语篇分析方法与路径不仅有助于教师理解语篇的生成及语义特点，也可应用于英语专业的课程教学体系，如教学大纲的制订、课程设置、教材选编、教学设计、教学方法的选择、语言水平测试等。第三，作为一种注重社会实践及解决语言学问题的综合方法论，关系小句的功能-认知研究不仅可以应用到教育研究、体裁研究、翻译研究等学科和领域，对旅游外语的教学与研究也有很大帮助。第四，鉴于旅游语篇有助于旅游目的地文化的建构与传播，通过英语旅游语篇中关系小句类型及其功能语义和认知机制的分析，可以揭示语言所承载的文化。这不仅有助于旅游英语教学中跨文化交际能力的培养，以及语言研究跨文化视野的拓展，还可以用英语关系小句等语言手段将中国文化建构成语篇，再通过旅游载体实现中国文化的对外传播，最终助力作为全球最大旅游目的地的中国由旅游大国向旅游强国迈进。

第三节　研究方法和语料收集

系统功能语言学和认知语言学都认为经验通过意义识解，意义则由词汇语法来体现。因此，从功能和认知视角来研究事物间关系可揭示关系小句的功能语义和认知机制。本书先分别详述系统功能语言学和认知语言学的一些重要理论，如语境论、层次观、元功能理论和评价理论，以及意象图式、理想化认知模型和构式语法等，再从互补视角对二者进行比较，最后建构关系小句研究的系统功能语言学-认知语言学理论分析框架。

具体方法层面，本书先从系统功能语言学的元功能视角深入分析关系小句的及物性、情态和极性，并根据局部语法对态度词和外置参与者进行分析，藉此探究关系小句表征的经验意义和人际意义。接着，从认知与体验关系视角引入几种涉及关系小句的意象图式，然后运用理想化认知模型来描写静态场景与事件的关系结构，再运用构式语法进一步解释各类关系小句的句法成因。

为了具体分析关系小句的功能表征和认知机制，本书以英语旅游语篇为语料，采用基于语料库的定量与定性分析方法，对语篇中不同类型的关系小句进行标注、索引和提取，进而开展深入的数据分析。研究方法可进一步分为定性和定量两种方法。根据 Mcenery 和 Hardie（2012：249），基于模式和质量的定性分析及基于统计数据的定量分析对语料库语言学同样重要。斯塔布斯（Stubbs，2007：177）也认为基于语料库统计的实证数据有助于对研究对象进行定性分析。根据拉辛格（Rasinger，2013：17-19）的观点，定性研究是归纳的，即理论是从研究结果中得出的，而定量研究是演绎的，即基于已知理论，我们提出假设，然后通过实证数据对假设进行验证。托伊贝特（Teubert，2004：107；2005：1）也认为，没有经过真实语言数据证实的主观判断不能成为科学研究的可靠证据。因此，本书拟采用定性和定量相结合的方法来考察旅游语篇中的关系小句这一研究对象。

在语料收集方面，本书在原来为了博士学位论文写作而建立的语料库的基础上，将旅游语篇由原来的景点简介语篇扩大到涉及各类旅游活动的旅游语篇，包括景点介绍、游客指南、宣传册子、旅行游记、调查报告等，这些语篇分别选自英国、美国、澳大利亚三个国家的旅游官网，全球最大最受欢迎的旅游评论网站（TripAdvisor），全球著名的旅游杂志《孤独星球》（*Lonely Planet*），以及康泰纳仕集团旗下的高端旅游杂志《悦游》（*The Conde Nast Traveler Book of Unforgettable Journeys*），共计 21.5 万个单词。通过扩建语料库及增加关系小句的研究体量，可以获得课题研究必需的可信度和有效性。

第四节　本书组织结构

本书分为七章，各章主要内容如下：

第一章是绪论，简要说明研究背景，概括介绍关系小句的研究现状，指出现有研究存在的问题，同时也指出旅游语篇研究的不足之处，说明研究的总体目标和具体目标、研究内容、研究的理论意义与实际应用价值、研究采用的方法以及语料收集途径，最后简单陈述本书的组织结构和各章主要内容。

第二章在概述关系小句研究现状的基础上分别从传统语法、认知语言学和系统功能语言学三个视角详细回顾关系小句研究成果及存在的问题。其中，传统语法研究主要分析关系小句的语法结构和语义类型，认知语言学研究主要关注关系小句的构式语法分析，系统功能语法研究则主要集中在关系小句的描写和分类问题，包括归属式与识别式的区分、例示-体现关系，以及关系过程的系统与功能，包括关系小句的穷尽性与未确定性。

第三章阐述关系小句研究的理论基础，包括系统功能语言学的语境论、层次观、级阶观、体现与例示、元功能理论、评价理论与局部语法，认知语言学的意象图式、理想化认知模型、Langacker 的认知语法与经典事件模型、王寅的事件域认知模型、构式语法、原型范畴理论，以及由这两种语言学通过兼容性与互补性组成的功能-认知空间理论，最后建立一个用于研究关系小句的系统功能语言学-认知语言学综合分析框架。

第四章先定义关系及关系小句，再议关系小句的分类，为后续各章奠定基础。

第五章论述关系小句研究的系统功能语言学路径，即从综合分析框架左半边的系统功能语言学模型分析关系小句，包括六类过程小句的统计与分析、关系及物性分析、旅游语篇的语旨分析、关系小句的语气与情态及局部语法分析，以及关系小句的语篇功能分析。

第六章在关系小句研究的系统功能语言学模型基础上，加入认知语言学模型，从而建构一个用于分析关系小句的功能-认知综合研究范式，包括关系及物性的意象图式分析、关系及物性的认知模型分析、关系小句的构式语法分析，以及关系小句的原型范畴理论分析。第四、五章均以旅游语篇为语料，采用基于语料库的定量与定性分析方法，对其中不同类型的关系小句进行标注、索引和提取，进而深入分析关系小句的功能表征和认知属性。

第七章是总结与展望，概括本书的主要研究内容并做结论，从学科之间互鉴与融合视角阐明本书的创新之处、研究意义以及实际应用价值，同时指出研究的不足之处和有待于进一步研究的问题，并展望未来研究方向。

第二章　关系小句研究回顾

关系小句（relational clause）的早期形式叫包容型小句（intensive clause），由系统功能语法创始人韩礼德于 1967 年在其论文"英语及物性和主位的注释"（Halliday，1967a，1967b，1968）中首次提出。在这三篇论文中，韩礼德将包容型小句视为一种归属过程小句，并将包容型（intensive）定义为"与小句中的另一个元素具有相同的指称"，如"John was a good teacher"中"John"和"a good teacher"具有相同的指称，而归属过程常用于表达包含关系和身份关系——前者用不确指名词表示主语的属性，后者则用确指名词标识主语的身份。最后韩礼德通过对连接动词的分类，而不是区分及物动词和不及物动词，提出了关系小句的概念（Halliday，1967a，1967b，1968）。到了 1985 年，韩礼德在《功能语法导论》（Halliday，1985a）中对包含三型两式在内的关系小句进行系统论述，并在随后的《功能语法导论》第二版和第三版（Halliday，1994，2004）中不断完善关系小句的句法理论。

国内外语言学界对关系小句的界定和研究方法各个语言学派不尽相同，尤其是对关系小句的分类及表述各有不同，莫衷一是。对于同一种语言现象，不同的语言学派有不同的研究方法和路径，其研究成果也各有侧重。本章首先回顾关系小句的传统语法研究，然后分别评述关系小句的认知语言学研究和功能语言学研究，最后概述旅游语篇的关系小句研究。

第一节　关系小句的传统语法研究

关系小句的传统语法研究指英语传统语法中对系词或表语句的

传统描述和讨论。关于系词句或表语句研究的文献还是比较丰富的，主要集中在以下三个方面：①连接动词，包括连系动词的词汇意义、连系动词的动/静态划分、纯系动词和半系动词的划分、连系动词的用法及语法化现象分析等（Jespersen，1924，1984；Lyons，1967；Quirk & Greenbaum，1973；Huddleston，1984；Thomson & Martinet，1986；梁明霞，1990；Lenci，1998；李律，1998；Biber *et al.*，1999；孙羚玲，2001；Greenbaum & Nelson，2009；Kolln & Funk，2012；薄冰，2000；张道真，2002；章振邦，2012；廖福涛，2012）；②基本结构与补足语类型（Whitney，1883；Jespersen，1933，1984；Bloomfield，1983；Huddleston，1984；Quirk *et al.*，1985；Freeborn，1995；Greenbaum，1996；Biber *et al.*，1999；薄冰，2000；张道真，2002；Leech & Svartvik，2003；Dikken，2006；Greenbaum & Nelson，2009；Börjars & Burridge，2010；章振邦，2012）；③表语句的语义类型，包括连系动词的句法和语义特征分析（Graham，1965；Bach，1967；Over，1982；Huddleston，1984；Quirk *et al.*，1985；Gaskin，1995；Moro，1997；李律，1998；赵彦春、黄建华，2001；Adger & Ramchand，2003；刘爱英、韩景泉，2004；Penston，2005）。

一、连接动词

传统的系词句子研究主要关注连接动词（包括系动词、连系动词和准系动词）及其表语部分。

关于"连接动词"，许多语言学家使用了不同的名称，并对它们进行了不同的处理。例如赫德尔斯顿（Huddleston，1984：183）将系动词 be 看作是谓项和主语的"系牢或连接"；叶斯帕森（Jespersen，1924：131；1984：135）将系动词视为两个概念之间联系的标志，这两个概念处于主语和表语之间的关系中，即主语和表语通过系动词连接起来；夸克和戈林鲍姆（Quirk & Greenbaum，1973：353）及比伯等人（Biber *et al.*，1999：435）使用系动词引入表语来表示小句主语的特征或属性，即系动词 be 与其后紧跟的主语、补语（即表语）共同组成一个完整的句子；戈林鲍姆和纳尔逊（Greenbaum & Nelson，2009：16）及科尔恩和芬克（Kolln & Funk，2012：35）使用"连系动词"来指涉后边紧跟表语（即主语补语）的所有动词，而表语则由形容词或名词短语来表达，通常用于描述或识别句子主语所指的人或事物。与前面的研究者不同，汤姆森和马丁内特（Thomson & Martinet，1986：83）使用系动词 be 来表示某人或事物的存在，例如"The dog is in the garden"，或提供有关某人或事物的信息，例如"Tom is a carpenter"，或表示身体或精神状况，例如"He was excited"和"They will be happy"。薄冰（2000：217）将系动词定义为表达不完全谓语的动词，即系动词和表语构成一个谓项，并识别出最常见的连系动词，例如 be、become、get、look、remain、seem 等，包括表达感觉和感知的动词，例如 feel、smell、sound、taste 等。张道真（2002：152-153）区分了 20 个连接动词，其中最常见的是系动词 be，其后可以跟随多种表语。连接形式的另一种变体是"have"。Lyons（1967：391）将 have 视为谓语的一部分，用以连接谓语中不定指的被占有者和作为主语的占有者，从而形成一个所有格句子（possessive sentence），例如"John has a book"；Bach（1967）甚至把 have 和 be 都看作是英语"非动词"（'non-verb' in English），即用于非动词句子中的连接元素。其他常见的连接动词包括一组所谓的"准系动词"（quasi-copulas），其中有 become、get、grow、look、seem、smell、sound、turn 等，它们可以充当系动词，例如"The leaves grow green"中的"grow"（Lenci，1998：271）。

　　关于系动词的词汇意义及类型划分，梁明霞（1990）认为系动词不仅在主语和表语之间起连系作用，还可以和表语一起说明主语的特征、性质、状态、数量、身份等，并将系动词分为 be 型和非 be 型，后者又分为现状系动词和结果系动词。李律（1998）按词汇意义将系动词分为静态系动词和动态系动词两大类，前者主要有 be、appear、seem、feel、look 以及与 remain 意义相近的动词等，后者主要有 become、 prove 等，但静态与动态的划分并非绝对，有些动词，如 stand、sit、lie 等很难被简单归类于静态或动态意义的动词。孙羚玲（2001）也认为英语连接动词本身都有词汇意义，但不能单独构成动词词组，它必须带由名词、形容词、副词、介词短语、不定式、分词、动名词或从句等构成表语形式的"系表结构"，并按用法将系动词可分为纯系动词和半系动词两大类，用以表示状态或保持某种状态或感觉。赵彦春和黄建华（2001）也曾以词汇论和模块论理论为切入点，根据语义表征和句法特征将英语系动词分为纯系动词和半系动词，并进一步将半系动词分为四个子模块：泛感官系动词、感官系动词、存现系动词和作格系动词。章振邦（2012：88-89）将连接动词视为可以使用表语来描述主语的状态动词，并在语义上将连接动词分为三组：①表达作为主语的人或事物状态或品质的动词，例如 be、feel、look 等；②表示某物变为另一种状态或逐渐具有某种性质的动词，例如 become、get、grow、turn 等；③表示某物继续处于某种状态或保持某种属性的动词，例如 hold、keep、remain、stay 等。

此外，廖福涛（2012）结合语法隐喻相关理论，以义素（sememe）为基本单位，研究英语系动词的语法化现象，认为语言在演变过程中由于受认知、语用、社会等因素的影响，一些实义词的语义特征或结构发生变化，作为实词的语义特征逐渐谈化或转移，而作为语法意义的语义特征逐渐突显。同理，系动词本身具有实义动词的语义特征，在随后的语义演变过程中，都显示出实义成分减弱、抽象成分增强的趋势。此外，系动词的其他语义成分 [+MANNER] 或 [+SPACE] 等的变化过程折射出人们对新事物概念化描写的需求，它们是动态的，都围绕着系动词 be 呈现的核心语义成分 [+STATE] 产生变化。总之，英语系动词存在语法化现象，其表现为实义成分减弱，而作为抽象成分的语法意义得到增强。

二、基本结构与补语类型

传统语法关注句子的基本结构，其中有不同的语法成分，如主语、宾语和补语。根据布龙菲尔德（Bloomfield，1983：112），一个基本句子可以分为主语和谓语两个部分，并且当谓语没有涉及真正意义上动作时，系动词 be 就可以用来实现表达非动作的表语功能。

叶斯帕森（1933：93；1984：28）将带有连接动词 be 的句子称为表语小句，该小句由前系动词部分和后系动词部分组成，可以表现为主语-谓语-补语（S-P-C）结构，其中补语又称表语，有形容词、代词、名词、副词和介词短语形式。薄冰（2000：10，644）、张道真（2002：357-367）和章振邦（2012：36-48）也提出了系动词句子的基本结构：主语+连接动词+表语（S-L-P）或主语+连接动词+补语（S-L-C），其中执行谓语功能的不是连接动词而是表语或补语，而体现表语或补语功能的语法形式有多种：名词词组、状语词组、介词词组、非限定动词词组和名词性从句。这就是表语句子的基本结构。在这个基本结构里，补语通常又被称为"表语"，主要有形容词、代词、名词、副词和介词词组等语法形式，用于描述主语的状态或特征（Jespersen，1933：89-93）。但迪肯（Dikken，2006：80）认为表语句的这种基本结构是不对称的，如图 2.1 所示。

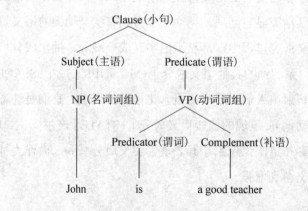

图 2.1　表语句的基本结构（Dikken，2006：73）

在这个基本结构里，补语又被称为"表语补语"（Whitney，1883；Huddleston，1984；Börjars & Burridge，2010）、"主语补语"（Quirk *et al.*，1985；Greenbaum & Nelson，2009）、以及用于描述或识别主语所指的"主语表语"（Biber *et al.*，1999：126）。根据比伯等人（1999）以及戈林鲍姆和纳尔逊（2009）的观点，主语和谓词是恒定成分，而补语是可变成分；主语由名词词组表示，谓词由连系动词表示，而补语由名词、形容词、副词等词组甚至名词性从句等多种语法形式来表示，这几种语法形式构成表语句的补语类型。李律（1998）也认为"主语+系动词+补语"是构成表语句的基本结构，而且这个连系结构具有以下特点：①主语、系动词、补语这三个成分相互依存，缺一不可；②主语与补语之间存在着连系关系，即补语赋予主语某种属性或特征，而且这两个成分同时受到语义约束，甚至词汇约束；③在许多情况下，系动词与补语之间存在着搭配约束。利奇和斯瓦特维克（Leech & Svartvik，2003：200，278）也将补语看作是完成一个语法结构所必需的东西，并提出两种补语类型：主语补语和谓语补语，前者显示主语的状态，例如"She stayed young"，后者表明由连系动词表达的事件的结果或过程，例如"She fell sick"。根据利奇和斯瓦特维克（2003：200）的观点，系动词句子的主语补语可以是形容词、名词短语或名词从句。戈林鲍姆和纳尔逊（2009：16）及博雅尔和伯里奇（Börjars & Burridge，2010：93）认为表语句中的主语补语主要用于描述或识别主语所指的人或事物。在他们（Nelson，2009；Börjars & Burridge，2010）看来，主语补语与主语具有相同的指称，即主语和主语补语指的是同一个实体。但在惠特尼（Whitney，1883：38）看来，主语补语纯粹是对主语的描述，而动词补语有时用于修饰主语，有时则用于修饰动词本身。

基于此，在语法形式上，系动词后的补语可分为四种类型：形容词补语、名词补语、从句补语和状语补语（Quirk *et al.*，1985；Freeborn，1995；Greenbaum，1996；Leech & Svartvik，2003；Greenbaum & Nelson，

2009）。

　　然而，作为动词附加语的状语补语（即谓词的补语）主要用于描述由动词本身表现的动作。根据弗里伯恩（Freeborn，1995：191-192）的观点，许多状语提供了关于时间、地点和方式等环境方面的额外信息，而且即使省略，也不影响小句的语法性，但某些状语似乎对表语句子的语法至关重要，甚至不可或缺，例如"Mole and Rat were in the water"中的"in the water"。在戈林鲍姆（1996：70）看来，一些语义上类似状语的成分也可以看作是状语补语（aC），因为这些成分是必需的，并且依赖于主动词，例如"Our committee meeting was last night"中的"last night"。

三、表语句的语义类型与特征

　　鉴于传统研究主要集中于句子的结构而非意义，关于表语句子的语义类型研究并不多见。此外，语言学家对于表语句子中连接动词的语义程度目前仍然存在分歧，一些语言学家仍将表语句中的实义动词 be 视为语义为空的句法元素，认为其作用只是将表语和主语连接起来（Huddleston，1984：185）。

　　格雷厄姆（Graham，1965：231）将连接动词 be 视为一个融合了身份、类属关系和包含关系的标志，即使用连接动词 be 的表语句子可用以识别身份、表达归属关系和包含关系。巴赫（Bach，1967）和里昂斯（Lyons，1967）都认为表语句子的语义取决于连接动词所连结的项目（即主语和表语）而不是连接动词本身，把连接动词看作是一个纯粹的语法元素。因此，巴赫（1967）从语义视角拓宽了表语句的语义类型，如表 2.1 所示。

表 2.1　表语句的语义类型（Bach，1967）

序号	语义类型	例子
（1）	类属关系	McX is a cat.
（2）	属性分配	John is old.
（3）	包含关系	Armadillos are mammals.
（4）	身份	John is the armadillo.
（5）	空间位置	McX is in the flowerbed.
（6）	时间位置	The lecture is at four.
（7）	定义	Bachelors are unmarried adult males.
（8）	所有关系	I have a house.
（9）	整体-局部关系	The house has a roof.
（10）	亲属关系	John has a brother.

然而，对一些语言学家来说，主动词 be 在意义上是最中性的，即它表达"状态意义"（Quirk *et al.*，1985：1174）。此外，实义动词 be 的意义在于，它充当表达命题意义的"肯定标志"，以及表示两个论元（即主语和补语）之间关系的"身份标志"（Moro，1997：251-254；Adger & Ramchand，2003：327）。彭斯顿（Penston，2005：35）则认为，大多数连接动词具有状态意义，并表达各种状态关系，如心理或情绪状态（feel），感觉（appear、look、sound），识别（be、equal、indicate、mean、represent），描述（be、become、matter），以及占有（belong、consist、contain、deserve、include、involve、lack、need、owe、own、possess）等，而且这些表达状态关系的连接动词一般不在进行体中出现。

叶斯帕森（1933：93）认为连接动词的句法功能在于连接由主语和表语表征的两个概念，并提出了形容词、代词、名词、副词和介词词组五种表语类型，其中名词词组中的定冠词"the"常用于表示这类事物的典型特征，例如"This is the book you were looking for"；此外，介词词组与形容词词组一样常用于表达人或事物的状态或品性，例如"He is in good health"可以改为"He is healthy"。换句话说，同一语义可以用不同的语法形式来表达。奥韦尔（Over，1982）认为表语句通过表达命题意义来建构知识，即表语知识依赖建构性的命题知识，换言之，表语知识建立在命题之上，因此表语句在语义建构中具有重要意义。与叶斯帕森（1933：93）一样，加斯金（Gaskin，1995）也将系动词视为体现命题断言功能的重要粘合剂，即作为命题中的不饱和载体的系动词在命题中没有所指，它只是一种命题形式，用于体现例示关系。在加斯金（1995）看来，系动词包含一个概念成分，这个概念成分可用于谈论例示关系。换言之，作为不饱和载体的系动词其实也是命题逻辑形式的承载者，即一串单词通过系动词可以构成一个命题。因此，虽然系动词本身没有意义，对所在句子的意义表达贡献不大，但是作为一种命题逻辑形式，系动词确保了命题的统一性，即系动词在建构命题完整性方面具有重要意义。

李律（1998）根据核心动词与非核心动词假说，从语义视角将英语系动词分为五类，在对中心项 be 进一步说明和细化之后，对英语中的 remain 和 become 两组连系动词的句法和语义特征进行了基于语料库的实证研究。赵彦春和黄建华（2001）以词汇论和模块论理论为切入点，根据语义表征和句法特征将英语系动词分为纯系动词和半系动词；半系动词又进一步分为四个子模块：泛感官系动词、感官系动词、存现系动词和作格系动词；这些子模块中的系动词都具有其作为非系动词的语义表征，而且每一小类的句法语义特征既有共性也有个体差异。刘爱英和韩景泉（2004）认为系动词 be 后边可接限定词组（DP）、形容词组（AP）或介词组（PP），把这种以系动词 be 充当主动词的句式结构称为系动词结构（copular constructions），并根据系动词的句法语义特征将系动词句分为述谓句和等值句两类，其中等值句被看成是系动词 be 与一对 DP 的组合，其中这对 DP 同属指称性词语，且互为同位关系。

四、小结

根据以上传统语法研究对连接动词、基本结构与补语类型、以及表语句的语义类型与特征的描述和讨论，可以得知正是连接动词决定了系动词句子的基本结构（S-V-C），而表语或补语（sC 或 aC）的类型又决定了关系小句的基本类型，即主语补语大致对应用于描述或识别主语特征或身份的包容型小句，状语补语则对应环境型小句，有时用于描述主语，有时用于修饰连接动词本身。

然而，这些传统研究存在零散、不一致等不足之处，表现在：①它们没有一个用于涵盖关系小句三个类型的总称或概括词；②这些传统研究常常使用不同的术语来指涉相同的语法元素，例如，句子的后系动词部分就有多个术语；③关于连接动词对系动词句或表语句子意义的贡献，传统研究没有达成共识，一些语言学家（例如 Moro，1997）认为主动词 be 充当表达命题意义的肯定标志，以及表示两个论元之间关系的身份标志，而其他语言学家（例如 Bach，1967；Lyons，1967）则认为表语句子意义不是由连接动词决定的，而是由它们所连接的语法成分决定的；④除了巴赫（1967），没有人将 have-所有句型纳入关系小句范畴进行研究，即只有巴赫（1967）将 have-视为表语句中的连接词。总之，传统语法对关系小句的研究既不统一也不充分。

第二节　关系小句的功能语言学研究

功能方法是一种强调意义及通过语言构建意义的语言功能模型。从这个意义上讲，关系小句研究的功能视角就是考察关系小句在意义建构中的作用。

虽然关系小句是系统功能语法的六种小句类型之一，但关于关系小句的研究文献并不多见。一般来说，关系小句的功能研究主要集中在三个方面：①关系小句的分类和描述（Halliday，1985，1994，2004，2014）；②其他功能语言学家对这些分类问题的研究（Eggins，2004；Thompson，1996，2004，2014；Laffut，2006；Fontaine，2013；Praet & Davidse，2015）；③对关系小句某些具体方面的研究（Davidse，1992，

1996，2000；Harvey，1999，2001；邓庆环，2009；赵蕊华，2013，2014；黄国文、赵蕊华，2013）。

一、关系小句的分类和描写

关系小句的分类和描述主要建立在韩礼德（Halliday，1985a：113；1994：119；2004：216；2014：265）创立的系统功能语法上。韩礼德将所有的系动词句式、表语句式、句法层面的连结构式和所有格构式纳入关系小句的范畴，然后将其分为三种类型：①包容型，形式为 "x is a"；②环境型，形式为 "x is at a"；③所有型，形式为 "x has a"。每种类型都有两种不同模式：归属式和识别式。这三种类型和两种模式通过排列组合形成六个关系小句类型，如表 2.2 所示。

表 2.2　关系小句的主要类型

（Halliday，1985a：113；1994：119；2004：216；2014：265）

类型	模式	
	归属式 "a is an attribute of x"	识别式 "a is the identity of x"
包容型 "x is a"	Sarah is wise.	Sarah is the leader. The leader is Sarah.
环境型 "x is at a"	The fair is on a Tuesday.	Tomorrow is the 10th. The 10th is tomorrow.
所有型 "x has a"	Peter has a piano.	The piano is Peter's. Peter's is the piano.

在包容型中，x 和 a 这两个词项之间的关系是相同的，即这两个词项具有相同的指称（Halliday，1967a：63；2004：240）。在归属式中，由不确指名词词组体现的属性（attribute）被赋予载体（carrier），因此归属式小句被视为"通过分配评价属性给载体来实现评价目的的核心语法策略"（Halliday，2004：219）。而在识别式中，一个实体通常用于识别另一个实体，即由确指名词词组体现的标识（identifier）用于定义所识（identified），用公式表达为 "a 用于定义 x 的身份"

（Halliday，2004：227）。在韩礼德（1994：120-123；2004：219-228）看来，归属式小句具有四个特点：①有一个充当属性的不确指名词词组；②一个体现归属过程的动词词组，包括 appear、become、grow、look、remain、stay 等动词；③关于属性的 what 或 how 问题；④不可逆向性。同样，识别式小句也有四方面特征：①有一个充当标识的确指名词词组；②一个体现等值过程的动词词组，包括 define、imply、indicate、mean、play、reflect、represent 等动词；③关于身份识别的 which 或 who 问题；④可逆向性。

韩礼德（2004：240-244）将这种归属式与识别式的区分应用到环境型和所有型两种关系小句：在环境型中，载体与属性及所识与标识两个实体之间的关系可以体现为时间、地点、方式、原因等环境因素；在所有型中，占有者与被占有者两个实体之间的关系一般体现为所有权（ownership）。至此，三种关系类型与两种关系模式结合载体-属性（carrier-attribute）、所识-标识（identified-identifier）以及标记-价值（Token-Value）这三对语法功能，构成了关系小句的六个分类。

此外，根据韩礼德（1994：134-135；2004：170，213-214）的观点，大多数体现关系过程的连接动词通常用于描写作为主语的参与者的状态。在关系小句的所有分类中，关系过程体现为两个参与者之间高度概括的联系（highly generalized link），即体现关系过程的连接动词语义并不突出，其语义功能主要用于表达事物有存在状态，因此，关系小句的语义功能主要由参与者来体现。这一点与 Bach（1967：477）的观点极为相似，即表语句的意义并非取决于连接动词本身，而是取决于连接动词所连接的词项。不过，对于关系小句使用"过程"一词，一些语言学家存有异议，他们认为关系小句描写的是事物的状态或情形，而非动作进展的过程（Hudson，1990：79）。总之，关系小句主要用于表达一种状态关系或一个静态事件。

二、关系小句的分类问题研究

一些语言学家（例如 Eggins，2004；Thompson，1996，2004，2014；Laffut，2006；Fontaine，2013；Praet & Davidse，2015）对涉及归属式/识别式区分的关系小句分类提出了质疑。韩礼德（1985a：123-124；2004：247）也承认关系小句仍然存在诸多歧义，例如归属式与识别式区分的边界并不十分清晰。

艾金斯（Eggins，2004）首先将关系过程和存在过程都视为表达存在状态意义而非动作意义的过程类型，然后阐明归属过程与识别过程之间的基本结构差异，再将其应用于包容型、环境型和所有型三种关系过程。为此，艾金斯（2004：239）对关系小句进行重新分类，如图2.2 所示。

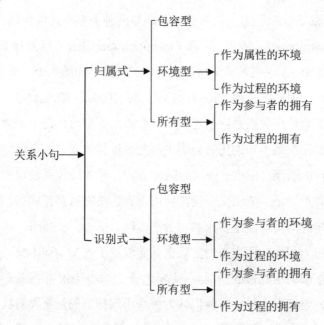

图 2.2　关系过程（Eggins，2004：239）

此外，艾金斯（2004）还将致使关系归为关系过程的最后一个类型。在艾金斯（2004：248）看来，这种致使关系过程可以通过"make

+ be"结构发生在归属式结构和识别式结构中，即在归属式关系小句中，施事者致使载体获得属性，如下例：

The experience in Geneva	made	Diana	(become)	a blood donor
Agent/Attributor	Process: causative	Carrier	(Process: intensive)	Attribute

而在识别式关系小句中，施事者致使标记接受一个价值，如下例：

They	made	Simon	the barman	for the night
Agent/Assigner	Process: causative	Token	Value	Circumstance: extent

　　拉福特（Laffut，2006）将这些致使关系小句纳入涉及一个施事参与者和两个受事参与者的三参与者构式，即包含一个致使关系的三参与者构式（Laffut，2006：180）。在大多数情况下，两个受事参与者之间的关系是通过介词短语或不含修饰语的"裸名词"来体现的（Laffut，2006：78）。不过，这种被视为组织经验世界方式的构式主要指某事物的创造，而非物质的转移（Laffut，2006：2-3），即致使关系小句表达某一事物造就另一事物，而不是某一事物从另一事物转化而来。

　　不过，在艾金斯（2004：248）、拉福特（2006：3）和韩礼德（2004：237）看来，这个包含三个参与者的致使关系过程算不上严格意义上的关系过程类型，即致使关系小句不是严格意义上的关系小句，原因有三：①归属和识别要素不仅可以出现在包容型小句中，也可能出现在过程是动作而不是归属或识别的扩展小句中；②当配置有第三个参与者时，致使关系的主要过程应该是"做"的物质过程，而不是"是"的关系过程，即致使关系小句实际上属于系统功能语法六个小句类型中的物质小句；③从语义上讲，致使关系小句主要用于识解过程与三个参与者之间的关系，而非致使关系小句主要用于识解两个参与者之间关系。

　　就这些分类而言，汤普森（Thompson，1996，2004，2014）也认为关系小句中的过程和参与者都不太适用于没有表示"某事发生"正常意义的关系及物性。艾金斯（2004）将存在小句和关系小句重新定义为同一小句类型，并将致使关系小句归为关系小句的最后一个类型。封丹（Fontaine，2013）没有将环境型小句和所有型小句纳入关系小句范畴，而只关注包含两种关系模式的典型的、包容型关系小句。在普拉埃特和戴维塞（Praet & Davidse，2015：1-32）看来，英语关系小句可分为两组对立的类型：归因小句/具指小句（ascriptive/specificational opposition）和表语小句/识别小句（predicative/identifying opposition）；归因小句与具指小句的区别在于是将属性赋予主语还是赋予主语特定价值，而表语小句与识别小句的区别在于系动词后的补语是否确指——表语小句中的补语通常使用形容词或不确指名词来表明主语指称的类别，而识别小句中的两个确指词项则指代同一实体。

　　总之，如上所述，关系小句的分类问题在于归属和识别两种模式之间的区别不明确。根据拉福特（2006：158-168，176-177）的观点，归属与识别的区别在于，识别小句中动词后的名词词组通常是确指的，而大多数归属小句中的补语要么是形容词，要么是不确指的名词词组。但这样的区别并非绝对，识别式小句就有一些例外，例如，在"Polarity is an interpersonal system assigning the values of positive or negative to the clause or other unit"（Matthiessen *et al.*，2010：23）这个识别式小句中，动词后的名词词组就是不确指的。此外，用限定词来区分归属式与识别式这种方法并不适用于环境型和所有型小句，因为环境型和所有型归属小句也可以有一个确指的动词后名词词组，而识别小句也可以具有一个不确指的动词后参与者。再者，在"The piano is Peter's"这个表示所有关系的小句中，如果没有关联语境，这个小句可以解析为模棱两可的所有型关系小句，即它可以是归属式，也可以是识别式。因此，补语的这些指称属性不能完全用于区分环境型和所有型小句中归属与识别这两种关系模式。

三、关系小句的具体方面研究

　　与关系小句的功能研究相关的文献也较少见，主要集中在关系小句的某些具体方面。这些研究包括以下五个方面：①关系小句研究的社会符号学方法（例示-体现关系和成分-从属关系）（Davidse，1992，1996，2000）；②识别式小句的等值和穷尽性（Harvey，1999，2001；赵蕊华，2014）；③识别式小句的不确定性以及识别过程的系统和功能（赵蕊华，2013；黄国文、赵蕊华，2013）；④关系小句研究的认知-语用学方法（邓庆环，2009）；⑤汉语关系小句的功能结构（方琰、McDonald，2001）。

戴维塞（1992、1996、2000）采用符号学方法（例示-体现关系和成分-从属关系）分析包容型和所有型两种关系小句。在戴维塞（1992：99-132，1996：367-393，2000：13-35）看来，对于包容型小句，我们可以采用例示-体现的符号模型来识解以载体-属性为结构的归属式小句，以及以所识-标识和标记-价值为形式的识别式小句；对于所有型小句，我们可以采用成分-从属关系的符号模型来识解整体与局部的关系。

哈维（Harvey，1999，2001）通过关注英语技术手册中识别式关系小句中的动词选择模式，对识别式关系小句在英语科技语篇中的定义作用进行了系统功能阐释。在哈维（1999：53-94；2001：379-400）看来，一些特定的实义动词（例如 exemplify、mean、symbolize）和泛义动词 be 可用于识解英语科技语篇中识别式小句所具有的定义功能，并且识别式小句中的动词选择通常与小句中两个名词组（标记-价值）之间的等值程度密切相关；而且这种一对一的等值关系实际上表征的是两个名词词组之间的范畴性、封闭性和穷尽性。赵蕊华（2014）则从系统功能语言学的符号视角探讨识别式小句的穷尽性含义，认为穷尽性不是一个概念而是一个动态的体现关系，而且这种由识别小句传递的穷尽性可以从两种体现关系去理解：①层外体现关系（即语言体现与物质实体之间的关系)，这种关系体现的穷尽性通常与名词词组的确定性有关；②层间体现关系（即小句内两个语言体现之间的关系)，这种关系表达的穷尽性主要与小句参与者的结构功能以及小句的编码方向有关。研究表明，层外体现关系的穷尽性并不等于层间体现关系的穷尽性，而且这两种体现关系既是识别小句中穷尽性作为语言特征的表现，也是其穷尽性的体现手段。

黄国文和赵蕊华（2013）从系统功能语言学符号视角探讨识别小句中的歧义和重叠两类不确定特征，研究发现：识别小句中的歧义源自识别小句中两组结构功能的不同配置，与参与者角色有关，而且这类语义上的歧义可以通过语境本地化进行限制，但是不能完全消除；重叠则源自识别小句中过程的不同体现形式，与过程角色相关，而且要分辨这类语法形式上的重叠，必须将小句中的其他参与者角色以及环境因素同时纳入考虑范围。对识别小句中不确定性的研究有助于系统功能语法的不确定性研究。除了识别小句的不确定性，赵蕊华（2013）还从系统功能语言学的符号视角研究识别小句的系统与功能，包括识别小句的语法特征、语义含义和语用功能，发现识别过程是一种识别人、物或者事件的过程，它展示了人们如何认识周围世界，人们常常采用这种方式获取知识、结识他人以及处理问题。通过研究识别过程，我们可以对人类的认知模式有初步了解。

除了社会符号学方法，还有另一个研究关系小句的视角。邓庆环（2009）通过自建语料库从认知语用视角研究关系小句的语义价值和评价功能，并根据认知和语用理论探讨关系小句的评价动机，发现关系小句具有独特的语义价值和评价功能，而且，关系小句的评价意义主要通过三个方面来体现：①语气和语义特征较弱的过程动词；②关系小句的具体立场；③关系小句使用的语境。总体而言，关系小句中表示过程的动词语气和语义特征较弱，给关系小句的研究带来一定难度，但是通过分析人们可以增进对关系小句的了解，以便更好地利用这种语言资源来达到交际意图。

方琰和 McDonald（2001）首先展示了汉语语言学和布拉格功能语言学中体现的从句结构理论的局限性，然后强调了系统功能语言学框架下的元功能理论可用于全面解释汉语小句的功能结构，发现汉语小句的及物性结构可以是动作的、静态的和关系的，并区分了四种类型的汉语关系小句：存在小句、处所小句、属性小句和等式小句。即汉语关系小句由存在小句、处所小句、属性小句和等式小句组成。大多数情况下，汉语关系小句中总有两个参与者，它们组成四种排列不同的顺序，而语序又是及物性结构的具体实现。因此，从语篇功能的主位结构和信息结构分析，可以发现主位总是与参与者 1 重合；在多数情况下，新信息与参与者 2 重合；但在存在小句，新信息可能与过程重合。总之，系统功能语言学的元功能理论可以应用于汉语关系小句的功能结构研究。

四、小结

综上所述，关系小句的功能研究主要集中于韩礼德（1985，1994，2004，2014）对关系小句的分类以及其他功能语言学家对基于归属/识别区分进行分类的观点，但都没有对关系小句的元功能进行系统的描述。此外，一些语言学家对关系小句的研究也只涉及一些具体方面（如等值性、穷尽性和不确定性），而不是整个关系小句的全貌，例如，关于环境型关系小句的研究就很少。换言之，这些研究少而分散，而且大多数研究都集中在某个具体方面，因而只取得了零星而非系统的成果。最后，这种研究归属/识别区分的功能方法可以用另一种方法来补充，即认知语言学模型中的构式语法。这将在下一节做介绍。

第三节 关系小句的认知语言学研究

虽然关系小句认知语言学研究的文献并不多见，但仍有一些研究者从结构角度（即构式语法）研究关系小句。根据拉登和德尔文（Radden & Dirven，2007：271）的观点，事件图式通常由描写基本句子特征的语法构式来表达；构式指充当结构单位的成分之间的关系，语法构式则是由必要语法成分（如主语、谓语、宾语和补语）组成的句式，并在句子结构中具有特定的句法功能。从这个意义上讲，语法构式其实是传统语法和功能语法共同关注的语法结构。

根据文献，关系小句的认知研究主要集中在：①连结构式（Taylor，1996；Davidse，2000；Laffut，2006；Radden & Dirven，2007；任绍增，2011）；②所有格构式（Langacker，1995；Taylor，1996；Laffut，2006；Stassen，2009）。

一、连结构式

与传统语法中的系动词句和系统功能语法中的包容型小句极为相似，以"A 是 B"为形式的连结构式常用于表达 A 和 B 之间的静态关系。根据拉登和德尔文（2007：273）的观点，连结构式由主语、系动词（包括纯系动词和准系动词）和补语组成，其中补语可以是表语形容词（例如"be big"），表语名词（例如"be a giant"），表语属格（例如"be someone's"），或是表语介词短语（例如"be in trouble"）。这种由连结构式体现的静态关系可以表达不同的语义，如表 2.3 所示。

表 2.3　连结构式的语义类型（Radden & Dirven，2007：273）

序号	语义类型	例子
a	属性分配	The Sahara is actually quite fertile.
b	类属关系	The Sahara is a vast desert.
c	身份识别	The Sahara is the world's largest desert.
d	位置关系	The Sahara is in Africa.
e	所有关系	The piano is Peter's/belongs to Peter.

表 2.3 中，例 a 的主语"The Sahara"被赋予肥沃的属性；例 b 的主语"The Sahara"被列为"沙漠"这一类别的成员；例 c 的主语"The Sahara"被认定为"世界上最大的沙漠"；例 d 的主语"The Sahara"通过介词短语被指定空间位置；在例 e 中，被拥有者"The piano"履行主语的功能，而拥有者"Peter"则体现补语的语法功能，从而构成了一个表语属格（predicative possession）。以上五种关系中，例 b 的类

属关系和例 c 的身份识别之间的区别不太明显。不过，我们可以从是否具有可逆向性（reversibility）这个语法视角去区分这两种关系——类属关系具有不可逆向性，而身份关系是可逆向转换的，即主语和补语可以互相置换且不改变句子意义。在 Radden 和 Dirven（2007：273）看来，类属和识别的区别在于是否使用限定词进行标记——类属关系中的补语通常标记为不确定，而在识别关系中，主语和补语都必须是确定的，用于相互识别。基于此，根据拉登和德尔文（2007：273）的观点，以上例 a 大致对应用于描写主语属性的表语形容词构式，例 b 和例 c 对应用于表达类属关系和身份指称的表语名词构式，例 d 对应用于指定小句主语时空位置的表语介词短语构式，例 e 则对应表语所有构式，用于描述一种所有关系，即 Peter 对钢琴的所有权。

对于上述例 e，泰勒（Taylor, 1996）提出了表语所有格构式，用于描述所有者短语的表语用法。在泰勒（1996：320-327）看来，说"X is Y's"就是表明 Y 对 X 的所有权，例如"That old car is mine"，但有时也会出现表述构式与语义关系不兼容的情况，例如"The arrest was John's"在语法上是正确的，但在语义上是不可接受的。以上连结构式可以分为两种不同类型 be 的构式：单参与者连结构式和双参与者连结构式。也就是说，连结构式可以根据真实参与者的数量来描述。对于以上例 c 的可逆向性，戴维塞（2000）和拉福特（2006）也从参与者构式视角进行解释，即类属关系与身份识别的区分主要是构式方面的，与真实参与者的数量有关——表达类属关系的是一个单参与者构式，而体现识别关系的是一个双参与者构式。

此外，邓庆环（2009）通过语料库从认知语用角度探讨了类似连结构式的关系小句作为评价手段的理据，认为关系小句具有独特的语义价值和评价功能，这种价值和功能体现在句法构式上，体现在小句特有的视角上，也体现在小句与语境之间独特的关联上。任绍曾（2010，2011）先根据认知语言学的原型范畴理论和概念隐喻理论分析若干实义动词如何通过转喻和隐喻的语义变化而进入 be 范畴和

become 范畴，发现这些实义动词既能表示行进动作又能起系动词的作用，从而体现双重过程，并以此解释为何有些物质小句又可以是关系小句；然后又以认知语法理论为依据，通过考察这种双重过程如何通过范畴化结构成分之间的对应而组合成为复杂且抽象的象征单位并最后通过惯例确立为语言单位，探讨一些实义动词（如"sat silent"中的"sit"，"fell asleep"中的"fall"）如何融入类似连结构式的关系小句。廖福涛（2012）结合语法隐喻相关理论，从认知语义学视角分别对四类系动词（泛感官系动词、感官系动词、存现系动词和作格系动词）语法化过程中的语义迁移现象及其呈现的模式展开分析和讨论，结果表明这些系动词不仅存在语法化现象，而且其语法化模式也具有一定的相似性。

二、所有格构式

鉴于基本的所有格构式都可以出现在不同的词汇语法层面，因此有必要在这里将所有格构式缩小为小句层面的使用所有格动词的所有格构式，因为这种构式大致对应系统功能语法的所有型关系小句，也就是本书题目中关系小句的其中一个类型。

兰盖克（Langacker，1995：51-79）运用参照点模型分析了 Have-所有格构式。在这个模型中，用作主语的所有者充当用于定位宾语/被占有者的参照点；此外，所有格动词 have 是由一些所有格主动词（如 grasp、grab、seize 等）发展而来的，这反映了控制和操纵物体的概念原型。吉翁（Givón，1984：103）和海涅（Heine，1997：48）也认为所有格构式使用的动词"have"是由于表示物理控制的动词（如 grab、seize、take 等）的语义退化而产生的，即这些动词的所有格意义丧失，而其语法内容却被保留下来。这与前面廖福涛（2012）对英语系动词语法化现象的研究结果如出一辙，即一些连接动词的语义特征逐渐淡化或转移，而语法特征却逐渐增强和突显。泰勒（1996）认为，Have-所有格构式可用于描述占有者和被占有者之间的所有关系，其中 Have

的射体对应占有者，界标则对应被占有者。在泰勒（1996：339-343）看来，动词 have 强调了占有者对实体的可及性或即时可用性，描述了射体-界标/占有者-被占有者关系在时间上的持续性，因此该词可用于一个宽泛的语境中，例如占有者可以是非人类，被占有者也不必是某个具体物件，也就是说，大多数所有格表达式可以用 have 来改述或释义；除了 have，表达所有关系的资源还包括 contain、include、lack、lose、need、own 等动词。

史塔生（Stassen，2009）研究了 have 所有格构式中 have 类动词的及物性，并以"占有者+过程+被占有者"的结构形式描述占有者（PR）和被占有者（PE）之间的所有关系。在史塔生（2009：62-63）看来，Have-所有格构式可以描写为"PR have PE"构式，其中占有者充当施事者（agent），被占有者充当受事者（patient），因而动词 have 具有及物性，即占有者可以识解为动词 have 的主语，被占有者为直接宾语。此外，由于"具体"意义的逐渐丧失可能会导致句法及物性的逐渐丧失，许多所有格动词没有表现出典型及物动词的特有属性。除了表现法律意义上所有权，Have-所有格构式还可以表示属性分配（例如"I have a dream"）、整体-局部关系（例如"The house has a roof"）和亲属关系（例如"John has a brother"）。拉福特（2006：178-179）则从意象图式视角分析由 have、own、possess、belong to 等动词表示的所有关系，认为这种所有关系源于包容者-被包容者关系和整体-局部关系通过转喻激发出来的语义扩展，即语义从具象的包含关系转变为部分之间抽象的组合关系。此外，这种所有关系也可能产生于包容者-被包容者关系和整体-局部关系通过隐喻投射到象征关系而激发出来的符号扩展。简而言之，所有格构式所表达的所有关系主要产生于所有格动词的语义和符号扩展。由于许多 have 类动词的功能类似于可携带直接宾语的谓语动词，Have-所有格构式又被称为"谓语所有格构式"，这种构式重点关注用于描述占有者-被占有者关系的所有格动词。

三、小结

如上所述，关系小句的认知研究主要集中在连结构式和 Have-所有格构式上。但是这些认知研究并非尽如人意，体现在以下几个方面：首先，认知研究文献中对关系小句的构式描述是零星且不足的，例如，关系小句的认知研究没有对表语介词短语构式进行更全面而深刻的分析。其次，意象图式理论没有被用来解释关系小句是如何形成并反映人类对现实的认知的。最后，一些重要的认知模型（例如兰盖克的经典事件模型）没有被用于描述关系小句的事件结构和句法构式。不过，需要说明的是，尽管关系小句的认知研究文献并不多见，但认知语言学中的一些理论和方法可以用来解释关系小句的句法成因。因此，本书将在第三章对关系小句研究的认知语言学方面的理论基础进行补充。

第四节　功能-认知空间的理论与实践研究

本节旨在探讨功能语言学和认知语言学之间的合作空间，为关系小句研究的功能-认知方法提供理据。为此，本节将探讨系统功能语言学和认知语言学合作空间的理论和实践，以便对关系小句进行综合的功能-认知研究。

一、功能-认知空间的理论研究

20 世纪 50—70 年代，生成语法一直是语言学研究的主要方法。但自 20 世纪 80 年代以来，出现了一些研究语言结构的新方法，它们在否认语法自主性方面达成一致。这个家族的两个重要成员就是认知语言学和系统功能语言学——前者将语言视为一种认知活动，是对客观世界认知的结果，把语言能力看作是人类认知能力的一部分，而不是独立于其他认知能力的一个自治符号系统（Dirven & Verspoor，

1998：xi）；后者将功能和结构联系起来研究语言，把语言看作是一个社会意义系统网络，意义是一种潜势，可以体现为不同的语言形式，人们使用语言通过识解经验意义构建现实，即人们使用语言表达意义，再通过识解经验意义构建现实（Halliday & Mathiessen，1999：1-3）。从这方面讲，认知语言学和系统功能语言学可以用现实、认知/语义、语言组成一个识解经验世界的连续统，即人类和世界的互动经验通过认知机制映射到语言（例如关系小句），而语言又通过语义表达构建现实。

托马塞洛（Tomasello，1998：viii）认为语言是认知活动和社会交际的复杂组合，并将认知语言学和功能语言学视为研究语言交际的认知和社会维度的两种方法。但是这两种方法尚未整合成一个连贯的科学研究范式。虽然海瓦特（Heyvaert，2003）最先用功能-认知方法研究英语的动词名物化现象，但"功能-认知空间"这一标签却是巴特勒和贡萨尔维兹·加西亚（Butler & Gonzálvez-García，2005）在其论文"Situating FDG in functional-cognitive space：An initial study"中首次使用，随后贡萨尔维兹·加西亚和巴特勒（2006）详细描述了由功能和认知模型构建的空间样貌。也就是说，他们描述了功能主义模型和认知主义模式的显著特征，这两种模型占据了功能-认知空间的两个不同区域——前者优先考虑交际因素而非认知因素，而后者更多地依赖认知因素而非交际因素。基于这一假设，西维尔斯卡（Siewierska，2011）全面回顾了这两种用于研究语言本质及其与人类认知关系的方法，认为功能语法和认知语法之间会出现某种形式的和解。巴特勒和贡萨尔维兹·加西亚（2014）扼要概述了这些语言学研究方法之间的关系，并试图将这些相似或不同的研究方法组建成一种综合研究范式，以解释人类如何使用语言进行交流。基于此，他们使用"功能-认知"这一术语将所有功能的、认知的或两者兼而有之的方法涵盖其中。

将功能和认知模型置于多维度"功能-认知空间"的想法是巴特勒和贡萨尔维兹·加西亚（2005）首次提出的，而冈萨雷斯等人（González *et al.*，2014）朝着这一构想更进一步，识别了功能-认知空间的六个范例——三种功能主义理论（即系统功能语言学、功能语篇语法、角色和指称语法）和三种认知主义方法（即词语法、认知构式语法、词汇构式模型）。然而，这六个范例的边界并不明确，因为这些研究方法在很多地方出现交叉甚至重合现象。因此，应建立一个可以让功能和认知阐释构成互惠关系的综合研究方法，这种综合研究方法将会对语言学研究中的一些理论和分析问题产生重要影响。哈德逊（Hudson，2014）认为"认知"和"功能"这两个术语经常结合使用，如"功能认知空间""基于使用的功能主义认知模型"和"认知-功能语言学"，然后提出了一种与巴特勒和贡萨尔维兹·加西亚（2014）的"功能-认知"相似的"认知功能主义"，这种包含认知和功能视角的认知功能主义表明，认知主义将认知科学的见解应用于语言研究，而功能主义则寻求语言的功能解释。

图尔坎（Tyurkan，2015：125-150）将功能-认知方法视为整体范式的一部分，其中语言被视为与人类适应性功能相关的自然生物现象，认为全面的整体语言分析必须满足至少三个基本条件：①协同作用，将语言视为一种可由不同科学协同进行研究的多功能现象，②使用大型语料数据库，③语言类型特定；并认为基于这些基本原则，构建一个全面的语言分析框架是可行的。与 Tyurkan（2015）的整体语言学观点相比，董保华和全冬（2015）选择将功能主义和认知主义之间的关系缩小到更为具体的系统功能语言学和认知语言学之间的关系，他们通过比较和对比两者在经验世界认识过程中的各自表现，发现认知语言学与系统功能语言学是互补关系而非子集关系，并基于这种互补关系，提出了经验世界认识过程的认知-功能互补框架。

二、功能-认知空间的实践研究

总的来说，上述关于功能-认知方法的论述可能仍然停留在理论层面。然而，这些理论应该付诸实践，即这种功能-认知分析框架可以应用于语言学更为具体方面的研究。

最先将功能-认知空间理论付诸实践的是海瓦特。为了研究英语的动词名物化现象（deverbal nominalization in English），海瓦特（2003）先讨论用于研究语言的功能本质的两个语言学框架（即认知语法和系统功能语法），然后深入地探讨这两个语言学框架的一些基本原理，包括：①语言使用和语言系统之间的相互作用；②词汇语法和语义之间的自然符号关系；③语言结构的内在功能本质以及对"级阶转移"（rank shift）和"等级"（class）等概念进行研究的功能方法；④韩礼德语言研究的多功能方法；⑤不仅需要准确分析语言组织的横组合关系（即结构），还要准确地分析语言的纵聚合关系（即系统），最后指出，名物化应被视为位于功能组织某个特定层级的功能配置，因为名物化基本上是由谓词功能的重新分类而得的名词构式。拉福特（2006）从功能-认知视角对由三个参与者构式体现的致使关系进行了系统而全面的描述，并解释了包容型、环境型和所有型三类关系小句的成因。此外，拉福特（2006）还从功能-认知的角度对方位构式、意象构式和物质/产品构式进行研究，承认研究中的许多想法和分析都受到了系统功能语法基本理论概念的启发，并且随着研究的深入，认知语法的一些理论构想也被引入对语言研究的功能方法进行补充或修改，进而组成一个研究致使关系的功能-认知方法。

刘承宇（2007）以英语元语言语篇为例，从功能-认知文体学视角阐释语法隐喻的文体价值。由于很少有人对一致式和隐喻式的区分及语法隐喻的范围以及对于英语元语言语篇中语法隐喻的分布特征及其文体价值进行系统的实证研究，而且人们对概念隐喻和人际隐喻在级阶转移上的逆向性及其所反映的语言概念功能与人际功能之间的内在张力及其对语义发生和语篇文体特征的作用关注不够，作者将功能文体学与认知文体学理论结合起来分析各种语法隐喻在英语元语言语篇中的分布特征及其文体价值。与刘承宇（2007）的综合研究方法相似，张跃伟（2011）在系统功能语言学框架下加入认知语言学的构式语法理论，组成一个综合的功能-构式理论框架，并通过真实的语料库统计分析，对双及物小句的概念功能和语篇功能以及构式特征进行深入的综合研究。

任绍曾（2010，2011）先根据认知语言学的原型范畴理论和概念隐喻理论，从认知-功能视角研究系动词 be 或 become 体现的双重过程，从而解释为什么有些物质小句可以是关系小句，然后再以认知语法理论为依据，从认知-功能视角考察双重谓语表达式如何通过构件之间的对应关系组合成为复杂而抽象的象征单位，以及双重谓语表达式如何通过在不同语类和语域中语言使用的检验而成为约定俗成的语言单位，最后解释英语实义动词是如何融入以[PredAdiSbj+be+PredAdj]为构式的关系小句的。

博伊（Boye，2012）首先将认知意义（epistemic meaning）视为一种基于功能的认知现象，主张语言和语言现象应在认知和功能-交际框架下进行概括和比较，然后将功能-认知分析与跨语言数据联系起来，再通过考察言据性和认知情态两个描述性范畴之间的关系，对认知意义进行了跨语言的功能-认知研究。研究发现，概念结构和功能-交际因素制约并塑造语言。

何中清（2013）从功能-认知视角探讨构式隐喻理论框架。该隐喻理论框架整合了系统功能语言学和认知语言学中的相关理论，将隐喻识别为小句构式，强调隐喻的产生机制是经验域或表征方式的映射和整合。研究发现，构式隐喻理论有助于建立一个可用于系统描述和分析各种隐喻现象的综合理论框架，并在此理论框架下，通过整合形式和意义层面的隐喻研究，探索隐喻研究的新路径。邓奇和杨忠（2013）以英汉感官形容词中的典型代表"cold"和"冷"为例，从功能-认知视角对历时语料中两词用例进行对比，通过分析其语义特征的演变，探究语义认知的内在机制。研究发现，英汉感官形容词语义演变的路径具有单向性，并且以隐喻和转喻为内在机制。

三、小结

总之，功能-认知空间可以被视为一个综合的整体理论框架，在这个框架中，功能学派和认知学派的理论处于同等地位，但在许多方面是交叉的。但是当我们试图探索某些特定的语言现象时，这个总体框架可能需要变得更为具体。然而，在功能-认知框架内，关于语言具体方面研究的文献并不多见。此外，迄今为止，尚未在文献中发现用于研究关系小句的更为具体的系统功能语言学-认知语言学分析框架。

就系统功能语言学和认知语言学的关系而言，两种语言学理论之间的一个区别参数与用于分析的数据性质有关，即用于语言分析的例子是实证的还是编造的。从这方面讲，系统功能语言学一直在广泛使用语料库和其他实例语篇集合，而认知语言学在早期阶段使用实验证据来验证某种理论和假设，后来逐渐摒弃编造例子开始使用自然发生的语言数据。因此，出于这方面的考虑，本书拟从景点介绍、导游话语、旅游接待、旅游宣传、游记、旅行文学和自然景观纪录片等语域收集语篇以组建一个用于语言分析的旅游语篇语料库。

第五节　旅游语篇研究

旅游语篇是围绕旅游行为而形成的一种包含景点介绍、导游话语、旅游宣传、游记、旅行文学等在内的总体语篇类型，旨在构建和传播与旅游目的地有关的知识（如文化和形象）。作为一种交际话语，旅游语篇常常被喻为旅游者与旅游目的地之间的桥梁和纽带，即旅游语篇可以为潜在旅游者提供旅游目的地相关信息并鼓励潜在游客前往亲身体验，从而实现旅游语篇的两个重要功能——信息功能和呼唤功能。因此，旨在提高知名度与声誉并鼓励潜在游客采取行动的旅游语篇在旅游目的地的宣传和推广中发挥着重要作用。然而，与旅游语篇有关的文献虽然较多，但对旅游语篇本身的研究是零散的，而且大多数研究者只关注旅游语篇中的某个类型，或者只关注某类语篇的词汇语法特征及其翻译，极少有语言学者选用旅游语篇建立用于语言分析的语料库。迄今，旅游语篇的研究主要集中在语类结构或文体特征分析、翻译与跨文化交际、互文性、旅游语篇研究的系统功能视角等四个方面。

王丽秀（2003）从哈桑（Hasan，1985）的语类结构潜势理论视角对旅游景点介绍文章进行语类结构分析，发现对由若干必要语步和可选语步组成的旅游景点介绍文章进行语类结构潜势分析，不仅能帮助学习者获得旅游景点介绍文章的语类结构知识，也有助于教师进行语类结构方面的旅游语篇教学。王晓燕（2006）选取了六十篇中英文旅游景点介绍语篇为研究材料，以 Swales，Bhatia 和 Hasan 的语类分析模式为理论框架，对两种语篇的语类结构及语言体现特点进行了全面系统的对比分析，并探讨了其特点形成的社会文化根源。该研究对跨文化旅游景点介绍语篇的创作和教学起到一定的指导作用，对其他语类的语篇教学也有一定的启示意义。徐佳佳（2007）从功能文体学视角，通过对中国和英美国家的旅游英语语篇的文体对比分析，探究这两种旅游语篇的异同，并检验功能文体学在语篇对比研究中的适用性及有效性。王晨曦（2008）运用定量研究方法，以系统功能语法理论为基础从词汇语法层面探究英文旅游语篇的文体特征。宋丽颖（2016）从国内外官方旅游网站选取英汉旅游景点介绍各三十篇作为分析文本，以斯威尔斯的语步步骤和巴蒂亚的促销体裁为分析模型，通过对比分析英汉旅游语篇，从体裁视角探究英汉旅游语篇的语步结构和语言特征，旨在引发英语学习者、旅游者和语篇翻译人员的关注和思考，从而提高我国英文旅游语篇的适切度。

康宁（2005）对中英文旅游语篇的三种语篇功能（指示、信息和描写）进行了比较分析，为旅游语篇的汉英翻译提供三种方法与策略：①以译入语读者为中心，实现指示功能的充分"对等"；②信息功能转换时应以译入语读者的需要为根本；③描写功能的转换中关注译入语读者的审美情趣。陆国飞（2006）运用翻译"目的论"的原理，从旅游景点介绍翻译的功能和目的性出发，选用目前我国一些地方旅游景点汉语介绍英译文本，对功能和实用性两方面的翻译失误进行剖析，发现译者缺少翻译的目的意识是产生失误的根源。贾静静（2007）从语篇功能入手，指出旅游语篇具有指示、信息和描写三大功能，认为旅游语篇的翻译应充分考虑到语篇的这三大功能，并根据这三大功能制订出相应的翻译策略。魏蓉（2016）根据主-述位理论和主位推进理论对国内知名景点源语和译语宣传材料中主位推进的配置模式进行对比分析，发现两种语篇的主位推进模式和使用频率存在极大共性，译者在符合译语表达习惯的前提下尽可能保留源语的主位推进模式才能更好地再现源语宣传材料的写作意图和表达效果。陈明芳和周晗（2017）通过对比分析汉英两种旅游语篇的主位推进模式，探索汉英旅游语篇中主位推进模式采用的异同及汉语旅游语篇的英译策略，指出翻译时应首先考虑主位推进模式的转换问题，再采用不同的翻译策略，保留、调整或重构源语语篇中的主位推进模式以符合译语语篇结构的标准和规范。

周琦（2009）首先将旅游景点介绍语篇定义为一种在与不同文化背景的人交流中发挥重要作用的公共话语，然后在哈提姆和梅森的理论框架基础上增加"文化互文"概念，再通过对景点介绍语篇的分析，指出其中存在的三种互文关系，同时也解释了各种互文关系的功能与用途，为给旅游景点介绍语篇的作者和译者在未来的翻译和创作中提供适当的策略。研究表明，中英文旅游景点介绍语篇中存在互文关系，不同的互文关系对这两种旅游景点介绍语篇的翻译和创作有不同的影响。陈聪颖（2018）先在 Bhatia 的多维度分析模式的基础上加入旅游产业六要素和旅游文化三要素，建构了适用于本书的分析模型，然后以携程 App 中旅游板块的产品介绍为例，运用该分析模型从批评性体裁分析视角和三个维度分析该类话语中的篇际互文表现。研究结果表明，篇际互文性普遍存在于旅游话语中，是旅游话语的一个重要特征，也是一种典型的话语策略。

就旅游语篇研究的系统功能视角而言，张友香（2005）以景点简介为语料，从系统功能视角对英汉语篇进行对比研究，探究英汉语篇的异同并检验系统功能方法在语篇对比研究的可适用性及有效性。胡韵（2006）也从系统功能语法视角，探析网络英文旅游景点介绍语篇中的人际功能和语篇功能。张宏刚（2008）以英语景点简介和旅游广告这两大类旅游语篇为例，运用定量的分析方法，以系统功能语言学为理论框架，从三大元功能和语域等方面对这两类旅游语篇进行对比分析。刘若男（2012）采用系统功能语法中的人际功能理论和评价理论，分别从情态系统、语气系统、人称系统和评价理论四个方面对英汉旅游语篇进行对比分析，探讨汉英语篇在人际意义实现上的异同点。谢丽丽（2012）从中国和英国官方旅游网站各选取 50 篇英语旅游语篇作为研究对象，以系统功能语法的三大元能为理论框架，对这两类语篇进行对比研究。陈建生（Chen，2012）通过仔细考察从五个与旅游话语相关的语域中所选语篇中及物性资源的配置，运用韩礼德的及物性模型探究旅游行业中的两个基本经验（即形象创建和形象维护）是如何通过意义来识解的，发现形象创建语域非常喜欢使用归属式关系小句来编码语篇中的劝说性语言，而形象维护语域则偏爱使用识别式关系小句来解码概念或进行定义。文建欢（2015）以国内外旅游网站的 46 篇英汉旅游景点介绍为例，通过对两类语篇态度资源特点的定性和定量分析，探讨英汉旅游语篇的语言特点和文化差异。刘燕茹（2015）以福建省旅游官网英文景点介绍语篇，运用定性与定量的分析方法，探讨旅游目的地形象建构的价值和意义。梁兵和蒋平（2015）以 Royce 的符际互补理论与 Kress 和 van Leeuwen 的视觉语法为理论框架，通过系统分析旅游宣传海报的文字和图像之间相互协作的工作机制，探讨中国文化对外传播的方式和特点。

综上所述，作为一种公共话语，旅游语篇较少用于语言学理论讨论，而多用于语类结构或文体特征分析以及翻译和跨文化交际研究，关于旅游语篇如何实现三大元功能（即表征旅游信息的概念功能，构建旅游目的地和潜在游客之间社会互动关系的人际功能，以及结合情景语境将各个符号成分组织成一个整体的语篇功能）也较少有人进行系统且深入的研究，而对于"最喜欢的小句类型"的关系小句在旅游语篇中的建构作用的研究更是前所未有。

第六节　结　语

本章总结了以往研究的成果和不足之处。必须承认，从不同视角（即传统语法、功能语法和认知语法）对关系小句、功能-认知空间理论与实践、以及用于语料库分析的旅游语篇进行的讨论，为关系小句的研究目标和方法提供了重要的参考和依据。

第一，传统语法从连接动词、语义类型、基本结构和补语类型等方面来描写系动词句子或表语句子。可以发现，连接动词决定系动词句子的基本结构，而补语类型决定关系小句的基本类型——主语补语大致对应于用于描述或识别主语特征或身份的包容型小句，状语补语则对应于环境型小句，这种补语可用于描述主语，也可用于修饰连接动词本身。但是，关于连接动词 be 对系动词句子或表语句子意义的贡献，传统研究仍存在分歧，一些语言学家（例如 Moro，1997；Adger & Ramchand，2003）认为连接动词 be 既可以充当表达命题意义的肯定标志，也可以表示两个论元之间关系的身份标志，而其他语言学家（例如 Bach，1967；Lyons，1967）则认为表语句子意义不是由连接动词决定的，而是取决于所连接的语法成分。总之，关系小句的传统语法研究比较分散，仍然存在描写不够全面、术语不一致等不足之处。

第二，关系小句的功能语法研究主要关注韩礼德（1985a，1994，2004，2014）基于归属/识别区分的关系小句分类，汤普森（1996，2004，2014）等语言学家对此提出了质疑，他们认为关系小句中的"过程"和"参与者"并没有表达常规意义的事件发生过程，因而不完全适用于关系及物性分析，而艾金斯（2004）将存在小句和关系小句划归为表达存在状态意义的同一过程类型，并将致使关系小句视为关系小句范畴的最后一个类型，封丹（2013）更是没有将环境型和所有型小句归入关系小句范畴，而只关注包含两种关系模式的典型包容型关系小句。除了韩礼德式的关系小句分类，一些语言学家采用社会符号学方法对关系小句的某些具体方面（如等值性、穷尽性和不确定性）而不是关系小句的全貌进行研究，因而只取得了零星而非系统的研究成果。此外，关系小句研究的功能视角只能说明人们如何使用关系小句通过识解经验意义构建现实，却不能够解释关系小句形成的认知机制。

第三，关系小句的认知研究主要集中在连结构式和 Have-所有格构式。从构式角度来看，包容型小句相当于连结构式，其中归属式小句可以识解为一个单参与者构式，识别式小句为一个双参与者构式。此外，环境型小句可以根据时空相邻性识解双参与者关系，而所有型小句可根据包容者-被包容者图式和整体-局部图式识解占有者-被占有者关系。从这方面讲，构式方法确实是一个解决归属/识别区分问题的好方法（Langacker，1991；Davidse，2000；Laffut，2006）。但是这些认知研究仍差强人意，原因在于：①认知研究文献中对关系小句的构式描述并不全面，关于表语介词短语构式的描述较为少见；②意象图式理论没有被用来解释关系小句形成的认知机制；③一些重要的认知模型没有被用来描写关系小句的事件结构和句法构式。

第四，就功能-认知空间的理论与实践研究而言，目前尚未有一个更为具体的系统功能语言学-认知语言学综合框架可用于关系小句的研究。此外，对旅游语篇中关系小句的研究极为少见，目前只有一项研究涉及旅游语篇中的关系小句，即陈建生（Chen，2012）对旅游语篇中关系小句如何被用于识解旅游形象的创建和维护的研究。

总而言之，关系小句的研究是零星且分散的，没有形成一个整体研究范式。鉴于系统功能语言学和认知语言学都重视语言在建构现实中的作用，本书尝试将这两种方法结合起来建立一个研究关系小句的综合范式。由于关系小句在表征经验世界方面的复杂性，因此运用多元模型，从一个综合的功能-认知视角解释关系小句无疑是有益的。为此，本书将在第三章建立一个更为具体且互补的系统功能语言学-认知语言学框架，并根据这个分析框架在第五章和第六章分别对关系小句的功能维度和认知维度进行详细论述。

第三章　关系小句研究的理论基础

如上所述，运用综合研究范式进行语言研究，目前语言学界已达成共识。综合研究范式指一个由诸多概念、假设、理论和方法构成的研究框架（Kuhn，1962）。这种共识使得从功能-认知视角建构一个系统功能语言学-认知语言学框架使研究关系小句成为可能。作为本书的基础理论资源，该框架可定义为包含系统功能语言学、认知语言学或两者兼而有之的研究方法。换言之，系统功能语言学理论和认知语言学理论组成了本书的理论基础。

鉴于关系小句（relational clause）这一概念产生于韩礼德（1967，1968，1985a）创立的系统功能语法，本章将先阐释用于研究关系小句的系统功能语言学理论，然后详述包括意象图式（Johnson，1987；Lakoff，1987）、理想化认知模型（Lakoff，1982，1987）、认知语法（Langacker，1981，1982，1987）和构式语法（Goldberg，1995，2003，2006；Croft，2001）在内的认知语言学理论，再根据功能-认知空间理论的兼容性与互补性建立一个用于研究关系小句的系统功能语言学-认知语言学综合分析框架，最后对本章做出总结。

第一节　系统功能语言学模型

鉴于关系过程构成了韩礼德式及物系统中的一种过程类型（Halliday，1985，1994，2004，2014），本书自然而然将系统功能语言学视为研究关系小句的首选理论模型，以探讨语言形式如何体现意义。本节将首先讨论系统功能语言学的总体取向，然后简要概述用于本书的语言系统功能模型，并重点关注用于关系小句研究的元功能理论。

一、系统功能语言学总体取向

根据韩礼德和马丁（1993：22-23）的观点，系统功能语言学有五个倾向，这五个倾向对于理解特定话语（如旅游语篇）的演变至关重要。

第一，系统功能语言学倾向于将语言描述为意义资源（即意义潜势），而不是一个由规则组成的系统（Halliday & Martin，1993：22）。即语言本质上是一个语义系统网络，并通过概念功能、人际功能和语篇功能提供意义潜势。这种倾向关注话语的意义发生过程，包括种系发生（phylogenesis）、个体发生（ontogenesis）和语篇发生（logogenesis）三个主要过程。种系发生指一种文化的进化，个体发生指个体意义潜势的成长，语篇发生指语篇的呈现；意义通过这三个过程不断地被创造、转换、再创造、延伸和变化（Martin，1997a：308）。此外，这三个过程相互关联：人类种系的语言系统为个体语言的发育提供环境，而后者又为具体语篇的例示提供环境；反过来，语篇的构建为个体语言的发育提供原材料，个体语言的发育又为整个语言系统的进化提供材料（Halliday & Martin，1999：18）。

第二，系统功能语言学将语篇视为识解意义的基本单位（Halliday & Martin，1993：22），即语篇是一个由语法体现的语义单元。这种取向使得从语法上推断语篇的语义组织和由语篇例示的语义系统成为可能。语篇既是语义选择的结果，同时又是语义功能实现的重要手段。此外，语篇与句子的关系不是简单的"组成"关系，而是一种体现关系，即语篇由句子体现。

第三，系统功能语言学注重语篇和社会语境之间的紧密关系。韩礼德（1978：141）将语篇视为一个语境化的结构实体，一个社会意义在某个特定情景语境中的实例。换句话说，语篇是在一定的情景语境中产生的，所以语篇受制于情景语境，即语篇的情景语境因素制约着人们对意义潜势的选择（Halliday，1970a）。简而言之，语篇是特定社会文化语境的产物。从这方面看，语篇具有过程和成品双重特征：它既是社会成员之间进行意义交换的互动过程，也是在意义的社会交换过程中从意义潜势中不断选择的结果。

第四，系统功能语言学将语言视为一个识解意义的系统，而不是表达思想和情感的渠道。这种倾向有助于人们理解语法在构建现实（即知识的构建）中的作用。换言之，系统功能语言学将语言视为一个意义生成系统，而不是一个意义表达系统（Halliday & Martin，1993：23）。

第五，系统功能语言学倾向于建立一个精致详尽的模型，通过该模型，我们可以用符号术语描述世界上的一切事物。这种倾向使我们更容易获得足够的描述能力，用于我们感兴趣的语言研究。

简而言之，韩礼德和马丁（1993：22-23）高度概括了系统功能语言学的五大特点：①系统功能语言学重资源轻规则，把语言看作是意义生成的资源而不是一系列的规则；②系统功能语言学关注语篇而非句子，视语篇为意义的基本单位，语篇由词汇语法来体现；③系统功能语言学聚焦于语篇与社会语境之间的互动关系而非去语境化的结构成分；④系统功能语言学把语言看作是识解意义的系统而不是表达思想和情感的渠道，即语言是意义生成系统而不是意义表达系统；⑤系统功能语言学趋于奢华而非简约，系统功能语言学创制的是一个精致而详尽的研究模型，通过这个模型我们可以从意义学视角描述世界上的一切事物。

总之，系统功能语言学关注的是系统与语篇、语篇与句子以及语境与语篇之间的例示化关系。因此对于系统功能语言学五大特点的理解将有助于构建一个用于研究语言的系统功能模型。该模型包括语境（context）、层次（stratification）、级阶（rank）、体现与例示（realization and instantiation）、元功能（metafunction）、评价理论与局部语法（appraisal theory and local grammar）等六大方面的理论和观点。

二、语境论

韩礼德和马丁（1993：23-29）用两个同切圆将整个符号系统分解为一个由语言和非语言的语境共同组成的平面（plane），并详述了语言和社会语境之间的关系，如图3.1所示。

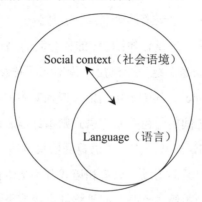

图3.1　语言和社会语境关系图（Halliday & Martin，1993：25）

在图3.1中，一种符号系统（语言）被用于体现另一个更为抽象的符号系统（社会语境），即通过体现，一个系统和另一个系统形成冗余关系：语言识解或再识解社会语境，也被社会语境识解或再识解。图表中的双箭头表示语言和社会语境是相互决定的，而非类似因果关系那样的单向性。简而言之，系统功能语言学将语言和社会语境视为两个抽象概念，社会语境指语篇呈现的总体环境，一般由语言体现；而在社会语境层面，意识形态由语类体现，语类则由语域体现，因此形成了一个语境分级模型：意识形态→语类→语域→语言（Halliday & Martin，1993：38）。根据这个模型，我们可以把一个语篇看作是一个语境化的结构实体，以及体现在语篇特定语境中的一个社会意义实例。从这方面讲，语言系统实际上是一个社会符号系统。

语言使用皆有语境。没有语言使用的环境，意义就无法确定。韩礼德（1978：109）接受马林诺基（Malinowski，1923，1935）和弗斯（Firth，1957）提出的语境概念，将语境分为情景语境（context of situation）和文化语境（context of culture）两个类型。一种文化的社会组织模式体现为每一个情景语境中的社会互动模式，而情景语境又体现为每一个语篇中的话语模式。

每一个意义行为都有一个情景语境，一个表达和解释语篇意义的环境。换言之，作为语义单位的语篇是在一定的情景语境中产生的，反过来，情景语境制约着语篇的语义结构。作为一个符号结构，情景语境可以表征为一个三维复合体：持续的社会活动，涉及的角色关系，以及象征或修辞的渠道。这三个维度分别对应于语场（field）、语旨（tenor）和语式（mode），其中语场指语篇嵌入其中的社会行为，语旨指一组相关参与者之间的角色关系，语式则指话语表达或语篇组织的方式。语场、语旨和语式共同构成了语篇的情景语境。需要说明的是，构成情景语境三大要素的语场、语旨和语式既不是语言使用的类型，也不是语言环境的简单组成部分，而是将社会语境表征为人们在其中交换意义的符号环境。此外，情景语境与语篇可以相互预测，即假定我们了解语场、语旨和语式语境三要素的符号属性，我们就能合理推测出关联语篇的语义属性。反过来，我们也可以根据语篇的语义属性推测出情景语境的符号属性。此外，与情景语境三要素的特定值紧密相关的语言特征又构成一个语域。语域可以定义为某一种文化的成员与某一情景类型紧密关联的语义资源配置，是特定社会语境下可调用的意义潜势。因此，语篇的情景语境与语域之间也存在着双向预测关系。总之，语域由情景语境体现，情景语境则制约语篇的语义结构，即情景语境的三大要素分别制约着语言的三大功能。从这方面讲，语域是一种语义变体，语篇则是语域的一个实例（Halliday，1978：110-111）。本书用于分析的语料主要选自旅游语篇语域，体现这种语域的情景语境三要素与其他语域不同，其中语场（话语范围）主要指旅游活动，语旨（话语基调）指旅游景点知识的建构和传播，包括旅游形象的创建和维护，语式（话语方式）指将以上两项信息组成语篇的方式，包括用于建构旅游信息的句子类型，如关系小句。

　　文化语境指在特定文化中制约宏观语义结构（如语篇的语类结构）的人类行为模式。语类是一个由语场、语旨和语式等语境要素配置而成的系统。语类指语篇的类型，对应于文化语境。鉴于语类指用于建立各种类型社会语境的不同类型语篇，马丁（1993）将语类定义为"一个分阶段、有目的的社会过程"（Halliday & Martin，1993：36），并在文化语境基础上发展了语类理论。哈桑（Hasan，1977，1985，1995）认为语类是有结构的，每一个语篇都是现实化的语类，而语篇结构则是语类结构潜势在具体语境中的现实化，进而提出了语类结构潜势理论。

　　语境理论是系统功能语言学的一个重要理论，通过完善前人的语境理论，韩礼德、哈桑和马丁等人提出了更为系统的语域理论和语类理论，为系统功能语言学的发展做出了重要贡献。语域和语类以及语境和语篇之间的关系如图 3.2 所示：

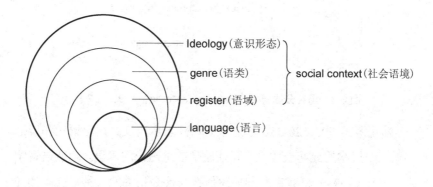

图 3.2　社会语境分级模型（Halliday & Martin，1993：38）

　　在"意识形态→语类→语域→语言"语境分级模型中，由意识形态、语类和语域共同组成的社会语境是由语言体现的。在社会语境层面，意识形态由语类体现，语类由语域体现，语域由语篇语义体现；在语言层面，语篇语义由词汇语法体现。基于此，语境和语篇的关系可以理解为：情景语境制约语篇的语义结构，即情景语境的三大要素（语场、语旨和语式）分别制约着语言的三大功能（概念功能、人际功能和语篇功能），文化语境影响语篇的宏观结构，即文化语境因素（社会行为方式和结构等）制约语篇的语类结构。从这方面看，韩礼德、马丁和哈桑等人发展了语境理论，提出了语域理论和语类结构理论，丰富了系统功能语言学的语言观，也为本书提供了坚实的理论基础。

三、层次观

在系统功能语言学中，符号可分为两个层次——语言层和语境层，每个层次都可以根据体现关系进一步分层（Halliday & Martin，1993：25-32），如图 3.2 中的社会语境可以分为意识形态、语类和语域三个层次。在语言层面，分层指语言的分级模型或体现层次：语义层↘词汇语法层↘音系/字系层（Halliday，2009：18），如图 3.3 所示。

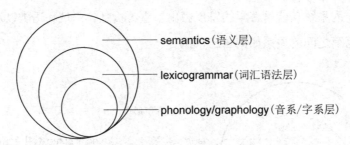

semantics（语义层）

lexicogrammar（词汇语法层）

phonology/graphology（音系/字系层）

图 3.3　语言分级模型（Halliday & Martin，1993：32）

韩礼德（1992：20-35）用三个同切圆表示语义、词汇语法和音系/字系三个层次的元冗余关系。冗余原是信息理论的术语，功能语言学者 Lemke（1995）将其定义为描述什么与什么相关的一种形式，如在图 3.2 的语境分级模型中，某一层次的型式（如语类）与下一层的型式（如语域）相冗余，即语类和语域的关系是对称的、体现与被体现的关系。韩礼德（1992：25）用符号"↘"来表示这种可预示的冗余关系，即 genre↘register，意思是"genre redounds with register"，其中"redounds with"又可以解读为"realizes"和"is realized by"。简而言之，语域体现语类，语类由语域体现。基于此，由语类和语域组成的社会语境又和语言形成冗余，因而语类、语域和语言又形成一个元冗余，图示为"语类↘（语域↘语言）"。元冗余（metaredundancy），即冗余的冗余，是描述相冗余的两事物如何与别的事物相冗余的一种方式。从这个意义上说，在社会语境层面，意识形态和语类与语域形成元冗余，图示为"意识形态↘（语类↘语域）"，而在语言层面，语义和词汇语法与音系/字系形成元冗余，图示为"语义↘（词汇语法↘音系/字系）"。

通过将体现视为一种关系，元冗余理论概括性地解释了语言的层次组织（stratal organization），以及体现的符号学原理。根据元冗余理论，社会语境层面和语言层面的关系可以解读为：更为抽象的社会语境层通常会对下级的语言层重新语境化。此外，由意识形态、语类和语域构成的社会语境层和由语义、词汇语法和音系/字系构成的语言层共同构成一个整体符号系统（a holistic semiotic system），其中从语境层面到语言层面每个层次（stratum）都由其下级层次体现。这个符号系统可以通过体现关系描写为：[意识形态↘（语类↘语域）]↘[语义↘（词汇语法↘音系/字系）]，而且这个大号的元冗余可以用六个同切圆来图示：

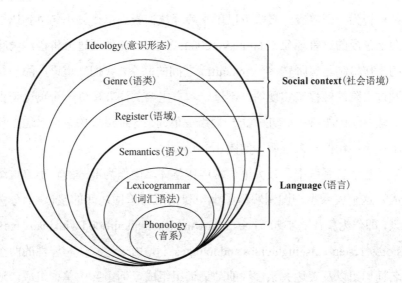

图 3.4　基于元冗余的符号学分层模型（Halliday & Martin，1993：32–38）

这种符号学分层模型从语言和社会语境两个互补视角提供了研究旅游语篇的方法。换言之，从语言和社会语境两个视角进行分析，我们可以对旅游语篇做出有意义的解读。不过，作为符号学分层模型的两端，意识形态和音系/字系将不在本书中论述，原因有两个：①作为顶端的意识形态概念既抽象又宽泛，而且意识形态到底包含哪些要素和变量，很难做出具体的论述；②用于语料分析的旅游语篇是书面体而非口语体，因此作为底端的语音层不适用于书面语篇分析。基于此，该模型聚焦语类、语域、语义和词汇语法四个分层，并重点关注词汇语法系统中的小句语法。

四、级阶观

级阶指某个符号学分层内的等级构成。韩礼德（1961）将级阶视为一种定义在词汇语法层的等级，并将语言分为小句、短语/词组和单词三个等级（Halliday，2004：588）。在语言系统中，较大的单位由较小的单位组成。这种按级别划分的等级结构被称为级阶，其中每一级都被视为一个等级。级阶可以用来解释从词素到单词到小句再到语篇向上延展的语言现象（Halliday，2004：5-10），比如通过分析语法隐喻的工作机制与级阶转移（rankshift）之间的联系，我们知道语法隐喻是通过级阶的转移来实现的。不过，本书主要关注并建立一个英语词汇语法系统的级阶：小句—短语/词组—单词，这种级阶关系可以通过一个关系小句例子来说明，如图3.5所示。

在语言系统中，较大单位常用作整体，由作为部分的较小单位组成。这个关系小句图例解释了小句和词组与单词之间的整体-部分关系，即作为整体的小句"The midtown is a neighbourhood with many bars, stores, restaurants, nightclubs and lounges."是由表达载体和属性的两个名词词组以及表达关系过程的动词词组组成，词组又由单词组成。通过描写整体-部分关系，这个关系小句可用于建构关于旅游事件或活动等方面的信息或知识。

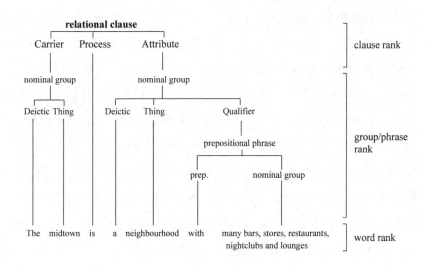

图 3.5　级阶关系例示图（Halliday & Martin，1993：40）

　　在这个语言系统的等级结构中，一个小句是由词组/短语组成的，词组/短语又由单词组成。换句话说，小句作为整体发挥作用，而词组/短语和单词充当整体的一部分或成员。不过，在这个等级结构中，意义往往不在小句级阶上起作用，而是在词组/短语和单词的级阶上发挥作用。这对以这种方式展开的语篇结构分析有着重要启示。此外，小句中的词组或短语常常采用被视为蕴含"分配和重新分配小句信息的巨大潜力"的名词词组或介词短语的形式（Halliday & Martin，1993：39）。因此，在词汇语法系统的级阶关系中，小句分析的重点通常落在词组/短语的等级上，包括名词词组、动词词组、形容词词组和介词短语。

五、体现与例示

　　体现概念主要用于描述两个不同抽象层次之间的关系，如社会语境与语言、语义与词汇语法，而例示概念用于描述同一层次内两个视角之间的关系。

　　韩礼德（2004：24）将语言视为一个"分层系统"，把语法看作是经验的理论总结，通过语法我们可以识解我们的经验世界，即根据语义和词汇语法之间的体现关系，参与者通常体现为名词，过程体现为动词，属性体现为形容词，逻辑关系体现为连接词。韩礼德和马丁（1993：238-239）区分了语义和语法之间的两种类型的体现关系：一致式和非一致式。在词汇语法和语义的一致关系中，动词体现过程，名词体现事物，形容词体现属性。词汇语法和语义的非一致关系主要指语法隐喻，而语法隐喻通过级阶的转移来实现，名物化则是语法隐喻的体现手段，即低级阶的语言形式名词被用来表示应由动词形式来体现的过程。鉴于由级阶转移体现的语法隐喻不适用于限定小句的研究，本文将不对非一致关系做进一步的论述。

一致式体现关系的另一个例子是：语场由概念意义体现，概念意义由及物系统体现；语旨由人际意义体现，人际意义由语气、情态和评价体现；语式由语篇意义体现，语篇意义由主位结构和信息结构体现。基于此，语域、元功能和词汇语法之间的一致式体现关系可表示如下：

表 3.1　语域、元功能和词汇语法之间的体现关系

（Halliday & Martin，1993：33；Eggins & Martin，1997：242）

语域	元功能	词汇语法
语场 ↘	概念功能 ↘	及物性 ↘ 参与者+过程+参与者
语旨 ↘	人际功能 ↘	语气、情态与评价 ↘ 主语+限定成分；情态词；评价词汇
语式 ↘	语篇功能 ↘	主位结构与信息结构 ↘ 主位+述位；已知+新

例示概念用于描述同一层次内两个视角之间的关系，如作为系统的语言与作为语篇的语言，从这两个视角我们可以探索语言是如何组织并实现交际功能的。例示被视为一个将实例（语篇）与语言系统联系起来的天平，即语篇例示语言系统。语言系统与语篇之间的关系类似于气候与天气之间的关系：气候是天气模式的总和，天气是气候的实例（Halliday，2004：27）。换言之，语言系统例示化为语篇：系统

是语言的潜势，语篇则由在语言系统做出的各种选择组成。语言系统和语篇形成一个连续体（cline），如图 3.6 所示。

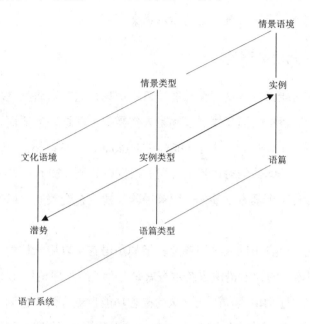

图 3.6　例示的连续体（Halliday，2004：28）

图 3.6 中，系统和语篇、潜势和实例、文化语境和情景语境分别表征为每个连续体的两极，两极之间都存在着中间型式（例如系统和语篇之间的语篇类型，潜势和实例之间的实例类型，以及文化语境和情景语境之间的情景类型）；实例本身也是语篇和情景语境之间的中间型式——语篇根据语境要素（语场、语旨和语式）的变化而变化，而语篇类型可以解读为与情景类型相关的整个系统的实例化型式。从这个意义上讲，例示是为了探索语篇是如何产生于语言系统的。对于一个语言学家，只描述语言系统而不考虑语篇是徒劳无益的；只描述语篇而不将其与语言系统联系起来也是站不住脚的（Halliday，1985b）。

总而言之，体现和例示是系统功能模型的两个互补维度：前者通过从抽象到具体的分层来解释社会语境与语言之间的关系，后者则通过从总体到具体的级阶来解释系统与实例之间的关系。换句话说，体现和例示概念可以用来解释关系小句如何实现元功能以及例示旅游语篇，进而通过旅游语篇例示语言系统。总之，体现和例示对本书采用的多维度研究方法具有一定的启示意义。

六、元功能理论

系统功能语言学是一个功能的语言理论，它在本质上是功能的和语义的。语言不断演变发展以满足人类需要；就这些需要而言，语言的组织不是任意的，它具有功能性（Halliday，1985a：xiii），即语言可以帮助人类识解他们对世界的经验。根据韩礼德（2004：29-30）的观点，语言有三个基本功能——识解经验、建立社会关系，以及组建符号现实。

首先，语言帮助人类识解经验指的是语言可以用于构建人类经验理论，即语言的词汇语法系统本身就是"人类经验理论"，我们可以用语言反映并建构现实，因此语法的概念功能也被称为"作为反映的语言"。其次，语言也可以用来建立个人和社会关系，即我们可能通过命题或提议表达对特定交际事件的评价和态度，因此语法的人际功能又被称为"作为行动的语言"。此外，语法还有第三种功能，一种与语篇建构有关的意义模式，即将识解经验的概念功能和建立社会关系的人际功能组成语篇的语篇功能（Halliday，2004：29-30）。

"功能"这一术语加上"元"和"多"修饰语，可以变成"元功能"、"多功能"或"多元功能"。从这方面讲，系统功能语言学的核心其实是一个多视角模型，它可以为语言的解读和分析提供多重视角。基于这个多视角模型，我们可以把语言看作是一种将概念意义、人际意义和语篇意义三大元功能映射到几乎每一种交际行为的资源，其中概念功能用于识解事件发生的经验，比如谁对谁在何处、何时、为何以及如何做何事；人际功能用于建立社会关系，即人们如何使用语言进行互动并建立人际关系；语篇功能则以信息流或符号波的方式将概念意义和人际意义组成语篇。

韩礼德和马丁（1993：27-29）将这三种意义模式统称为元功能，其中有识解物理和生物现实的概念元功能、构建社会现实的人际元功能和组建符号现实的语篇元功能，并确认元功能和语境范畴之间的关系为体现关系，即语言元功能通过体现方式与语境范畴呈对应关系：概念意义体现语场，人际意义体现语旨，语篇意义体现语式（Halliday & Martin，1993：29）。换言之，结合符号学分层模型，从元功能与语境范畴相对应的视角看，语言的三大元功能分别与语场、语旨和语式三个语域变量密切相关。由于英语的小句同时体现概念意义、人际意义和语篇意义（Halliday，1973：42），因此从语境范畴和词汇语法形态视角对旅游语篇中的关系小句进行元功能分析，将有助于考究关系小句在旅游语篇建构中的作用。

小句通常被认为是语法分析的基本单位。韩礼德（1969：81-88）认为，在小句级别，语言是围绕三种基本类型的意义组织的，并将表达概念意义、人际意义和语篇意义的小句分别定义为"作为表述的小句""作为交换的小句"和"作为信息的小句"（Halliday，2004：59）。Fontaine（2013：21-22）将同时表达三种元功能的小句定义为表达情景配置的语法资源，即把小句看作是情境的语言体现形式。换言之，小句是特定情境的结构单元，因而对小句的系统功能语言学研究方法是多功能的。总之，这些不同的元功能可以被视为研究小句的不同视角，并且每一项元功能都有自己的结构配置，即功能结构（Halliday，2004：383；Fontaine，2013：37），因此以关系小句为例的多元功能分析可如表 3.2 所示。

表 3.2　关系小句的多元功能分析例示（Halliday，1994：79）

	Springfield, Illinois	is	a fantastic combination of history and culture	
及物性 ↘	载体	过程:包容型	属性	→ 概念意义
语气 ↘	主语	限定成分+谓词	补语	→ 人际意义
主位结构 ↘	主位	述位		→ 语篇意义

从表 3.2 中可以看出，该小句包含三个维度的结构，每个维度的结构都体现了不同的元功能意义：①以"载体+过程+属性"为结构的及物性体现概念意义；②以"主语+限定成分"为结构的语气体现人际意义；③以"主位+述位"为顺序的主位结构体现语篇意义。

鉴于限定小句（例如关系小句）的语篇结构几乎与概念结构"载体+过程+属性"和人际结构"主体+限定成分"相似或有很大重叠，且后两者几乎承载小句的语义负荷，因而对限定小句进行的语篇功能分析没有多大意义，而且主位结构和信息结构更适用于语篇层面而不是小句级阶的语法分析。因此，基于这些功能原则，本书主要从概念意义和人际意义视角分析关系小句，以揭示关系意义是如何通过词汇语法形态实现的，以及关系小句的各种类型是如何分布在旅游语篇中用于描写、识别、解释和例证等。

七、评价理论与局部语法

将评价理论应用于关系小句的原因是，语气和情态不足以识解小句所体现的全部人际意义。马丁承认韩礼德从语法层面研究话语基调（语旨）的必要性，但认为词汇也是体现人际意义的符号资源。为了弥补这些不足，马丁从 20 世纪 90 年代开始，从词汇层入手，研究话语中交际个人表达的评价意义，并由此在系统功能语言学的总体框架下创建了评价理论，扩展了人际意义的研究范畴。从这方面看，评价理论是人际元功能理论的补充。后来，亨斯顿和辛克莱尔（Hunston & Sinclair，2000）借助评价理论创建了基于评价性词汇（evaluative lexis）的评价局部语法。因此，评价局部语法也可视为评价理论的补充。

在讨论人际意义的体现时，韩礼德（1985a，1994，2004，2014）更多地关注语气和情态两个语法系统，而较少关注作为表达人际意义的语言资源的词汇。马丁（1997b：18-21）主张将对人际意义的分析扩大到评价语言，尤其是包括情感（Affect）、判断（Judgement）和鉴赏（Appreciation）的态度词汇。这些构成语境变量（语旨）的语言资源合称为人际系统的评价（Appraisal）理论。

马丁和怀特（Martin & White，2005）将评价理论定义为系统功能语言学总体理论框架内的一种方法，将其定位为语篇语义层面的人际系统，并将其分为三个相互作用的系统：态度（Attitude）、介入（Engagement）和级差（Graduation）。鉴于人际意义的词汇方面主要关注旅游语篇中关系小句的评价形容词，本书对关系小句的评价分析将侧重态度系统，不考虑介入系统和级差系统。换言之，介入用于调整说话者对所讲内容的投入程度，而级差的功能在于调节说话者态度和介入的力度（Martin，2004：324），因此，介入和级差这两个系统可应用于更高层次的语篇语义层面，但不适用于特定类型的限定小句的研究。

马丁和怀特（2005：35-36）将态度系统细分为情感、判断、鉴赏三个子系统，其中情感是情绪性的，涉及人们正面或反面的感情，如悲伤/快乐，焦虑/平和，称心/厌烦等；判断是伦理性的，涉及人们对行为的态度，如赞美/批评，表扬/谴责等；鉴赏是美学的，涉及人们对现象的评估，包括事物的构成（composition）、事物的价值（valuation），以及人们对事物的反应（reaction）。这三个子系统在语义上相互关联：情感是评价的母体，判断和鉴赏则是体制化的感情。判断和鉴赏的区别在于两者的语境内容不一样：判断是对提议（proposal）中的感情再加工，而鉴赏对命题（proposition）中的感情再加工。基于此，在分析关系小句的评价意义时，本书将着眼于词组/短语级阶，通过识别这三种态度词及其在旅游语篇中的分布频率，考察关系小句中的评价形容词如何识解人际意义。

总体而言，态度词或评价性词汇（evaluative lexis）在构成人际系统的总体语法方面是非常重要的。然而，人际系统的总体语法并非面面俱到，总有一些例外。根据亨斯顿和辛克莱尔（2000）的观点，语言中有一些领域（例如评价词）不适用于语言语法的总体描述，因为这些领域有自己的型式，只能作为例外处理。当总体语法不能对评价进行连贯的描述时，亨斯顿和辛克莱尔（2000）建议求助于专为一些例外而设计的更为具体的"局部语法"。因此，本书先将评价词的范围缩小到态度词，然后探讨这些态度词在关系小句中的表现，最后对这些表达说话人情感、判断和鉴赏的形容词进行区分。此外，亨斯顿和辛克莱尔（2000）通过设计了一些非常具体的类别，如"被评价事物"（thing evaluated）、"合叶"（hinge）和"评价范畴"（evaluative category）等组建了一套模式，进而创建一种适用于关系小句评价意义分析的局部语法。

根据形容词通常出现的位置，结合术语"被评价事物""合叶"和"评价范畴"等术语，亨斯顿和辛克莱尔（2000）提出了一些用于识解关系小句评价意义的评价句型。如"it + link verb + adjective group + clause"和"nominal group + link verb + adjective group + non-finite clause"，如表 3.3 和 3.4 所示。

表 3.3　合叶+评价范畴+被评价事物（Hunston & Sinclair，2000：85）

	Hinge（合叶）	Evaluative category（评价范畴）	Thing evaluated（被评价事物）
it	**link verb**	**adjective group**	**finite or non-finite clause**
It	is	very convenient	that the town of Kemah is only 35 miles away.
It	is	easy	to understand the allure and power of the brand.
It	was	wonderful	talking to you the other day.

表 3.4　被评价事物+合叶+评价范畴（Hunston & Sinclair，2000：87）

Thing evaluated **nominal group**	Hinge **link verb**	Evaluative category **AG/NG with Adj.**	Restriction on evaluation **to-infinitive clause**
A final completion date	is	impossible	to predict.
Boston's Esplanade	is	the perfect way	to enjoy the city's main

如上所述，关系小句本身就是一种评价句型，在这种句型里，通过形容词的使用，一个实体（entity）被赋予评价性质。在亨斯顿和辛

克莱尔（2000）看来，这些形容词因具有主观意义与价值而常常被用来表达评价。此外，尽管这些形容词构成一个开放的类别，不可能编写出一个能够自动准确地识别所有形容词的适当程序，但是要解析一系列形容词句型（如局部语法）却是可行的，因为在这些使用形容词的句型中，我们可以很容易地识别出参与者角色（即评价范畴和被评价事物）。

　　总之，由评价性词汇促成的关系句型构成了定义和命题的局部语法，其中定义（definition）指的是识别式关系小句中的身份识别，常表现为等值或等式，而发生在小句级阶的命题（proposition）则被视为一个具有判断特征或真值的指称意义单元（Boye，2012：278）。定义和命题表征了关系小句在知识建构中的重要作用，换言之，关系小句通过定义和命题形式构建信息和知识。因此，评价理论和评价局部语法不仅拓展和丰富了韩礼德的话语基调理论，也成为了关系小句研究的重要理论基础。

八、小结

　　就研究关系小句的系统功能视角而言，本节先简要介绍了系统功能语言学的总体取向或特征，然后讨论了语境、层次、级阶、体现与例示、元功能、评价理论与局部语法等六大方面的核心理论和概念，即语言组织的几个"关键维度"（Halliday，2009：17）。总之，这些维度构成了语言研究的系统功能模型，通过该模型，我们可以探索关系小句是如何组织起来进行定义和表达命题（包含经验意义和人际意义）的。从这个意义上说，这些组成系统功能模型的各个维度与理论视角有助于描写作为语言分析单位的小句语法，因此对关系小句的研究至关重要。

第二节　认知语言学模型

没有一种语言学理论能够完全解析某一语言现象。在韩礼德（1985a）看来，语篇的语法分析通常会出现模糊或多义解释。虽然系统功能语言学关注语言的功能属性，但我们解释语言的方式不仅有社会视角，也有认知视角。换言之，尽管系统功能语法关注使用中的语言，但对语言的认知解释并不充分，甚至薄弱。

就关系小句研究而言，本节将不关注语言的功能属性（即语言如何使用），而主要关注语言的认知维度（即语言如何产生），包括认知模型、意象图式、认知语法和构式语法等核心概念和理论。

一、认知模型与意象图式

作为本书的两个重要认知理论，认知模型和意象图式一直是认知语言学各种分析方法的核心。

认知模型（以下简称 CM）指人们在认识事体、理解世界过程中形成的心智结构，是形成范畴和概念的基础，也是组织和表征知识的模式。莱科夫（Lakoff，1987：13，21，154，358）在体验哲学和原型范畴理论的基础上提出了 CM 理论，认为该理论具有体验性、完形性和内在性三大特点，其中完形性指的是整体意义不是通过构件成分的简单组合而得，而是通过心智的整体动作才能得到（Taylor，2002：96-116）。莱科夫（Lakoff，1987：68）在 CM 理论的基础上，进一步提出了理想化认知模型（idealized cognitive model，以下简称 ICM），用于说明人类范畴化问题，解释语义范畴和概念结构，并将 ICM 解释为特定文化语境中说话人对某个领域的经验和知识所做出的抽象的、统一的、理想化的理解，以此将 ICM 定义为一种建立在许多 CM 之上的完形结构（a gestalt），一种具有格式塔性质的复杂认知模型（a complex structured whole）。ICM 实际上是一种由多个 CM 集合而成的完形模型，它具有整体性，即每一个 ICM 都是一个完形结构整体。ICM 指的是认知结构原则（Cienki，2007：176），它是根据命题结构、意象图式、隐喻映射和转喻映射四种原则建构起来的（Lakoff，1987：68，113），即一个理想化认知模型应当包含这四种认知模型：命题模型、意象图式模型、隐喻模型、转喻模型，前两种是 ICM 的主要内容和基础，后两种模型是 ICM 的扩展机制。基于此，本书主要通过命题模型和意象图式模型解释关系小句的认知机制，其中命题模型用于说明关系小句所涉及的概念、特性以及概念之间的关系，解释由论元（本体）和谓词（结构）形成的语法结构如何通过客观世界在心智中的影射将知识存储于命题之中；意象图式模型是形成原型、范畴、概念、认知模型和思维的基础，为 ICM 提供结构或构式，因此该模型可用于从原型范畴视角解释关系小句的句法成因。总而言之，CM 和 ICM 可以用来描写关系小句的概念结构和意义系统。

意象图式（Image schemas）是指在人类日常身体经验中反复出现的相对简单的结构（Lakoff，1987：267），是在人类的身体运动、对物体的操纵和感知交互的过程中反复出现的样式（Johnson，1987：xix）。换句话说，意象图式是指人类在与客观世界进行互动性体验过程中反复出现的常规性样式。简而言之，意象图式来自身体经验，即人类在与客观世界进行互动性体验的过程中获得意象图式，然后用意象图式组建认知模型，再用多个认知模型组建理想化认知模型。此外，意象图式通过隐喻和转喻机制的扩展和转换又可以形成更多的范畴和概念，进而建立更多的 CM 和 ICM，最后获得抽象思维和推理的能力。人类最基本的经历就是对自己身体和周围空间的理解。莱科夫（Lakoff，1987：272-283）将这种依靠空间关系进行范畴化和概念化的假设称为"形式空间化假设"（Spatialization of Form Hypothesis，以下简称 SFH），他认为概念结构产生于意象图式和隐喻映射，即通过意象图式和隐喻映射，空间结构可以映射为概念结构。此外，意象图式本身就是 ICM 的主要结构元素，每个 ICM 都代表了我们身体经验中某些样式的理想化的抽象概括，即 ICM 可以通过隐喻扩展机制将意象图式投射到相关目标域（Cienki，2007：179；Oakley，2007：218）。

根据约翰逊（Johnson，1987：29）、兰盖克（Langacker，2007：425）和塔吉（Tuggy，2007：82-84）的说法，所有人类概念皆为图式，而图式是认知语法中最具影响力的概念之一。此外，所有源自使用事件的语法结构都是选择性的和图式性的，即所有句法结构都源自概念结构，并且具有图式性（Langacker，2007：425-428）。从这方面意义上讲，关系小句的句法结构可以从意象图式的角度进行分析。

根据身体经验以及身体与周围空间的关系，约翰逊（1987：126）列出了 27 个最具代表性的意象图式；莱科夫（Lakoff, 1987：271-283）则从动觉视角论述了 7 类动觉意象图式（Kinesthetic Image Schemas）。基于此，本书从中选取连接（LINK）、容器（CONTAINER）、部分-整体（PART-WHOLE）以及类型-实例（TYPE-INSTANCE）等若干类意象图式来描写关系小句的句法结构。

描写关系小句句法结构的首要意象图式是连接图式，它源于人类最初的身体经验：人生的第一个连接就是肚脐与母体的连接。约翰逊（1987：117-119）将脐带视为一个赋予了我们身份的持续连接过程，并认为，所连接的两个物体之间存在物理和空间上的邻近性，即相连接的两个实体（A 和 B）形成一个连接图式，如图 3.7 所示。

图 3.7　连接图式（Johnson，1987：118）

图 3.7 中，A 和 B 两个物体之间的联系不仅仅是物理和空间的，这类连接图式还可以通过隐喻机制映射到抽象事物的连接上（Johnson, 1987：119）。这种对连接图式的隐喻性解释有助于更好地理解反映在关系小句中的连接性以及两个参与者之间的静态关系，尤其是与两个实体之间空间邻近性有关的环境型关系，以及与隐喻连接有关的包容型关系，进而有助于理解 be-关系构式。换句话说，关系小句

结构可以用连接图式来理解。具体而言，连接图式可用于描写包容型和环境型关系小句。

容器图式可以通过隐喻映射为"内部""外部"或"边界"及其位置或存在状态的概念化提供一个理想模型（Lakoff，1987：272）。也就是说，这个容器图式可以将物体放入和取出容器这样日常反复出现的经验形成概念结构，因此我们也可以通过 contain-或 include-构式隐喻表达所有关系，例如"Each region contains its own unique peoples and customs"。容器图式同样源于身体经验，即我们的身体本身就是一个容器，容器的结构成分有内部、外部和边界，通过隐喻，这些结构成分之间的关系可以例示为：我在家族里，人在社会中，因此很多范畴可以通过容器图式来理解。根据莱科夫（Lakoff，1987：271-272）的说法，这个容器图式首先确定了内（IN）外（OUT）关系，通过这个区别，我们对事物的基于身体的理解可以通过隐喻从容器扩展到更广泛的抽象概念，例如环境，环境内外发生或存在一些事情，它们如何构建环境关系。因此我们可以通过容器图式解释环境型关系小句如何识解环境关系。此外，IN/内部、OUT/外部和 ACROSS/边界可以通过隐喻扩展到一些表达空间关系的介词（Lakoff，1987：271-273；Johnson，1987：33）。除了容器图式，克罗夫特和克鲁斯（Croft & Cruse，2004：44-45）概括出许多可以将空间结构概念化的图式，包括上-下图式、前-后图式、左-右图式、中心-边缘图式等，这些图式可以用来构建我们的空间体验，然后再通过隐喻概念化时间关系。基于此，由各种介词或介词短语体现的空间和时间就构成了环境关系的核心要素。根据杰克道夫（Jackendoff，1983：189）的观点，表示空间的介词短语与表示时间的介词短语大体相同。总之，这些意象图式可用来描写环境型关系小句的句法成因。

部分-整体图式常用于构建不对称的部分-整体关系：整体的存在取决于部分的存在。如果部分存在于构型（configuration）中，那么整体就存在；如果部分不存在，整体就不存在（Lakoff，1987：273）。在这个意义上，部分-整体图式可以通过转喻扩展至所有型关系结构的描写，这种所有关系通常由使用典型所有格动词词组（如 have、own 和 possess）的句型来表征，其结构为"实体 A + Have + 实体 B"，其中 B 是作为整体 A 的一部分，如下例所示：

Each resort	has	a large choice of restaurants, bars and nightlife.
A	**Have**	**B**

上例中，"a large choice of restaurants, bars and nightlife"充当作为整体的"Each resort town"的一部分。一方面，部分-整体图式通常将 A 识解为统一体（Unity），而将 B 识解为多样性（Multiplicity）（Croft & Cruse，2004：45）。此外，典型所有格动词组 have、own 和 possess 可以通过隐喻扩展为一组动词，如 comprise、contain、include、involve、provide、be filled with、be full of、consist of，通过这些动词我们可以构建表征所有型关系的句法模式（Davidse，2000：28-30；Laffut，2006：179）。另一方面，部分-整体图式也可用于识解另一种以"实体 B+ Belong to +实体 A"为结构的所有型关系，其中 B 被视为属于充当整体 A 的特定个体（Croft & Cruse，2004：159；Laffut，2006：174）。此外，部分-整体图式的样本隐喻可理解为：家族是由部分构成的一个整体；社会等级结构可通过部分-整体图式和上-下图式来理解（Lakoff，1987：273）。总之，所有型关系可以用部分-整体图式来理解，反过来部分-整体图式可以根据身体部位的占有、部分-整体关系、包容等概念来理解（Lakoff，1987：273-274；Laffut，2006：179）。

　　类型-实例①图式可用于描写类型（由表语名词或形容词指称）和实例（由主语名词指称）之间的对应关系，如"Peter is a teacher"中

---

① 虽然约翰逊（Johnson，1987）和莱科夫（Lakoff，1987）没有将类型-实例视为严格意义上的意象图式，但是，根据约翰逊（1987：29）和兰盖克（Langacker，1991：69）的观点，类型-实例与其它意象图式一样，也是一种反复出现的样式或概念结构。鉴于部分和整体可以构成一个意象图式，那么类型和实例也可构成一个意象图式。为了使分析合理，本书将类型-实例视为一种意象图式，用于描写包容型关系小句中载体与属性、标识与所识之间的关系。

Peter 与 teacher 之间的关系（Langacker，1991：55-69）。也就是说，归属小句中的载体（主语名词）和属性（表语名词）之间的关系可以解读为实例和类型之间的关系。根据拉福特（2006：164）的观点，用作载体的实例通常要按照用作属性的类型进行分类，而指定用于识别同一类成员的域的类型就构成了包含各种具体实例的总体图式，如图3.8 所示。

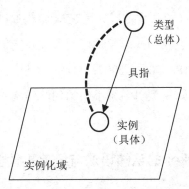

图3.8　类型-实例图式（Langacker，1991：69）

图 3.8 中，以"Peter is a teacher"为例，作为类型的"teacher"对于作为实例的"Peter"来说是图式的，即类型只有一个，但实例却有多个，"Peter"只是实例化域中的一个例子。此外，即使当表语名词包含定冠词"the"时，如"Alice is the cat that stole the liver"中的"the cat"，"Alice"依然被视为"the cat that stole the liver"这个范畴中的一个实例（Langacker，1991：67）。换句话说，兰盖克（1991）没有区分归属与识别，而是将这两种小句中的主语和表语（补语）看作是同一范畴，即归属小句和识别小句都表示两组实例之间的身份关系；不同之处在于定冠词"the"用于表明交际事件中参与者明显的语境独特性，不定冠词"a"则用于表明语境的不确定性和非独特性——一个类型可以有多个实例，含定冠词"the"和不定冠词"a"的表语名词都是同一范畴的两个不同实例（Langacker，1991：55-69）。

如上所述，抽象的小句结构可以根据意象图式来理解，意象图式则定义为 ICM 的主要结构元素，并且每个意象图式都可用于对我们身体经验中的某种样式进行理想化提取并最终形成某种句法结构（Lakoff，1987：283；Cienki，2007：179）。

总体而言，约翰逊（Johnson，1987）和莱科夫（Lakoff，1987）的意象图式概念对于句法结构的认知分析非常有用，这些句法结构可以被实例化为 ICM 的一部分，而意象图式（即简单且基本的认知结构）及其转换机制（即隐喻扩展）是 ICM 结构原则的主要元素。通过这种方式，ICM 和意象图式一起构成了人类建构世界知识的基本手段（Oakley，2007：218；Pütz，2007：1149）。基于此，我们可以根据意象图式和理想化认知模型对关系小句的句法结构（即知识结构）进行认知分析。

二、Langacker 的认知语法与经典事件模型

鉴于空间经验在塑造人类认知方面的作用，通过一组表达空间关系的图表，兰盖克（1981，1982，1987）对其"空间语法"的理论框架进行了详尽且系统的论述。该理论框架后来更名为"认知语法"，用此语法，我们可以解释英语基本句型是如何构建的，即经典事件模型如何对应于小句结构的各项元素。

兰盖克的认知语法（CG）实际上是一种构式语法模型，但Langacker（1987：57-63）更愿意用"常规象征单位"（conventional symbolic unit）这一术语来描述由某一语言社区确定下来的形义配对体（form-meaning pairing），即构式是形义配对体，是象征结构的复合体，形式和意义不可分割。兰盖克提出用"象征单位"和"构式"来分析语言的各个层面，确实是对语言研究的一个重要贡献。不过，兰盖克的 CG 与认知构式语法（CCG）和激进构式语法（RCG）有显著不同。兰盖克（1987：76）的认知语法既描写认知过程又描写认知结构（即内部语法），认为语言存在语音、语义和象征三种单位，其中象征单位是人们在大脑中固化的形式与意义的结合体，由语音单位和语义单位

构成，而语义空间则是思维和概念化在其中展开的概念潜势的多方领域（multifaceted field）。此外，与构式语法不同，Langacker 的认知语法更关注视角、勾画和突显等识解因素，将语言视为具有象征性和交互性两个基本功能的认知整体，而且，所有语言单位都具有选择性和图式性，并且是从使用事件中抽象出来的（Langacker，2007：422-425）。

兰盖克的认知语法认为语言既是一个约定俗成象征单位的集合体，也是一个动态象征单位的集合体，即语言既是象征单位组成句法结构的过程，也是语义内容符号化的过程。换句话说，句法以语义为基础，语义则是概念或意象形成的过程。认知语法将语义定义为主观意象，即每一个语义对应于一种意象，比如，名词的意象是静态的、具体或抽象的事物，动词勾画或突显事物的状态、关系、动作或过程，介词和副词则勾画事物的关系。而且，从词汇中归纳出词类和从句子中归纳出语法是从具体到抽象的演化，而语法规则的运用则是从抽象到具体的发展。人类的语言就是这样进化和发展起来的。在语法组织中，认知语法将语法结构视为由语义结构和语音结构构成的语法结构式（grammatical constructions）。语法由所有象征单位构成，象征单位沿着复杂性和抽象性变量方向，从小到大，从简到繁，由语言符号（词素、词、短语）的组合关系发展到更大的象征结构，即语法结构式。总之，兰盖克认知语法将语法视为一个约定俗成的、有结构层次的象征单位的大仓库，因此认知语法实际上是关于句法和语义的理论。此外，认知语法注重对客观真值条件和主观形式意象的语义描写，基于此，句法不再是一个自足的系统，语言也不再是一个独立的认知系统。此外，语言是基于人们对外部世界的经验，因此语言的运用与人们感知周围的事物和情景密不可分。

如上所言，兰盖克的认知语法与构式语法不同之处在于，认知语法倾向于使用视角（perspective）、勾画（profile）和突显（prominence）等识解因素来描写语言，例如兰盖克（2007：435-436）使用"突显"一词来解释参照点模型（reference-point model），在该模型中，比其他事物更突出或显著的事物往往被用作参照点，并指出认知语法中非常重要的两种突显形式——勾画和射体-界标关系（trajectory-landmark alignment）。根据兰盖克（2007：439）的观点，"勾画"是指一个表达式指定其所指对象，例如，名词勾画事物，而动词勾画过程。但是当对一种关系进行勾画时，我们必须借助射体-界标关系来识别两种突显——主要突显和次要突显（Langacker，2007：435-436）。在这种关系中，主要焦点参与者往往被选为射体（tr），射体是被定位、描述或评估的对象，而次要焦点参与者则充当界标（lm），为射体赋予价值或品质。以关系小句"Alabama is a great food destination"为例，"Alabama"充当主要焦点参与者以及被评估和描述的对象，而"a great food destination"充当次要焦点参与者，并为主要焦点参与者赋值。

基于此，结合射体-界标关系，参照点模型可以用来描写关系小句中两个参与者之间的突显不对称关系。兰盖克（1991：170）提出要根据参照点模型来理解射体-界标关系，并将参照点原则视为人类一种基本的认知能力，这种认知能力普遍存在于我们的生活经验之中。世界由无数对象（object）组成，这些对象的显著性对观察者而言各不相同。显著对象往往作为搜索其他非显著对象的参照点，即观察者可以通过参照显著对象比较容易地定位其附近的一些非显著对象。参照点模型的要点可以直观地显示在图3.9中，其中W、V、T、RP和D分别代表世界（W）、观察者（V）、目标（T，即观察者要定位的对象）、参照点（RP）及其领域（D）。

根据兰盖克（1991：170-171；1995：60）的观点，世界上有许多显著的物体，它们有可能成为参照点，每一个参照点都确定或表示一个领域。由参照点确定或表示的领域可以定义为世界的一个邻域或由参照点提供心理可及的一组对象（Langacker，1991：170）。在该图中，观察者（即概念化者）与被定位为参照点的对象建立了心理联系（mental contact）。根据兰盖克（1991：171-172）、加西亚-米格尔（García-Miguel，2007：766）和施密德（Schmid，2007：119-133）等人的观点，突显性（salience）来自固着[①]（entrenchment，例如物理对象比抽象实体突出）和共情等级（empathy hierarchy，例如人比动物突出）。基于此，我们可以用兰盖克（1991）的参照点模型来解释语言中的很多现象：以一个事体（或语言单位）为参照点来确定另一个事体（或语言单位）。例如在所有型关系小句构式中，占有者可以识解为参照点，并以此为出发点将被占有者定位为目标。这种识解同样适用于整体-部分关系，即整体往往可以识解为对部分的占有者以及事件的参照点。

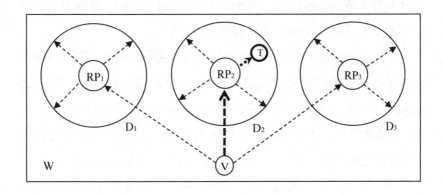

图 3.9　参照点模型（Langacker，1991：170）

另一个用于描述关系小句构式的认知模型是经典事件模型（Canonical Event Model，简称 CEM）。兰盖克（1991：285-286；2000：24）用台球模型（billiard-ball model）、舞台模型（stage model）和角色原型（role archetype）三种认知模型组成了一个经典事件模型用来描写英语小句的句法结构。角色原型通过施事、受事和感事等参与者角色构成语言结构意义的一部分；舞台模型可用于观察施事者、受事者和情境如何相互作用并构成一个个事件；台球模型则用于观察一个离散物体如何通过力的相互作用把动能从一个物体传递到另一物体，这在描述典型限定小句的句法结构中起着重要作用。尤其在台球模型中，

---

① 也叫固化(entrenchment)，指语言使用过程中，某一语言结构的反复多次出现，导致该结构在使用者大脑中固定下来（Langacker，1987：59-60）。

能量从施事者(主语)传递到受事者(宾语),从而为及物性(transitivity)的原型概念提供了连贯的基础(Langacker,1991:302)。总之,经典事件模型代表了人们对类典型行为的观察,这对解释小句结构与行为链模型之间的关系很有帮助,因为典型限定小句的结构和经典事件模型之间具有对应关系。

然而,并不是每个小句都是可及物的。在舞台模型中,观察者从外部有利位置观察事件,在包容和稳定的情境中勾画出参与者之间的空间/位置关系(Langacker,1990:210;1991:286),这种不及物的空间/位置关系常常反映在环境型关系小句中。

总之,经典事件模型意味着一个环境中两个参与者之间能量的传递与互动,其中的论元(argument)基本上对应于参与者,附加语(adjunct)则对应于环境的某些方面(García-Miguel,2007:754)。因此,经典事件模型不仅可以描写参与者之间动态的及物性,还可以勾画参与者之间的状态、关系及静态过程。根据西维尔斯卡(Siewierska,2011:655)的观点,通过勾画、参照点选择、主体化等概念化过程,认知语法描写了语法范畴与关系的概念语义结构,从而提供了一种基于认知的语言现象解释力,尤其是对小句语法结构的描写与解释。基于此,兰盖克认知语法是关系小句构式研究的一个重要理论基础。

三、事件域认知模型

借鉴塔尔米(Talmy,1985)用于分析概念结构和语法构式的力量动态模型(Force-Dynamic Model),莱科夫(Lakoff,1987)用于分析句法构式"形式空间化假设"和兰盖克(1991)主要用于分析动态性事件而忽视静态性场景的经典事件模型,王寅(2005a)提出了"事件域认知模型"(Event-domain Cognitive Model,简称 ECM),该模型被认为适用于动态和静态场景,因此能够解释概念结构和句法构式的成因。ECM 的基本思想如图 3.10 所示。

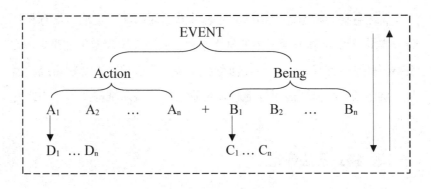

图 3.10 事件域认知模型（王寅，2005a：22）

王寅（2005a：17-26；2006：240-241，252）认为人们常通过"事件域"识解经验，并将其作为知识模块存储在大脑之中。也就是说，基于对许多特定事件的经验和理解，人们逐渐概括出事件的抽象概念结构，并在此基础上发展出语言的种种表达。图 3.10 中，一个事件域包含两大核心要素：行为（Action）和事体（Being）。行为包括动态行为和静态行为（如存在、拥有、判断、处于等），由多个子行为或动作构成（如图中的 A_1，$A_2 \cdots A_n$）；事体则包括人、事物、工具等实体以及抽象或虚拟的概念，由许多个体构成（如图中的 B_1，$B_2 \cdots B_n$）。一个动作或事体又分别带有多个典型特征（如图中的 $D_1 \cdots D_n$）或分类信息（如图中的 $C_1 \cdots C_n$）。基于此，一个事件不仅包括施事者、受事者、作用力、场景等要素，而且这些要素之间还存在层级关系。由于一个事件与另一事件很难做出明显区分，因此图中事件域的边框用虚线表示。此外，图中右边两条带箭头的竖线分别表示：向上箭头竖线表示语义范围的扩大，向下箭头竖线表示语义范围的缩小。这些要素的层级关系及语义的扩大与缩小和系统功能语言学词汇语法的级阶观有些相似。

从某种程度讲，事件域认知模型弥补了经典事件模型笼统且没有作层级性分析的缺陷。事件域认知模型在识解动态性事件和静态性场景方面都非常有用，因此对关系小句的研究具有实际意义。关系小句主要表达事物的状态或事物间的静态关系（即归属、定位、占有和判断），倾向于表示静态场景中的静态事件。从事件域模型角度来看，关系小句可以被解释为静态不及物小句并将关系过程纳入及物系统。因此，事件域认知模型能很好地解释关系小句的概念结构和句法构式的成因。

四、构式语法理论

以兰盖克（1987，1991）的认知语法（CG），戈德堡（Goldberg，1995）的认知构式语法（CCG）和克罗夫特（Croft，2001）的激进构式语法（RCG）为代表的构式语法主张构式（即句法结构）是由词汇和句法构成的连续统，因而被视为一种公认的语言分析方法。兰盖克（1987）认为词素、词、词法和句法是一个连续体，语言是通过象征单位来表征的，因而分析词汇语法意义的认知语法也适用于语法构式的分析。克罗夫特（2007：463）也认为语言是一个由形式和意义组成的构式大仓库，而构式语法则是语言知识各个方面句法表征的总体理论，包括词素、词法和句法。戈德堡（1995：1-4）将构式定义为"形式-意义对应"，并视其为语言的基本单位。后来，戈德堡（2003：219）、戈德堡和杰肯道夫（Goldberg & Jackendoff，2004：533）将构式重新定义为"任何存储的形式和功能配对体"（包括词素、词和习语等）以及基本的象征单位，如图 3.11 所示。

根据克罗夫特（2001：6）的观点，构式的结构体现为部分-整体——主语和动词之间没有句法关系，而只有部分和整体的关系，即语言各个成分（如主语或宾语）都是整体里的一部分。这与系统功能语言学词汇语法层的级阶划分基本一致，例如，处于词组级阶的名词词组就是作为整体的关系小句的一部分（见图 3.5）。此外，克罗夫特（2001：28）和哈德逊（2007：513；2008：290）将构式视为语言使用中反复出现的样式，例如包含"固着"的规则短语和句子。施密德（2007：119）和塔吉（2007：87）将"固着"定义为象征单位的形成和激活在语法中约定俗成的程度，即构式是通过反复出现、约定俗成、以及进一步固化而确立下来的，这样的构式使语言表达易于实现交际目的。

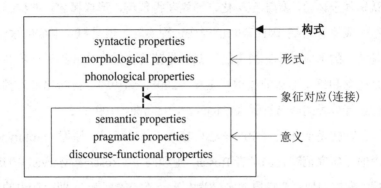

图 3.11　构式的象征结构（Croft，2001：18）

语言是由大量各种类型的构式组成的，构式是形式和意义的配对体。通过象征单位和构式将句法和语义结合起统一处理，我们可以对人类的语法知识做出统一解释。换言之，构式语法对小句的结构及句法成因具有较强解释力。从这个角度看，系统功能语法的关系小句可视为关系小句构式，一种用法反复出现的样式，即其形式和意义（或功能）通过常规方式的反复出现而固化。构式语法提供了一个看待交际事件的静态视角，而交际过程则是选择"现成或存储的构式"的过程（Siewierska，2011：658）。因此，关系小句研究的构式方法可以为事物间静态关系的识解提供令人信服的语言分析。

五、原型范畴理论

原型范畴理论是认知语言学的重要组成部分。原型范畴理论亦称原型理论（Prototype Theory），其哲学根基是维特根斯坦（Wittgenstein，1953）提出的"家族相似性"（family resemblance）。

构建知识的一个重要途径是建立范畴，范畴是指人们在互动体验的基础上对客观事物普遍本质在思维上的概括反映，即范畴是认知主体对外界事体属性或特征所作的主观概括，是以主客观互动为基础对事体所作的归类。范畴是学科知识的基础,是人类认识发展的历史产物,它既是以往认识成果的总结,又是认识进一步发展的起点。人类的认知基于体验,始于范畴化,即先获得范畴,形成概念,并根据范畴组织成概念系统,因此范畴的形成过程实际上就是概念形成的过程,也是意义的形成过程。换言之,范畴是范畴化的产物和结果,范畴化则是概念和语义形成的过程(王寅,2006:91-95)。范畴化是人类对事体进行分类的心智过程(Ungerer & Schmid,1996:2)。

范畴化是认知语言学的核心内容之一。最早提出原型(prototype)概念的是研究范畴化的学者 Rosch,她和同事(Rosch & Mervis,1975)根据"家族相似性"将原型定义为"某一范畴的范例",即范畴中的典型代表,包括原型样本、突显例样、典型成员、中心成员、最好例样、原型成员等,它是范畴中的典型实例,具有最大的家族相似性。此后,兰盖克(1987)、莱科夫(1987)、泰勒(1989)、昂格雷尔和施密德(Ungerer & Schmid,1996)等学者吸收了经典范畴理论的精髓,建立并进一步发展了原型范畴理论。这一现代范畴理论可用于解释语言现象,从而成为认知语言学研究的一个重要理论。

原型是比同一范畴的其他成员具有更多共同属性的实例(Rosch & Mervis,1975),是人们在提及某一范畴时最先想到的原型样本。维特根斯坦(Wittgenstein,1953)认为:当人们掌握了原型,就可以以原型为出发点,根据家族相似性原理类推到其他实例中,从而可以了解到范畴的全部所指,因此范畴是围绕原型这一参照点建立起来的(王寅,2006:113)。此外,范畴成员有典型和非典型之分,中心成员具有可变性,而且范畴的边界是模糊的,具有不确定性,比如两栖动物是对陆生动物和水生动物的模糊。依此类推,词类划分、语法结构和范畴等都普遍存在一定的模糊性,语法规则也普遍存在适用性程度问题。

根据泰勒(1989)的观点,人们可以运用语言对周围世界进行范畴化,也可以运用原型范畴理论来研究语言。原型范畴理论大多用于词汇或语言成分的研究，小句的原型范畴分析极为少见。本文将在第六章的第四节对关系小句的类型、及物性（包括名词词组、动词词组、时态和语态）、语气和极性等范畴进行原型分析，以探讨旅游语篇中的关系小句如何使用范畴或范畴中的哪一类型成员建构旅游知识的。

六、小结

本节讨论了约翰逊（1987）和拉考春（1987）的意象图式（如用于描写静态事件或场景的连接图式、容器图式和部分-整体图式）、兰盖克（1987，1991）的认知语法和经典事件模型、王寅（2005a，2006）的事件域认知模型，戈德堡（1995）和克罗夫特（2001）的构式语法理论，以及原型范畴理论。这些认知语言学家将语言意义与概念化联系起来，重视认知模型在句法结构形成中的作用，并将认知语法和构式语法视为总体概念组织的反映。

作为源自我们身体经验的简单且基本的认知结构，意象图式往往通过隐喻和转喻的扩展而成为其他认知模型的基础。此外，意象图式既可以直接用于语言表达，也可以完全用于图示语言结构。也就是说，意象图式可以用来解释概念结构和语义系统，并描述句法范畴，使句法结构与概念结构相匹配。

兰盖克（2007：423-433）的认知语法目标在于研究人们心智中的内部语法，注重描写由形式与意义配对而成的象征单位，这为语言结构的清晰描写提供了一组最佳构想和概念。即认知语法提出了在语言学上很重要的两个基本概念：表征我们日常经验中突出方面的概念原型和源于日常经验的图式概念。简而言之，兰盖克的经典事件模型和参照点模型可以用来解释小句的语言结构。王寅（2005a，2006）的ECM也为解释基本小句类型的形成，尤其是关系小句的句法结构提供了概念基础，即ECM中关于静态场景的概念有助于从认知角度解释关系小句的句法成因。此外，结合认知语法识解因素的构式方法也适用于关系小句的认知解释，即关系小句可以被视为源于反复发生的事件或事件类型的认知图式。换言之，关系小句可以被理解为各种关系小句构式。基于此，一些认知模型（如射体-界标模型和参照点模型）可以被用来解决系统功能语法中关系小句的分类问题。

总之，作为本书认知方面的理论基础，约翰逊（1987）和莱科夫（1987）的意象图式、兰盖克（1987，1991）的 CG 和 CEM、王寅（2005a，2006）的 ECM，戈德堡（1995）和克罗夫特（2001）的构式语法，以及原型范畴理论都有助于解释关系小句的句法成因。

第三节　系统功能语言学-认知语言学分析框架

系统功能语言学和认知语言学是两种截然不同的理论模型，在语言学研究中发挥着重要作用。本节将首先讨论系统功能语言学的认知取向，然后关注系统功能语言学与认知语言学的兼容性以及系统功能语言学和认知语言学之间的互补性，最后建构一个互补的系统功能语言学-认知语言学理论框架来分析关系小句。

一、系统功能语言学的认知取向

系统功能语言学对研究使用中的语言表现出了极大的兴趣，因而倾向于将语言学视为社会学的一个分支，即韩礼德（1978：39）将语言视为社会系统的一部分，不需要心理层面的解释。

虽然系统功能语言学专注于语言研究的人际间方法（inter-organism approach），但韩礼德等人（1988：2）并不否认他人研究认知取向的价值。韩礼德和迈西森（Halliday & Matthiessen，1999）从概念基础的角度探讨了人类如何构建经验，并提供了一种研究认知的语言方法（a language-based approach to cognition），表明了他们探索现实、认知和语言之间关系的动机。与 Jackendoff（1983）将现实建构视为个体意识中发生的过程不同，韩礼德和迈西森（1999：428）将投射的世界视为一种语义建构，并强调人际视角，即他们通过语言过程来解释认知，而不是通过认知过程来解释语言。从这方面看，这种研究认知的语言方法并不是严格意义上语言研究的认知方法，而是一种认知研究的功能方法。在西维尔斯卡（2011：649）看来，功能框架的某些方面（尤其是词汇和句法要素的融合）与认知语法中的某些观点和思路相一致。换句话说，系统功能语言学认为通过语言识解经验是一个主体间过程，这种观点与认知语言学中的视角、意象图式和隐喻等识解机制是兼容的。因此，韩礼德和迈西森（1999）通过概念基础来识解经验的模型实际上表现出语言研究的认知取向，尽管系统功能语言学中的这种认知与认知语言学中的认知截然不同。

事实上，功能语言学和认知语言学都致力于研究语言中的认知元素，并对认知提出了不同的解释。一些功能语言学家（例如 Halliday & Matthiessen，1999）主张知识是由符号系统构成的，而另一些认知语言学家（例如 Lakoff & Johnson，1999）则认为人类对于宇宙的知识得于语言系统之外，认知涉及人们对外部世界的心理表征及其与语言的关系。基于此，胡壮麟（2014）将系统功能语言学和认知语言学视为知识建构道路上的两位同行者。

福塞特（Fawcett，1980）通过引入认知模型构建了一个语言研究的整体方法（a holistic approach）。与韩礼德的社会语言学方法相反，这种认知模型是一种思维相互作用的模型，即将语法与思维的其他构件联系起来的模型。根据福塞特（1980）的观点，作为社会互动的语言概念在思维互动中至关重要，任何充分发展的认知模型都必须包括某种社会语言变体，即社会语言学的互动方面。换句话说，完全接受社会和文化方面重要性的福塞特（1980）模型可以视为一种语言的"认知"模型。

总之，福塞特（1980：6）开创了一种与认知语言学有着密切联系的"互动思维的认知模型"（a cognitive model of an interacting mind）。尽管如此，福塞特（1980：6）认为这个模型是韩礼德式的，并将其视为一种认知系统功能语法（a cognitive systemic functional grammar）——

一种基于系统功能语言学的认知模型，即一种由系统功能语法和互动思维构件组成的综合模型。

二、系统功能语言学的认知兼容性

认知语言学关注的是语言和认知之间的关系，即人类如何概念化他们周围的世界。系统功能语言学则专注于语言和社会语境之间的关系，本质上具有社会性，因此更愿意将自己视为社会学而不是认知科学的分支（Siewierska，2011：649）。虽然学科分支不同，但系统功能语言学与认知语言学在以下六个方面具有兼容性（González *et al.*，2014）。

第一个方面是语言的描写取向。系统功能语言学和认知语言学都是基于使用的，而不是基于规则的。两者都将语言结构的基础视为语言使用的结果。第二个方面涉及句法/语法和词汇是否形成连续体或它们之间是否存在分界线。系统功能语言学和认知语言学都认为语法和词汇构成一个连续体。第三个方面涉及建构主义。两者都赞成语言的建构观——系统功能语言学强调语言在存储、交流和识解经验方面发挥着核心作用（Halliday & Matthiessen，1999：1-3）；认知语言学也认为世界由人类通过感知而识解，语言在主体和客体之间的认识论关系中起着构成和中介作用，即知识的主体建构（Pütz，2007：1147；Geeraerts & Cuyckens，2007：5-6）。

第四个方面是语境。系统功能语言学（例如 Halliday，1994）强调语篇和语境之间的系统关系——语篇位于、也必须在语境中被看待。认知语言学强调语境和社会互动在语言使用和情景话语中的作用，将语境视为一种基于交际和使用的语言研究方法（Pütz，2007：1147），兰盖克（1997：240）甚至将认知语言学定义为"社会、文化和语境语言学"。第五个共同之处在于两者都否认语法的自治性，都认为语言形式和意义及其交际功能绑在一起，即语言的形式和意义构成一个配对体。第六个方面涉及系统功能语言学和认知语言学如何处理小句。两者都以自上而下而非基于词汇的自下而上的方式看待小句。

总之，上述六个方面的共现（concurrence）可以视为系统功能语言学与认知语言学进行整合的理据之一。

三、系统功能语言学与认知语言学的互补性

"互补性"（complementarity）一词通常出现在各种"半科技语境"中（Halliday，2008：34-36），例如补角和补色（成对的颜色组合形成白色）。简而言之，互补性就是把"非此即彼"（either/or）变成"两者相加"（both＋and）。语言系统的互补性存在于词汇和语法之间、语言作为语篇和语言作为系统之间、书面语和口语两种话语方式之间。从这方面意义上讲，系统功能语言学和认知语言学也可以互相补充并形成互利关系。

第一类互补性涉及语法结构。系统功能语言学认为功能体现于结构，将小句中的过程、参与者和环境等概念视为语义范畴，用于解释人类如何识解经验世界（Halliday，2004：178）。认知语言学则认为语言结构根植于认知能力，句法是根据语法范畴组织的，通过语法范畴，人们将经验世界识解为概念结构（Taylor，2007：565-580）。

第二类互补性涉及不同的语法观。根据 Nuyts（2007）的观点，系统功能语法本质上具有过程导向性（process-oriented），这使得它更适合捕捉语言使用的内在动态性；而作为基于构式语法的认知语言学更适合从静态视角描写语言的交际过程。因此，动态和静态两种视角的结合将能够描写一个完整的交际事件。

第三类互补性涉及系统和结构之间的关系（即纵聚合关系与横组合关系）。根据西维尔斯卡（2011），系统功能语言学主要关注纵聚合关系（即系统）并将其视为语言表征的基本形式，认知语言学则优先考虑横组合关系（即结构），认为组合关系中的各要素通过相互关联形成一个结构体。

第四类互补性与语法的表征维度有关。系统功能语言学将语法视

为一种经验理论，并将经验定义为通过语言识解的现实（Halliday & Matthiessen，1999：3）。换句话说，语法用于表征外部世界——识解经验意义和建立人际及社会关系。认知语言学则专注于语法的内部描写，并将经验定义为主体对客体世界的心理表征（Geeraerts & Cuyckens，2007：16；Siewierska，2011：643），换言之，认知语言学关注语言的内部结构，即人类如何概念化世界，如何创造和表征意义，以及意义如何反映在语言中。因此，将语法的内部描写和外部解释结合起来，可以充分解释关系小句的句法特征。

最后一个也是至关重要的互补性与识解经验的不同路径有关。系统功能语言学认为语言的主要功能是交流，而认知语言学认为语言主要功能是源自人类的感知、概念化和认知活动的范畴化。在这一点上，系统功能语言学和认知语言学识解经验的路径有所不同——人类使用语言通过表达意义识解经验，其路径是"语言→语义→现实"（Halliday & Matthiessen，1999），而认知语言学通过认知将经验识解为语言，其路径为"现实→认知→语言"（Lakoff & Johnson，1999）。识解现实的路径各有不同。因此，将识解现实的两种路径结合起来可以对关系小句进行完整且充分的解析和描写。

以上五种类型的互补性表明，系统功能语言学和认知语言学可以形成互利关系，即系统功能语言学和认知语言学之间的协作与互补将为关系小句的研究提供一个互补的系统功能语言学-认知语言学理论与分析框架（González *et al.*，2014）。

四、互补的系统功能语言学-认知语言学理论框架

系统功能语言学认为词汇语法是功能的，用于说明语言是如何使用的，而认知语言学认为句法是认知的，主要用于解释语言是如何形成的。因此，将系统功能语言学和认知语言学结合起来对句法的功能和认知解释将会更加充分而全面。实际上系统功能语言学和认知语言学可以形成一种以共现（concurrence）与互补（complementarity）为主要特

征的既相互联系又相互影响的关系模式。本节将根据系统功能语言学和认知语言学两种语言学派之间友好互惠的关系建构一个互补的系统功能语言学-认知语言学理论框架,用以分析关系小句的功能语义和认知机制。换言之,本节将根据上述六个方面的共现和五种类型的互补为关系小句的研究提供一个综合的系统功能语言学-认知语言学框架,如图 3.12 所示。

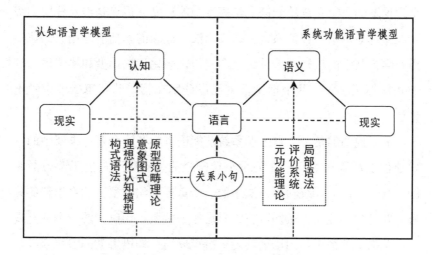

图 3.12 系统功能语言学-认知语言学理论与分析框架:关系小句研究

图 3.12 中,语言被视为系统功能语言学模型中识解经验的起点和认知语言学模型中的终点。在认知语言学模型里,人类对现实的体验是认知的基础,认知又是语言形成的基础,因此形成了"现实→认知→语言"的顺序,其中语言是终点;而在系统功能语言学的"语言→语义→现实"里,人们使用语言通过识解经验意义构建现实,语言是起点。从这方面讲,现实、认知/语义、语言构成一个识解经验世界的连续统,即人类和世界的互动经验通过认知机制映射到语言(如关系小句),而语言又通过语义表达构建现实。

具体而言,这个互补的系统功能语言学-认知语言学框架主要从元功能理论、评价系统和局部语法的角度,探索关系小句的语义表征,这些语义表征分别由及物性、时与体、语气、情态和极性、态度形容词和评价句型来体现。再从意象图式、理想化认知模型和构式语法的角度分析关系小句的认知属性，这些认知属性分别由连接图式、类型-实例图式、部分-整体图式和容器图式、射体-界标模型和参照点模型、表述和谓述构式来识解。此外，本文还将采用基于语料库的定量研究方法来考察旅游语篇中关系小句的词汇语法特征。

总体而言，这个互补的系统功能语言学-认知语言学框架包含两个理论基础：①系统功能语言学模型中的语义，重点是涉及分层、级阶、体现与例示、评价系统、局部语法等概念的元功能理论；②认知语言学模型中的认知，涉及意象图式，理想化认知模型和构式语法等一些核心概念。这两个理论基础已经分别在第一节和第二节中做出论述。

需要说明的是，本书强调系统功能语言学在这个互补框架中的主导地位以及认知语言学在关系小句研究的关键作用是出于两方面原因：其一，作为系统功能语法中的一个重要小句类型，关系小句的分析主要是功能性的，认知语言学只是作为关系小句研究的一个补充视角；其二，关系小句的语篇功能分析可以用认知语言学的参照点模型来代替。总之，系统功能语言学和认知语言学是两个互补的模型，这两个语言学模型可以整合成一个关系小句研究的理论与分析框架。

第四节 结 语

本章旨在构建一个用于分析关系小句的系统功能语言学-认知语言学理论框架。在这个框架中，系统功能语言学和认知语言学相互补充，形成互利关系，即系统功能语言学和认知语言学之间的协作与互补可以为关系小句的研究提供一个综合的系统功能语言学-认知语言学框架。

首先，第一节讨论了系统功能语言学模型，特别强调了系统功能语言学对关系小句分析的贡献，例如系统功能语言学的总体取向或特征、小句语法的元功能理论、以及关于关系小句的评价理论，这些都将证明对本书具有理论和分析意义。综合来看，这些维度构成了语言的系统功能模型，通过该模型，我们可以探索关系小句是如何组织起来进行定义和表达命题意义（包含经验意义和人际意义）的。总体而言，这些维度与评价理论一起，可用于描写作为语言分析单位的小句语法，因此对关系小句的研究至关重要。具体而言，本书主要从过程类型、参与者角色、时态与体态等方面分析关系小句的及物性，以识解关系小句的经验意义，再从评价的局部语法视角探索关系小句的评价意义，以此补充关系小句的人际意义系统，最后从主述位结构和信息结构探索关系小句如何体现语篇功能。

其次，除了旨在对关系小句进行功能语义分析的系统功能语言学模型，第二节还引入了认知语言学模型，从意象图式、ICM、认知语法、构式语法以及原型范畴理论等认知角度来描写关系小句。基于意象图式，一些认知模型可以为语言形式（如关系模式的句法构式）的形成提供概念结构。也就是说，我们可以根据意象图式通过对关系小句进行图示性描写来识解关系小句。此外，兰盖克（1987，1991）的CG、戈德堡（1995）和克罗夫特（2001）的构式语法可以用来描写三种关系小句类型的句法结构。总体而言，以认知语法和构式语法为代表的认知语言学可以被视为一种基于使用的语言学模型，其中语言的使用通常决定语法表征（Croft，2007：499）。这一观点是对系统功能语言学模型的补充。在系统功能语言学模型中，语法表征通常体现交际目的，即语言通过意义识解经验世界。因此，结合与系统功能语言学不同的认知语言学模型，我们可以为关系小句的研究提供一个互补的系统功能语言学-认知语言学框架。

第三节论述了系统功能语言学和认知语言学之间六个方面的共现和五种类型的互补，并以此构建一个互补的系统功能语言学-认知语言学框架，该框架与基于语料库的定量研究方法相结合将使得关系小句的研究具有理论创新性和论述充分性。

　　综上所述，本章主要论述了关系小句研究的两个理论基础：系统功能语言学和认知语言学，并根据这两个语言学分支之间的兼容性和互补性建构了一个互补的系统功能语言学-认知语言学框架。根据这一理论和分析框架，第五章和第六章将详细论述关系小句的功能和认知维度，以便对关系小句进行功能-认知研究。

第四章　关系小句的定义和分类

虽然前面三章介绍了关系小句的总体情况，回顾了关系小句的研究现状，论述了关系小句研究的理论基础，但都没有对关系小句进行明确定义。本章尝试定义关系和关系小句，区分关系从句，再议关系小句的分类，最后识别并统计关系小句类型在旅游语篇语料库的分布，为后续各章奠定基础。

第一节　关系小句的定义

一、何为定义？

根据 2016 年商务印书馆出版的《现代汉语词典》（第 7 版），"定义"是"对于一种事物的本质特征或一个概念的内涵和外延的确切而简要的说明"。剑桥在线词典（https://dictionary.cambridge.org/dictionary/english/definition）将定义（definition）解释为"a statement that explains the meaning of a word or phrase"，牛津在线词典（https://www.oxfordlearnersdictionaries.com/definition）也把定义解释为"an explanation of the meaning of a word or phrase"。定义是指以简短的形式揭示语词、概念、命题的内涵和外延，使人们明确它们的意义及其使用范围的逻辑方法。定义的构成包括三部分：被定义项（被解释和说明的词项、概念或命题）、定义项（用于解释、说明被定义项的词项、概念或命题）和定义联项（连接被定义项和定义项的词项）。

根据不同标准，定义分为内涵定义、外延定义、操作定义、功用定义、关系定义、语词定义等不同类型。《西方哲学英汉对照词典》将定义分为五种：词典定义（明确说明词的意义）、操作定义（明确作者用某个术语指什么）、功能定义（通过功能定义对象）、内涵定义（用于解释说明一个词项的内涵）和外延定义（通过列举指称对象来明确该词项的意义和适用范围）。

简而言之，定义是指用语言（包括句子或短语）概括一个事物的内涵和外延及其本质特征，因此将内涵定义、外延定义和功能定义结合起来可以构成一个最适用的定义方法。《现代汉语词典》（第7版）将语言定义为"人类所特有的用来表达意思、交流思想的工具，是一种特殊的社会现象，由语音、词汇和语法构成一定的系统"。这个定义既概括了语言的性质又明确指出语言的功能，是内涵定义、外延定义和功能定义相结合的成功范例。本文将借助这种定义方法来定义关系和关系小句。

二、关系的定义

在定义关系小句之前，有必要先对"关系"做个定义。《现代汉语词典》（第7版）将关系定义为"事物之间相互作用、相互影响的状态"和"人和人或人和事物之间的某种性质的联系"。剑桥在线词典（ https://dictionary.cambridge.org/dictionary/english/relation ）将关系（relation）定义为"the way in which two people or groups of people feel and behave towards each other"和"the connection or similarity between two things"。牛津在线词典（https://www.oxfordlearnersdictionaries.com/definition/english/relation?q=relation）也将关系（relation）定义为"the way in which two people, groups or countries behave towards each other or deal with each other"。这些定义虽然正确，但不适用于语言学。鉴于关系小句是系统功能语法中的一种句型，因此对"关系"的定义应在语言学范围里进行。

意义一直是语言学研究的核心问题。结构语义学认为意义的本质是符号与世界的关系，语言系统中各个成分相互影响、相互依赖，个体的意义取决于它与系统中其他个体的关系。人类语言学则认为，意义产生于生物体与环境之间的互动（Foley，1997：10），人类依据意义行动，意义来自以语言为媒介的互动，社会则是人与人互动的产物。功能语言学认为意义的本质是人类对经验的识解，而经验的识解是一个主体间性的过程，即人际关系过程，它既是符号的，又是社会的（Halliday & Matthiessen，1999：428）。

意义生成于关系，但由语法来体现。根据系统功能语言学理论，语义由词汇语法体现，词汇语法则是人与环境相互作用下的产物。即语法是人类经验的理论，它可以用来描述人们日常生活中的各种体验，体现各种社会关系，促进知识与行为的结合与互动。换言之，语法既是一种获知方式（a mode of knowing），也是一种行为方式（a mode of doing）；前者用于构建知识，后者则用于构建人类关系（Halliday，1996：391-392）。

基于此，本书将关系小句中的关系定义为两个词项所指称的对象之间相互作用、相互影响的状态，包括人际关系、人物关系和物物关系。韩礼德（1967a，1967b，1985a）从及物系统中提炼出表达关系过程的小句类型，用于表达这三大类型关系。

三、关系小句的定义

定义关系小句之前，先讨论关系小句这个概念是如何产生的。关系小句的最初形式是韩礼德于 1967 年和 1968 年在其论文 "Notes on transitivity and theme in English" 中根据归因过程类型而提出的包容型小句（intensive clauses）。在这三篇论文中，韩礼德（1967a，1967b，1968）将包容型小句视为一种归属过程小句，并将包容型（intensive）定义为 "与小句中的另一个元素具有相同的指称"，如在 "John was a good teacher" 中，"John" 和 "a good teacher" 指称同一对象。在这个例句中，作为补语的参与者 "a good teacher" 充当属性并被赋予作为主语的另一个参与者 "John"，而谓项 "was" 仅用于表示两个参与者之间存在某种关系。此外，在这三篇论文中，韩礼德还提出了与"intensive *be* clauses"相对的"extensive *be* clauses"（可译为外延型 be 小句），这种外延型小句又称为用于识别身份的"等式小句"，用公式表示为"$x=y$"（1967b：223），这种等式关系具有可逆向性，如"John is the tall one"可以变换为"The tall one is John"。后来，"intensive *be* clauses"又称为"attributive clauses"（归属式小句），而"extensive *be* clauses"则改称为"identifying clauses"（识别式小句）。通过"是"（being），归属式小句常常用不确指名词或形容词来表示小句主语的属性，而识别式小句主要用确指名词来标识主语的身份。归属式小句和识别式小句组合成"关系过程小句"，成为除了动作过程和心理过程之外的第三种过程类型（Halliday，1968：202-203）。

正是通过对系动词的分类，而不是对及物动词和不及物动词的区分，韩礼德（1968）提出了关系小句的概念。不过，直到韩礼德（1985）《功能语法导论》（*An Introduction to Functional Grammar*）的出版，关系小句才发展成为一个完整类型。在该书中，关系小句涵盖三种关系类型（包容型、环境型和所有型）和两种关系模式（归属式和识别式），即在原有的包容型和归属式与识别式的基础上增加了环境型小句和所有型小句。后来的《功能语法导论》第二版（1994 年）、第三版（2004年）和第四版（2014 年）沿袭并发展了关系小句三型两式的分类方法。简而言之，关系小句首提于 1967/1968 年，成形于 1985 年，发展于1994 年，完善于 2004 年和 2014 年。

表 4.1　第 1-4 版《功能语法导论》（*IFG*）中六类过程小句的分布

	IFG1（1985）篇幅（页码）	*IFG2*（1994）篇幅（页码）	*IFG3*（2004）篇幅（页码）	*IFG4*（2014）篇幅（页码）
物质过程	4（P102-106）	4（P109-112）	19（P179-197）	21（P224-245）
心理过程	7（P106-112）	7（P112-119）	14（P197-210）	14（P245-258）
关系过程	17（P112-128）	20（P119-138）	38（P210-248）	42（P259-300）
行为过程	2（P128-129）	2（P139-140）	4（P248-252）	2（P301-302）
言语过程	2（P129-130）	3（P140-142）	5（P252-256）	6（P302-307）
存在过程	2（P130-131）	3（P142-144）	4（P256-259）	3（P307-310）

六种小句类型中，关系小句的篇幅最长，这表明关系小句在系统功能句法中的首要地位。此外，如果关系小句成形于第一版《功能语法导论》，那么增加了 3 页篇幅的第二版则是对第一版的继承与发展，而十年后增加了 18 页篇幅的第三版对关系小句的三型两式、归属式与识别式的区分以及关系小句与物质小句和心理小句的重叠与区分进行了详细描述；第四版虽然增加了 3 页，但只是在第三版的基础上做了微调，比如图示识别式关系小句的编码方向，以及在对关系小句做最后总结时，第三版以文字表达为主，而第四版除了文字还使用多个表格对归属式和识别式关系小句进行比对。从这方面讲，如果说关系小句成形于第一版，继承并发展于第二版，那么第三和第四版则是对前两版《功能语法导论》中关系小句句法的补充与完善。

虽然识别式关系小句本身就具有定义功能，如 "Polarity is an interpersonal system assigning the values of positive or negative to the clause or other unit"（Matthiessen *et al.*，2010：23），但在四个版本的《功能语法导论》、三个版本的 *Introducing Functional Grammar*（Thompson，1996，2004，2014）、*Key Terms in Systemic Functional Linguistics*（Matthiessen *et al.*，2010）、以及一些与系统功能语法相关的专著里，都找不到关系小句的完整定义。鉴于关系小句作为本书的研究对象，那么对关系小句的定义自然是必不可少。本节尝试从关系小句的本质、结构配置和关系过程三个方面来定义关系小句。

第一，根据系统功能语法，关系小句的本质是通过"描述（特征）和识别（身份）"（Halliday，2004：210）识解经验，再通过识解的经验构建知识。第二，关系小句的根本属性源自"是"（being）的结构配置 "Be-er1 + Process + Be-er2"，在这个结构配置中，某一事物（Be-er1）被说成另一事物（Be-er2），即两个独立的实体通过"是"（being）建立关系。第三，关系过程就是"是"（being）和"有"（having）的过程，即表达关系过程的连接动词并不突显。由于关系小句将过程识解为缓慢的甚至是静态的变化，即将过程视为两个参与者之间高度概括的连接，因此关系小句的语义负荷（semantic weight）主要由两个参与者来体现。基于以上三个方面原因，本书将关系小句定义为系统功能语法创始人韩礼德（1967a，1967b，1968，1985a，1994，2004，2014）从及物系统提炼出来、主要通过"是"（being）和"有"（having）来识解经验世界的一种话语方式或语言行为。

此外，为了避免混淆，本书认为有必要对与关系小句仅有一字之别的关系从句进行区分。关系从句（relative clause）又称为定语从句，用来指明或提供人或事物的信息。英语的关系从句通常位于名词、代词或关系代词（例如 who、which 或 that）之后。根据贝里（Berry，2012：126）的观点，关系从句是一种常见的从句类型，用作名词短语的后置修饰语，即关系从句不是核心元素，其作用是提供名词短语的额外信息，例如"I have seen the film which won the Oscar."中的关系从句"which won the Oscar"作为后置修饰语为"the film"提供额外信息。如此，关系小句和关系从句的区别很明显：前者是主句，后者是从句。另外，本书将研究对象确定为限定性关系小句，以免与其他类型的小句产生混淆，例如"Now scientists know that the overuse of antibiotics in livestock can foster drug-resistant bacteria that are dangerous to human health."中划线部分虽然是关系过程，但因其充当关系从句（即修饰、从属、非独立的小句）而不被识别为关系小句。换言之，关系小句的识别标准有两个：一是主句而非从句，二是限定性而不是非限定性，如"Alabama is the physical heart and the cultural soul of the Deep South"和"It is an expectancy that is almost always met"。基于此，本书将根据关系小句的定义，结合关系小句的两个识别标准，从自建的旅游语篇语料库中识别出所有的关系小句，并对关系小句的各种类型进行统计与分析。

第二节　关系小句的分类问题

一、韩礼德式关系小句分类

根据关系小句描述（特征）和识别（身份）的本质以及关系过程不突显的属性，韩礼德（1985a，1994，2004，2014）将关系小句分为"三型（types）两式（modes）"，而不是"两型三式"。三型分别是包容型（intensive）、环境型（circumstantial）和所有型（possessive），两式分别是归属式（attributive）和识别式（identifying），三型两式排列组合形成六个关系小句类型，如第二章的表 2.2 所示。

类型	模式	
	归属式 "a is an attribute of x"	识别式 "a is the identity of x"
包容型 "x is a"	Sarah is wise.	Sarah is the leader. The leader is Sarah.
环境型 "x is at a"	The fair is on a Tuesday.	Tomorrow is the 10th. The 10th is tomorrow.
所有型 "x has a"	Peter has a piano.	The piano is Peter's. Peter's is the piano.

（一）三个关系类型

在包容型小句中，x 和 a 这两个词项之间的关系是相同的，即这两个词项指称同一对象（Halliday，1967a：63；2004：240）。包容型关系小句有两个语义功能：①通过将由形容词词组或不确指名词词组体现的属性赋予载体来描写事物的特征或属性，如例 1、2；②通过用一个实体定义另一个实体来识别事物的身份，如例 3。在环境型小句中，x 和 a 两个词项之间的关系通常体现为时间、地点、方式、原因等环境因素，如例 4、5。在所有型小句中，x 和 a 两个词项之间的关系体现为占有者与被占有者两个实体之间的所有权关系以及整体-局部关系，如例6、7。

[1] The scenery will **be** spectacular.

[2] The city **is** an excellent destination for museum addicts.

[3] Alabama **is** one of the greatest food destinations in the United States.

[4] Some of Atlanta's top attractions **are** within walking distance.

[5] The best way to unwind **is** to visit a vibrant Arlington neighborhood.

[6] The National World War II Memorial **has** a more traditional design.

[7] Most of the terrain **is made up of** precipitous rock walls and steep, slot-like side valleys.

（二）两个关系模式

在结构上包含载体和属性的归属式小句中，一个属性被赋予某个载体，这种属性可以是一种品质（包容型小句），可以是时间、地点和方式等环境因素（环境型小句），也可以是一种占有关系（所有型小句）。在结构上包含所识和标识的识别式小句中，一个实体被用于识别另一个实体。

归属式小句具有四个特点区别于识别式小句：①有一个充当属性的不确指名词词组或形容词词组；②一个体现归属过程的动词词组，包括 become、look、remain、stay 等动词；③归属式小句通常回答涉及属性的 what 或 how 问题；④归属式小句不具可逆向性。同样，识别式小句也有四方面特征：①有一个充当标识的确指名词词组；②一个体现等值过程的动词词组，包括 imply、indicate、mean、play、reflect、represent 等动词；③识别式小句通常回答涉及身份识别的 which 或 who 问题；④识别式小句具有可逆向性。

归属式与识别式的区分可应用到三种类型关系小句：①在包容型 "x is a" 中，归属式将属性 "a" 赋予载体 "x"，如例1、2；识别式用 "a" 定义 "x" 的身份，如例3；②在环境型 "x is at a" 中，归属式将由介词短语 "at a" 体现的属性赋予载体 "x"，如例4；识别式用 "a" 定义 "x" 的时间、空间、方式等环境因素，如例5；③在所有型 "x has a"中，归属式常用于体现整体-局部关系，如例 6；识别式主要用于体现"x"与"a"等值的所有关系，如例 7。

　　综上所述，包容型表达修饰关系，即"a"修饰"x"；所有型表达从属关系，即"a"从属"x"；环境型表达时空关系，即"x"与"a"的时间顺序和空间关系。归属式说明参与者的属性，识别式表达参与者的身份。需要指出的是，归属式和识别式之间的主要区别在于是否具有可逆向性（reversibility）。归属式关系小句不具有可逆向性，而识别式是可逆向的，即"x"和"a"可以互换而且不改变其动词的形态（Halliday，2004：228），用公式来表示，就是"x is the a"="the a is x"，如下面简图所示：

x	is	the a	→	The a	is	x
Identified		**Identifier**	←	**Identifier**		**Identified**

　　所识（identified）与标识（identifier）能否逆向转换主要取决于作为标识的名词词组是否具有限定成分（determiner），如果有，标识与所识就可以逆向转换，这样的小句就是识别式关系小句，如下面的例 8：

[8] Sydney is **the** capital that every other Australian city loves to hate.

　　此例逆向转换可变成"**The** capital that every other Australian city loves to hate is Sydney"。虽然逆向后的句子主语过长，显得头重脚轻，不符合常规表达习惯，但语法是正确的，语义也没有变化。

二、关系小句分类问题再议

　　如前所述，一些语言学家对涉及归属/识别区分的关系小句分类提出了质疑。韩礼德（1985a：123-124；2004：247）也承认关系小句仍然存在诸多歧义，例如关系小句和物质小句与心理小句在语法形态上的重叠而难以区分，以及归属式与识别式的边界并不十分清晰。以是否具有可逆向性来区分归属式和识别式是没有问题的，但以是否确指名词词组来界定可逆向性是有争议的，因为有些识别式小句中的名词词组不一定是确指的，如例 9 就是一个对极性（Polarity）进行定义的识别式关系小句，其中含有不定冠词的 "an interpersonal system" 就是一个不确指名词词组。

[9] Polarity is an interpersonal system assigning the values of positive or negative to the clause or other unit.

与韩礼德式三型两式分类法不同，Eggins（2004：239）先阐明归属过程与识别过程之间的基本结构差异，再从归属式和识别式区分出包容型、环境型和所有型三种关系类型，从而形成两式三型的关系小句范畴，如第二章的图 2.2 所示。但是两式三型的分类方法也有争议，因为归属和识别要素不仅可以出现在包容型小句中，也可能出现在过程是动作而不是归属或识别的物质小句中。

此外，艾金斯（2004：248）还将致使关系小句纳入关系小句范畴，这种致使关系过程可以通过 "make + be" 结构发生在归属式结构和识别式结构中，即在归属式关系小句中，施事者致使载体获得属性，而在识别式关系小句中，施事者致使标记接受一个价值。拉福特（2006）将致使关系小句定义为包含一个施事参与者和两个受事参与者的三参与者构式，即包含一个致使关系的三参与者构式（Laffut，2006：180），这种构式常用于表达某事物的创造，而非物质的转移，即致使关系小句表达某一事物造就另一事物，而不是某一事物从另一事物转化而来（Laffut，2006：2-3）。

因此，这个包含三个参与者的致使关系小句不能算是严格意义上的关系小句类型，原因如下：①当配置有第三个参与者时，致使关系的主要过程应该是物质过程，而不是关系过程，即致使关系小句实际上属于系统功能语法六个小句类型中的物质小句；②从语义上讲，致使关系小句主要识解三个参与者之间的关系，而真正的关系小句只识解两个参与者之间关系。

此外，汤普森（1996，2004，2014）认为关系及物性主要体现事物的状态、特征或身份，因而不适合表达某事物或事件的发生。艾金斯（2004）将存在小句和关系小句合并为同一小句类型，并将致使关系小句纳入关系小句的范畴。与此相反，封丹（2013）只关注包容型关系小句，没有将环境型小句和所有型小句纳入关系小句范畴。普拉埃特和戴维塞（Praet & Davidse，2015：1-32）只将英语关系小句分为两组对立的类型：归因小句/具指小句和表语小句/识别小句——归因小句与具指小句的区别在于是将属性赋予主语还是赋予主语特定价值，而表语小句与识别小句的区别在于系动词后的补语是否确指，即表语小句中的补语通常使用形容词或不确指名词来表明主语指称的类别，而识别小句中的两个确指词项指代同一实体。从这方面讲，这两组对立的类型实际上是归属式/识别式对立（opposition）的扩展版。

综上所述，关系小句的分类问题在于归属和识别两种关系模式的区分。拉福特（2006：158-168，176-177）认为识别式小句中连接动词后的名词词组通常是确指的，而归属小句中的补语由形容词词组或不确指名词词组。但这样的区分并非绝对，识别式小句就有一些例外，如例 9。此外，用限定词来区分归属式与识别式的方法并不适用于所有关系小句类型，比如环境型和所有型归属式小句也可以有一个确指的动词后名词词组，而识别式小句中连接动词后也可以有一个不确指名词词组。再者，在"The piano is Peter's"这个表示所有关系的小句中，如果没有关联语境，这个小句可以是归属式，也可以是识别式。

三、小结

综上所述，艾金斯（2004）的两式三型分类方法以及将存在小句和关系小句合并为同一小句类型，并将致使关系小句纳入关系小句的范畴的做法过于纷繁复杂，封丹（2013）仅将包容型视为关系小句的做法又过于简单，普拉埃特和戴维塞（2015：1-32）将关系小句分为归因小句/具指小句和表语小句/识别小句两组对立类型的做法又过于细致。实际上，关系小句的分类问题在于归属和识别两种关系模式的区分。虽然以连接动词后是否确指名词词组来区分归属式与识别式尚有争议，即有些识别式小句中连接动词后也可以有不确指名词词组，如例 9，但这毕竟是极少数情况，而且这种语法形态上的不足可以通过语义解析进行弥补，使归属式与识别式的区分更为清晰而准确，如例 9 从语法形态上看是一个归属式小句，但从语义上看，例 9 是一个用于定义的识别式关系小句。

因此，虽然一些语言学家对关系小句的分类提出质疑，如艾金斯（2004）按两式三型对关系小句重新分类，将存在小句和关系小句合并为同一小句类型，并将致使关系小句纳入关系小句的范畴；封丹（2013）没有将环境型小句和所有型小句纳入关系小句范畴；普拉埃特和戴维塞（2015：1-32）将归属式/识别式对立细分为归因小句/具指小句和表语小句/识别小句两组对立类型；韩礼德（1985a: 123-124；2004：247）也承认关系小句存有歧义，但通过语法和语义相结合的分析方法，我们可以完善韩礼德式关系小句的分类，即本书将使用韩礼德式三型两式的分类方法，通过分析关系小句的语法结构和语义特征来研究旅游语篇语料库中的关系小句。

第三节　关系小句类型在语料库的分布

如前所述，英语小句有很多类型，如主句（main clauses）和从句（subordinate clauses），限定小句（finite clauses）和非限定小句（non-finite clauses）等。为了避免混淆，本书将研究对象确定为包括主句在内的限定性关系小句，将包括关系从句在内的从属小句和非限定小句排除在外。因此，有必要对限定小句进行阐释，为随后在语料库中识别系统功能语法六个过程类型的限定小句奠定基础。

在动词、动词短语和小句的分类中，限定（finite）是一个与非限定（non-finite）形成对比的术语。限定小句的谓语动词主要用于表达时态或语气。除不定式和分词外，所有动词形式都是限定的。假如谓语是一个动词词组且第一个或唯一的动词是限定的，那么这个动词短语就是限定的，其他动词都是非限定的。限定小句是一个动词是限定动词短语的小句（Greenbaum & Nelson，2009：255）。换言之，限定性（Finiteness）是由限定性操作词（Finite operator）体现的；限定小句都有情态指示语（modal deixis）或时态指示语（temporal deixis）（Matthiessen *et al.*，2010：97）。《牛津高阶英汉双解词典》（第9版）将"finite clause"中的"finite"定义为"限定的"，并举例：am、is、are、was和were是be的限定形式；being和been是非限定形式。

为此，本书将限定小句定义为一个动词或动词短语表示时态或情态的独立小句。此外，为了便于识别和统计，本书将包含多个小句的复合句只算作一例，如例10—12。

[10] Did you know that there is a stretch of the Mississippi River between New Orleans and Baton Rouge that holds a collection of the most glorious plantations in Louisiana, each offering a unique glimpse back in time?

[11] Their solution was a law which became known as the White Australia policy.

[12] Seafood is plentiful and meats are tender and full-flavoured.

例10中，表示过去时态的限定成分"did"放置在主语之前，与表示心理过程的"know"构成一个心理小句的疑问语气。此外，虽然此例包含1个主句，1个存在小句，1个关系从句，1个非限定小句，但只按主句算为一个心理过程小句。例11中，虽然主句和从句都是关系小句，也只算一例关系小句。例12是由两个限定小句并列合成的复合句，因此也只算一个限定性关系小句。

一、六类过程小句在语料库的分布

基于此，本书按系统功能语法的六类过程小句的语法结构和语义特征，识别并统计出旅游语篇语料库中的物质小句、心理小句、关系小句、行为小句、存在小句和言语小句，如表4.2所示。

表 4.2　系统功能语法六类过程小句在语料库的分布

名次	限定小句	句数	占比
1	关系小句	6718	61%
2	物质小句	1905	17.30%
3	行为小句	991	9%
4	心理小句	529	4.80%
5	存在小句	440	4%
6	言语小句	430	3.90%
	合计	11013	100%

　　该语料库共有 21.5 万个单词，按照限定小句的定义和识别方法统计出 11023 个限定小句，然后按照六类过程小句的语法结构和语义特征识别并统计出六类过程小句，再根据统计出来的句数对六类过程小句进行排名，最后根据排名顺序对六类过程小句的使用比例进行逐一说明。

　　根据表 4.2，关系小句的使用比例最高，达 61%，将排名第二的物质小句（material clauses）远远甩在身后，说明关系小句在旅游语篇建构中的重要作用，同时也证明了对旅游语篇中关系小句的研究具有语言学方面的理论意义和实践价值。及物性的主要类型是物质小句。物质小句是表示"做"和"发生"的小句：物质小句将事件流中的变化识解为通过某种能量输入而发生的事情，即引起变化的能量来源通常是作为动作者的参与者。如果说描写语篇以关系小句为主，那么叙事语篇通常以物质小句为主。由于本书自建语料库所使用的旅游语篇属于描写语类，主要用于叙事语类的物质小句在旅游语篇语料库中的使用比例不是很高，仅为 17.30%。排名第三的是用于表达呼吸、咳嗽、微笑、做梦和凝视等人类生理和心理行为的行为小句（behavioural clauses）。由于行为小句通常出现在小说叙事中，用于引入直接言语，因此行为小句在旅游语篇语料库中的使用比例也不是很高，仅为 9%。

　　如果物质小句用于识解我们对物质世界的经验，那么排名第四的心理小句（mental clauses）是用于识解我们对自己意识世界的经验。由于旅游语篇多为对旅游目的地的客观描写，心理小句在旅游语篇语料库中的使用比例较低，仅为 4.80%。排名第五的是存在小句（existential clauses），本来存在小句经常出现在导游语篇中用来介绍有趣的地方或特色，但这种小句在语料库中的使用比例更低，仅为 4%。究其原因，存在小句表达事物存在状态的功能与关系小句高度重合，而且在表达事物属性、状态、特征及身份等方面，关系小句显然比存在小句更全面而丰富。排名最后的是通过设置对话表达"说"的言语小句（verbal clauses）。言语小句主要用于新闻报道和叙事语篇，因而其在描写类的旅游语篇中的使用比例最低，仅为 3.90%。

六类过程小句中，用于描述事物属性、特征、状态及身份的关系小句与属于描写语类的旅游语篇特别吻合，证明了关系小句在建构旅游语篇中重要作用，也证明了研究关系小句的意义和价值。

二、关系小句在语料库的分布

根据表 4.2，关系小句在语料库的使用比例为 61%，共 6718 个关系小句。本书按照关系小句的语法结构和语义特征，识别并统计出旅游语篇语料库中的三型两式关系小句，再根据排名顺序对三型两式的使用比例做简要说明，如表 4.3 所示。

表 4.3　关系小句在语料库的分布

关系类型	关系模式	句数（6718）	占比（1）	句数（6718）	占比（2）
包容型	归属式	3312	49.30%	3977	59.20%
	识别式	665	9.90%		
环境型	归属式	1404	20.90%	1874	27.90%
	识别式	470	7%		
所有型	归属式	847	12.60%	867	12.90%
	识别式	20	0.30%		

关系模式	句数	占比
归属式	5562	82.80%
识别式	1156	17.20%

根据表 4.3，相比较环境型（27.90%）和所有型（12.90%），占比 59.20%的包容型显示其在整个关系小句家族中的优势地位；归属式和识别式的比例为 82.80%：17.20%，彰显归属式关系小句在构建旅游语篇中的重要作用。此外，与存在小句相比，环境型关系小句除了可以表达事物之间的时空关系，还可以在旅游语篇用来介绍有趣的地方或特色。

总体而言，关系小句的三种类型和两种模式在语料库中没有平均分布，而是呈偏态之势，即按使用比例呈现出"包容型＞环境型＞所有型"和"归属式＞识别式"的趋势，表明包容型归属式关系小句在旅游语篇建构中的优势主导地位。

第四节　结　语

首先，本章将内涵定义、外延定义和功能定义结合起来建立一个适用于语言学的定义方法,再用这种定义方法来定义关系和关系小句。意义的本质是人类对经验的识解,而经验的识解是一个人际关系过程,即意义生成于关系，但由语法来体现。因此，本书将关系小句中的关系定义为两个词项所指称的对象之间相互作用、相互影响的状态，包括人际关系、人物关系和物物关系。

其次，本章从关系小句描述特征和识别身份的本质、"Be-er1 + Process + Be-er2"的结构配置和不突显的关系过程将关系小句定义为由系统功能语法创始人韩礼德（1967a，1967b，1968，1985a，1994，2004，2014）从及物系统提炼出来、主要通过"是"（being）和"有"（having）来识解经验世界的一种话语方式或语言行为。

虽然一些语言学家对关系小句的分类提出质疑，归属式与识别式在语法形式上的区分尚有疑义，但通过语法和语义相结合，我们可以完善韩礼德式关系小句的分类：包容型表达修饰关系，即"a"修饰"x"；环境型表达时空关系，即"x"与"a"的时间顺序和空间关系；所有型表达从属关系，即"a"从属"x"。归属式描述参与者的属性，识别式表达参与者的身份。

此外，为了避免混淆，本章将研究对象确定为限定性关系小句。同时根据系统功能语法的六类过程小句的语法结构和语义特征，识别并统计出旅游语篇语料库中六类过程的限定小句，并根据它们的使用比例进行对比分析，发现关系小句的使用比例最高，说明了关系小句在旅游语篇建构中的重要作用。

最后，本章根据关系小句的定义，按照关系小句的语法结构和语义特征，结合关系小句的两个识别标准，识别并统计出旅游语篇语料库中的三型两式关系小句，再根据排名顺序对三型两式的使用比例做简要说明。总而言之，本书将采用韩礼德式分类模式展开对旅游语篇中关系小句的研究与分析。

第五章 关系小句的系统功能语言学研究

如前所述，英语的小句是一个多元功能单元，它同时体现概念、人际和语篇三种意义。具体而言，系统功能语法将小句视为"及物性和语气的映射"（Halliday，1999：119），即小句既可用于识解世界的经验，也可用于建构人际关系与社会价值观。因此，基于系统功能语言学-认知语言学框架，本章将从系统功能语法的经验意义和人际意义两个视角对关系小句进行元功能分析。作为一种人类经验理论，语法既是一种获知方式，也是一种行为方式：前者用于建构知识，后者则用于建立社会关系。

基于此，本章第一节将介绍小句的元功能语法，包括事物的语法、过程的语法和环境的语法。在此基础上，第二节聚焦关系小句的经验识解，主要从过程类型、参与者角色、时态和体貌对关系小句进行及物性分析。第三节从语气、情态、极性以及命题维度对关系小句进行人际意义分析。关系小句也因此被认为是经验意义和人际意义的融合体[①]。此外，第三节还从态度词汇和评价的局部语法视角，通过探索关系小句的评价意义完善人际系统。第四节简单介绍关系小句的语篇功能。最后，第五节对本章做出总结。

---

① 意义来自生物体和环境之间的反复互动（Foley，1997：10）。与杰肯道夫（Jackendoff，1994，1997）将现实建构视为一个发生在个体意识中的过程的观点不同，系统功能语言学持社会符号学的意义观，即经验的识解是一个主体间的过程：它既是符号学的（语义建构），也是社会的（现实的社会建构）；经验意义和人际意义这两个视角的交融可以为关系小句的研究提供社会符号学方面的解释（Halliday & Matthiessen，1999：428）。

第一节　关系小句的元功能语法

　　语言不能作为一个整体进行分析，它必须以某种方式进行分割，以使语言分析易于操作和管理，即语篇分析应按更小单位进行。系统功能语言学认为小句不仅是语言的多功能单位，也是语言（语法）分析的基本单位，因为小句可以同时表征多项语法功能，即每个小句都可以表达一种以上的意义。如前所述，我们可以在小句中识别三大元功能。换言之，作为语言实例的小句包含这三大元功能，我们可以通过小句分析来识别这三大元功能。从这个意义上说，语篇分析的核心单位是小句。

　　用以表达特定情境的小句是一个语法结构单位，通常包含三个组成部分：①随着时间的推移而展开的过程；②参与该过程的参与者；③与过程相关的环境（Halliday，2004：175）。在这个结构配置中，过程是最核心的成分，参与者接近核心；过程和参与者构成小句的经验中心，而在结构配置中地位更为边缘的环境成分主要在时间、空间、方式、因果等方面增强这个中心，因为环境成分通常没有直接参与到过程中。小句结构配置中三个组成部分之间的关系如图 5.1 所示。

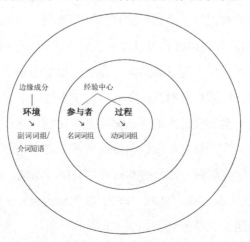

图 5.1　小句配置中的中心和边缘元素（Halliday，2004：176）

需要说明的是，该模型并没有涵盖所有的过程类型，例如，环境型关系小句中的环境成分不是边缘选项，而是必不可少的。不过，过程、参与者和环境这三个概念属语义范畴，它们作为总体方式常常被用于解释我们对世界的经验是如何识解为语言结构的（Halliday，2004：178）。作为六种过程类型之一的关系小句也包含过程、参与者和环境三个组成部分，分别由动词词组、名词词组和副词词组/介词短语来体现，如图 5.1 所示。因此，关系小句的参与者语法、过程语法和环境语法将在以下三个小节中进行讨论。

一、事物的语法：名词词组

英语许多主要词类是构成小句主要结构单元的基础，其中最重要的单元是词组，词组是单词的延伸，包括名词词组和动词词组。名词词组是一种用来指称事物的表达式，通常用于体现关系小句中的参与者。作为语义范畴的参与者也称为实体，包括事物、人、生物、抽象事物、概念等（Fontaine，2013：44）。因此，参与者的语法也称为事物的语法。换句话说，名词词组是一种语法资源，通过这种资源，语言使用者可以将参与者识解为事物分类法中某一事物。

名词词组是指一组名词性词语，即一个由名词、形容词、数词和限定词等组成的词组。以"指示词+修饰语+事物"（Deictic ^ Epithet ^ Thing）为结构的名词词组也可以体现三大元功能：①经验意义方面，一个名词词组可以将参与者识解为一个有意识的生物，一种动物，一个物体，一种实质或抽象概念；②人际意义方面，名词词组可以塑造一个根据生物体与环境之间的互动来定义的角色，这个角色还可以通过各种人际评价得以延展；③语篇意义方面，名词词组可以呈现话语指称对象，即作为信息一部分的参与者伴有指称功能，例如"that"这样的限定词（Martin *et al.*，2010：166）。以"the most spectacular feature"为例，名词词组的三个元功能如表 5.1 所示：

表 5.1 名词词组结构

	the	most spectacular	feature
	指示词	修饰语	事物
语篇功能	√		
人际功能		√	
经验功能			√

　　除了指示词、修饰语和事物这三个语义功能，我们还可以通过添加其他功能部分（如后指示词、数词、分类词和限定语等）来扩展名词词组，从而形成名词词组的多变量结构，即一个名词词组可携带多个修饰语、数词和限定语，以"those famous first two dreadful long maths sums in the exam"为例，名词词组的多变量结构如表 5.2 所示：

表 5.2 名词词组的多变量结构
（Martin *et al.*，2010：166）

功能	指示词	后指示词	数词	数词	修饰语	修饰语	分类词	事物	限定语
例子	those	famous	first	two	dreadful	long	maths	sums	in the exam
词类	限定词	形容词	序数词	基数词	形容词	形容词	名词	名词	介词短语

　　此外，名词词组还可以在其结构中包含嵌入式小句（Martin *et al.*，2010：165），即名词词组可以作为主语从句或表语从句嵌入关系小句，如例 13 中下划线的第一个参与者和例 14 中下划线的两个参与者。

　　[13] <u>What really evokes that Deep South USA atmosphere</u> are the grand, columned antebellum homes that are located across Alabama, many open for tours.

　　[14] <u>What was a surprise to me</u> was that <u>Oak Park is also the birthplace of a famous American icon: Ernest Hemingway</u>.

　　最后，名词词组还包括分裂构式中的非限定形式和由 that 引导的分裂句，常用于识解关系小句中的外置参与者，如例 15—17 中的下划线部分。

[15] It is illegal <u>to disturb them, even for archaeological purposes</u>.

[16] It is well worth <u>taking a wildflower tour in spring</u>.

[17] It is this mix of American history, spiced with a local flavor and easy access to the attractions of Washington, D.C. <u>that ranks Arlington high among my favorite travel destinations</u>.

在以上分裂构式中，参与者通常置于小句末尾，it 则用作主语指称这个外置参与者（extraposed participant），即主语 it 与放置于小句述位的参与者互相指称。换言之，主语和主位重合的 it 引起了外置参与者的预期，而这个外置参与者又因主语 it 同样具有主位功能（Fontaine，2013：154）。从这个意义上讲，在这些分裂构式中，it 具有前指或预指（cataphora）的功能。因此，例 15 中的动词不定式和例 16 中的动名词都是非限定形式，虽然都是由动词转化而来，但都因表达事件而被视为名词词组；这两例中的非限定形式与 it（主语/主位）共同承担关系小句中载体的角色。例 17 中，由 that 引导的分裂句所体现的外置参与者通常用于表征一个命题，而这个分裂构式的前半部分是一个关系小句，常用于表达说话人对这个命题的评价和态度。总之，这种让 it 充当主语/主位、将参与者外置或后置的分裂构式常常被作者或说话者用来表达对某一事件或命题的态度。

总体而言，名词词组在识解经验意义和建立社会关系方面发挥着重要作用。因此本章第二节和第三节将进一步研究关系小句中的名词词组如何识解经验并建构人际意义。

二、过程的语法：动词词组

如果名词词组演化为指称空间中用于定位所指事物的限定系统（system of determination），那么动词词组则演化为在时间上用于定位事件发生过程的时态系统（Halliday，2004：178）。

动词词组是一组动词，包括实义动词、助动词、副词 not（作为小句语气附加语表示否定极性，或与语气系统的限定成分融合在一起），以及一些表示心理意愿的形容词表达式（例如"They are willing to share their version of the good life"中与系动词 be 连用的"willing"）。动词词组既可以在小句的人际（语气）结构中充当限定成分+谓词，也可以在小句的经验（及物）结构中体现过程。这意味着，就像名词词组一样，动词词组也能够体现三种元功能。也就是说，通过动词词组，人们可以识别或表达语言信息中的经验意义、人际意义和语篇意义（Martin *et al.*，2010：172）。

关系过程（即关系小句的过程）由动词词组体现。体现关系过程的动词词组主要由两个连接动词"be"和"have"表示，这表明关系过程实际上是一个表示"是"和"有"的非动态过程。除了"be"和"have"，用于表征关系过程的动词词组还包括 act as、define、equal、exemplify、express、indicate、make、mean、refer to、represent、signify、stand for、suggest、symbolize 等动词，分别表示"充当、定义、等同、例示、表达、表明、成为、意味、指涉、表征、意指、代表、显示、象征"等意义。此外，在归属式关系小句中，还有一组将过程和属性融为一体的实义动词，如 it matters (it is important)，it counts (it is significant)，it suffices (it is enough)和 it differs (it is different)中的 matter、count、suffice 和 differ。换句话说，这些过程/属性合并的动词和作为主语/主位的 it 一起可以形成一个关系小句。

此外，两个或两个以上的动词词组可以组合成一个动词词组复合体（verbal group complex），用于表示动词词组之间的并列关系和从属关系。表示并列关系的动词词组复合体通常以"1+2"为结构，如"Fifty-two state parks preserve and interpret Arkansas's heritage and natural resources"中的"preserve and interpret"，但这是在自建语料库中能找到的唯一例子，这表明并列式动词词组复合体很少用于表达关系过程，即不适合用于关系小句。当复合体中的第二个动词词组为非限定形式，它和第一个动词词组便构成一个表示从属关系的动词词组复合体，即我们可以用"α ^ β"顺序来表示两个动词词组之间的从属关系，如例18-20 所示。

[18] In addition to being an informative tour, the trolley <u>happens to be</u> a convenient way to get around.

[19] Once a volcanic crater, now breached by the sea, Hanauma <u>used to be</u> the exclusive beach of the royal families.

[20] Dolphin watching <u>is sure to become</u> your new favorite thing.

虽然用于体现关系过程的从属式动词词组复合体也较少使用于旅游语篇中的关系小句，但是它的使用比例远远高于并列式动词词组复合体。总体而言，动词词组是表征关系过程的重要语法资源。

三、环境的语法：介词短语

根据汤普森（Thompson，2004：109）的观点，对事件发生过程的背景进行编码的环境（circumstance）常被视为小句中的可选成分，即使这些成分表达了非常重要或关键的信息。韩礼德（2004：176；226-263）也认为环境并非小句的核心部分，而是边缘选项，并且概括出九类主要环境成分：程度、位置、方式、原因、偶然性、伴随、角色、物质和角度。此外，很多条件或状态也可以表达为环境成分，而由副词词组/介词短语体现的环境通常可用于识解小句的过程。不过在环境型关系小句中，环境成分不是边缘选项，而是必不可少的核心要素。在环境型关系小句中，通过介词短语表征的环境成分用于识解不凸出过程中参与者的时空位置或性质①。

和名词词组一样，介词短语结构也是多变量的。由介词和名词词组构成的介词短语常用于表征两个参与者之间的时空关系以及作为载体的参与者的存在状态。因此，环境型关系小句常常出现在旅游语篇

---

① 在"是"的典型配置中，经验语义功能主要由两个参与者来识解，过程只是这两个参与者之间高度概括的连接。由于体现关系过程最常使用的动词是 be 和 have，因此，由其体现的关系过程通常是不凸出的（Halliday，2004：213-214）。

用于描写旅游景点的时空位置或性质，如表 5.3 和例 21—24 所示。

表 5.3 环境型关系小句中的介词短语

Natchitoches	lies	**in** the heart of the Cane River National Heritage Area.
The Grand Canyon	is	**at** most 6,000 vertical feet deep from rim to river.
Arlington, Virginia	should be	**on** the top of your U.S. holiday list.
载体：参与者	**过程：环境型**	**属性：环境成分**
名词词组	**动词词组**	**介词短语**（介词+名词词组）

[21] The essence of the Palmetto State lies in the history that created its distinct Southern culture.

[22] One of Central Utah's best historic and cultural attractions is in Heritage Highway 89.

[23] An amazing diversity of life exists at Redwood National and State Parks.

[24] Vermont has long been in the vanguard for local food, farm-to-plate restaurants, fine artisan cheese-makers and farmer's markets.

从表 5.3 及以上四例中可以看出，环境型关系小句中的介词短语体现作为属性的环境成分，并通过不凸出的关系过程将属性赋予作为载体的参与者，而参与者由名词词组体现，如例 21 的"The essence of the Palmetto State"，例 22 的"One of Central Utah's best historic and cultural attractions"，例 23 的"An amazing diversity of life"，以及例 24 的"Vermont"。因此，通过描写事物的时空位置或性质，环境型关系小句可用于识解由小句体现的任何事件的经验意义。当然，介词短语也可以在其他类型的关系小句中扮演环境成分的角色，如例 25—27：

[25] Alabama is one of the greatest food destinations in the United States.

[26] Alabama is also famous for its role in the struggle for equality between black and white Americans.

[27] Florida is flip-flops at breakfast, lunch and dinner.

需要说明的是，这三个例子中的介词短语都是作为限定语修饰前面用于体现属性的名词词组，而且这三个例子中的介词短语皆为边缘选项，都可以出现在任何小句中，因此对关系小句中环境成分的语法研究无多大意义。基于此，本文将不再对作为边缘选项的环境成分做进一步的分析与论述。

第二节　关系小句的经验识解

如前所述，通过归因与识别方式描述事物属性及事物间关系结构的关系小句是系统功能语法中既能表达经验意义（获知功能）又能表达人际意义（行为功能）的小句类型。语言有两个基本元功能，其中之一是识解经验。韩礼德（1967a，1967b，1968）从过程、实体、质量、状态和关系等方面将经验元功能定义为对经验的编码，并且认为语言系统是按功能组织的，因此经验意义可以由小句层面的及物性系统来体现。经验元功能用于表征我们对周围和内部世界的经验，即涉及说话者或作者经验表达的经验意义本质上是主观的，它反映了说话者或作者对世界的看法。

根据系统功能语法（Halliday，1985，1994，2004，2014），经验世界由及物性系统识解，该系统由六种过程类型构成，每种过程类型都提供了一种模型或配置，用于识解特定领域的经验。作为六种过程类型之一的关系小句主要通过"是"（being）和"有"（having）过程来描述事物并识别它们之间的关系。

本节将先区分传统及物性与韩礼德式及物性，再从及物性（过程、参与者和环境成分）、时和体等方面分析旅游语篇中的关系小句如何识解经验意义，即关系小句如何建构旅游信息。

一、传统及物性与韩礼德式及物性

人们普遍认为，作为系统功能语法框架内任何分析基础的及物性是一个非常重要的概念，也是小句分析的核心，即通过及物性，我们才能对小句进行全面分析（Fontaine，2013：73）。本小节先从传统句法角度讨论小句的及物性，然后再从系统功能语法视角讨论关系小句的韩礼德式及物性。

在传统语法中，及物性是由动词携带的论元数量决定的，即及物性与动词有关——动词可以是及物的，也可以是不及物的（如系词）。从这个意义上说，及物性是动词的一个性质，它与动词可否直接跟宾语有关：及物动词可直接跟宾语（如"she opened the door"中的"opened"），而不及物动词不需要任何宾语来完成句子（Greenbaum & Nelson，2009：258；Fontaine，2013：73），即不及物动词后不能直接跟宾语（如"the meeting has begun"中的"begin"）。传统及物性更关注及物动词的有效性，而不是不及物动词的描述性，尤其是连系动词。换言之，传统语法将及物性视为目标导向或非目标导向的动作（action），而不是通过对实体及实体间关系的识别和分类对静态事件的描写（description）。

传统的小句及物性侧重于"动作"过程类型，包括有效性和描述性、操作性和接受性、主动性和被动性。在及物性作格模型中，以"施事者+过程+媒介"为结构的有效性小句中的施事者（Agent）通常被识解为媒介的外部原因，如"He melted the butter"中的"He"。也就是说，有效性小句产生于施事者，而与其对应的中性（即描述性）小句则是自我产生，不涉及施事者，例如"The door opened"。此外，操作性/接受性和主动性/被动性这两组对立实际上被称为涉及小句"动作"过程的两个语态系统。在操作性小句中，体现过程的动词词组是主动语态（例如"He held his teddy bear very tightly"），而在接受性小句中，体现过程的动词词组则是被动语态。操作性小句和接受性小句之间的差异是语篇方面的，即与作为信息的小句中的信息流有关，并且这种差异仅体现在有效性小句中。也就是说，在有效性小句中，施事者映射为主语，并充当无标记主位。

　　上述的传统及物性主要关注动作过程小句，不关注归属过程小句，而归属过程小句后来则发展成为系统功能语法的关系小句（Halliday，1967a，2004：210-211）。因此，这种动作过程导向的及物性分析不适合常用于表征非动作事态的关系小句。或者反过来说，对关系小句的分析应该根据非动态及物性来进行。基于此，韩礼德（1976：30，2003：61）拓宽了传统的及物性概念，将焦点从单纯的动词转移出来，将及物性视为一个可以应用于整个小句的概念，即超越动词和论元，将过程、参与者和环境包含在一个及物系统里。可以说，韩礼德（1976，2003）的及物性是对语法描写中传统用法的概括，这种概括可以扩展并用于定义动词和名词成分的作用——及物性通过对过程和参与者的描述来指定用于建构现实的句法结构，而这些过程和参与者通常由动词词组和名词词组来体现。换言之，及物性可以理解为将小句中的参与者联系起来的关系过程，这个关系过程不只有动作，还包含由名词词组体现的参与者，简而言之，韩礼德的关系过程可以用来体现关系小句的及物性特征（Fontaine，2013：74）。

　　综上所述，传统及物性只关注小句的动作过程，而关系及物性（relational transitivity）则将分别由动词词组、名词词组和介词短语体现的过程、参与者和环境三个要素涵盖其中。因此，关系小句的及物性分析将从过程、参与者和环境三个方面展开以探究关系及物性在旅游语篇建构中识解经验世界的重要作用。

二、关系小句的过程分析

　　根据系统功能语法，小句被用来语法化我们对世界的经验，因此小句在人类建构经验过程中起着核心作用。根据经验表征模式，我们对世界的经验常常识解为由成分配置组成的功能结构。换言之，经验功能是通过小句的语法来实现的，即通过将经验世界识解为一组可管理的过程类型的及物性系统来实现的（Halliday，1994：106）。

　　"关系"是过程类型系统中的一个关键术语，与物质、心理、行为、言语和存在相对应，以 being、being at 和 having 为过程的关系及物性被视为源自关系特征的及物性网络的一部分（Matthiessen *et al.*，2010：178-181）。韩礼德（2004：215-217）也认为关系小句的本质是指以"关系"为入列条件的两个同步系统（即关系类型和关系模式）。其中关系模式往往决定小句参与者的基本角色，比如在归属式关系小句中，基本参与者是载体和属性；而在识别式关系小句中，参与者就变成可以逆向转换的所识（Identified）和标识（Identifier），它们通常被投射到"标记-价值"（Token-Value）语法结构中，这个结构与"所识-标识"又可以重组成两个语法配置：①解码式：所识/标记-标识/价值，例如"Alabama is the cultural soul of the Deep South"；②编码式：所识/价值-标识/标记，例如"The cultural soul of the Deep South is Alabama"。

简而言之，经验功能由及物性系统实现，而及物性系统将经验世界识解为一组小句类型，其中关系小句被认为是通过 being 和 having 方式来识解外部经验和内部经验，并由过程、参与者和环境来体现的一种小句类型，过程是小句的核心要素。

（一）"是"（being）的过程——包容型关系小句

关系小句的基本属性源于"是"（being）配置的性质。根据韩礼德（2004：213）的观点，包容型小句的过程由 be 动词组来体现，该动词组除了基本动词 be，还包括用于归属小句的扩展动词或类系动词（quasi-copulas）（如 appear、become、look、remain、stay 等），用于识别小句的实义动词（如 indicate、refer to、represent、suggest 等），以及为识解两个实体间关系而提供语法资源的动词词组复合体。

正如"关系"（relational）一词所示，通过连接动词"be"，某一物被说成另一事物。因此，由归属式和识别式来体现的包容型小句从功能上来讲是描述性的——归属式将某种属性或某类成员赋予一个实体并以此描述该实体，而识别式则用一个实体来确认另一个实体。换句话说，包容型过程可用于识别实体并对这些实体进行分类。

归属和识别是包容型小句的两种关系模式，它们最明显的形式差异在于归属小句使用形容词或非指示、不确定的名词词组作表语或补语，而识别小句含有一个由确定名词词组体现的动词后参与者（postverbal participant）。另一个重要的区别在于主语和补语之间是否具有逆向性——识别小句可逆向转换，而归属小句不具可逆向性。也就是说，主语和补语不可逆向转换是归属小句的一个基本特征（Laffut，2006：158）。

1. 包容型识别式

一般说来，能够进行主语-补语逆向转换的包容型识别是识别式关系小句的基本特征，而且这种识别可视为通过等式来体现的定义（Harvey，1999；Halliday，2004：227；Laffut，2006：158），即 X 是 a，或 X=a，如表 5.4 所示。

表 5.4　由包容型识别式小句表征的定义

Maastricht	is	the capital of Holland's southernmost region, Limburg.
Flying	is	a way of life in Alaska.
被定义项		定义项
标记	过程：识别	价值
名词词组	动词词组	名词词组

表 5.4 中，由名词词组体现的被定义项充当标记，而由第二个名词词组体现的定义项充当价值。因此表 5.4 中的两个例句都属于识别式关系小句的一种解码子类型。

除了定义，识别式还可用于表达"充当（act as）、等同（equal）、例示（exemplify）、表达（express）、表明（indicate）、成为（make）、意味（mean）、指涉（refer to）、表征（represent）、意指（signify）、代表（stand for）、显示（suggest）、象征（symbolize）"等意义，如表 5.5 中表达角色作用（role-play）和象征（symbolize）意义的两个例子。

表 5.5　识别式小句表征的角色作用和象征意义

The Factors Walk	served as	a center for cotton brokers.
The International Peace Garden	symbolizes	peace between the two neighbors.
所识（Identified）		标识（Identifier）
标记（Token）	过程：识别	价值（Value）
名词词组	动词词组	名词词组

　　包容型识别式小句因具有定义、指涉、意味、象征等众多语义功能而常常被用于构建旅游信息（Halliday，2004：234-238）。换言之，识别式关系小句具有识解经验意义的获知功能，它可以帮助受话者（addressee）获得某个领域的知识。

　　除了识别，识别式关系小句还可以用于描述。韩礼德（1967a，1967b，1994）认为，除了下定义，识别小句可以对体现维度（realizational dimension）进行编码，即通过指定抽象价值或提供具体形式，一个实体用于识别另一个实体。换句话说，识别小句的特征还在于两个名词词组之间抽象编码的差异（Laffut，2006：162）。而且当识别小句解释为"NG_1 is the same entity as NG_2"时，这种描述特征尤为明显（Declerck，1988：110），如例28—30。

[28] Canberra is the nation's political heart.

[29] Sydney is the capital that every other Australian city loves to hate.

[30] The Golden Gate Bridge is the great symbol of the city.

　　基于此，例28—30这样的识别小句不仅可用于建立参与者之间身份关系，还可以通过体现维度来描述参与者的特征：标识体现或表征所识，反之亦然。

2. 包容型归属式

　　在归属关系模式中，一个实体被归于某一类别或被赋予某种属性。这意味着一个归属小句有两个参与者角色：承载属性的载体和赋予载体的属性。从这个意义上说，包容型归属式小句既是一种将参与者描述为载体的资源，也是一种"通过赋予载体评价属性来评价载体的重要语法策略"（Halliday，2004：219），如表 5.6 所示：

表 5.6　包容型归属式小句表征的载体与属性

The state of Connecticut	is	easily accessible by bus, train, plane or ferry.
Pagosa Springs	has become	a winter destination.
载体	过程：归属	属性
名词词组	动词词组	形容词词组/名词词组

在归属小句中，充当属性的名词词组常用于识解某一类不确指的事物，即这个名词词组通常包含一个形容词或一个作为中心词的普通名词，而体现过程的动词词组中的实义动词具有归属性质，如 be、become、look、remain、seem、stay 等。换句话说，通过归属性动词词组，属性被赋予载体，载体因承载所属类别的属性而成为该类别的一员。以上两例中，属性通过归属性动词词组被赋予载体，从而使载体成为由形容词或名词词组所表达的一类事物中的一员，并承载该类事物的属性。比如，"winter destination"（冬季目的地）有很多，"Pagosa Springs"只是其中之一。但是，当属性包含由副词和形容词体现的级差（gradability）和或然性（probability）时，这种将属性赋予载体的类别-成员方法（class-membership approach）似乎是有问题的，如下两例：

[31] The summer activities are nearly endless.

[32] People here are outdoorsy, active and cheerful.

由于例 31 中的副词 "nearly" 表达或然性，例 32 的属性包含多个形容词，我们很难分清楚载体到底属于哪一类别。因此，本书主张采用 Davidse（1992）提出的符号学方法（semiotic approach）以克服这些缺陷，并根据实例化模型（model of instantiation）解释归属小句的语义。基于此，当载体和属性之间的关系被看作是实例和类型之间的关系时，类别-成员方法中的级差和或然性就不再是问题，因为符号学方法的基本原则就是根据总体类型（属性）对具体实例（载体）进行分类（Laffut，2006：164）。比如在有三个形容词作属性的例 32 中，载体可以按三个品性或特性进行分类，从而表达一个具体实例和三个总体品性之间的三个例示关系（instantiation relations），即一个实例（People here）和三个性质（outdoorsy、active 和 cheerful）之间的分类关系。

类别-成员方法的另一个问题是，正如 Laffut（2006：162）所指出的，识别式小句中的两个名词词组不一定是确指的，也不必自由地逆向转换，如例 33—34 所示：

[33] The San Antonio Missions represents a vital part of our nation's Latino heritage.

[34] It is the ideal home for the living heritage of rock.

例 33 是一个表达重要性的识别式关系小句，但是小句中体现价值的名词词组（a vital part of our nation's Latino heritage）并不是确指的，它和所识/标记（The San Antonio Missions）也没有必要进行逆向转换，因为"A vital part of our nation's Latino heritage represents the San Antonio Missions"并不是完全可以接受的。此外，归属式关系小句有时也可以有一个确指的动词后名词词组（postverbal NG），如例 34。然而，如果从符号学角度来看待包容型关系小句的语义，这些形式和语义上的"不规则"都可以得到很好的理解。

总之，系统功能语法根据类别-成员（class membership）、类别-包含（class inclusion）或身份的逻辑模型去处理归属式小句与识别式小句之间的差异，这似乎是有问题的或不完整的。因此，语义视角与符号学方法（即例示-体现）的结合有助于由"是"（being）过程来体现的包容型识别式和包容型归属式的区别研究。具体而言，多数情况下，这两种关系模式可以根据取决于两个确指名词词组的主语-补语可逆性的语法规则进行区分，而极少数的语法"不规则"可以从语义角度加以处理。

3. 包容型识别式与归属式在语料库的分布

综上所述，包容型关系小句具有识别和描述两项主要功能，它既可用于建立参与者之间身份关系，还可以通过体现维度来描述参与者的特征。本书从 21.5 万个单词的旅游语篇语料库中识别出 6718 个关系小句，其中包容型小句为 3977 句，占 59.20%。这表明包容型小句在关系小句家族中的主导地位。而在包容型小句子类型中，从 83.30%：16.70% 的使用比例可以看出归属式小句在包容型子类型中的绝对优势地位，如表 5.7 所示。这表明旅游语篇中的包容型关系小句多用于描述事物的特征或属性，少数则用于识别事物的身份并建立事物间的身份关系。

表 5.7　包容型识别式与归属式在语料库的分布

关系类型	关系模式	句数（3977）	占比
包容型	归属式	3312	83.30%
	识别式	665	16.70%

（二）"是在"（being at）的过程——环境型关系小句

根据韩礼德（1985a，1994），包容型的识别/归属对立可以扩展至环境型和所有型关系小句。确切地说，这种区别适用于整个关系小句家族。

1. 环境型归属式

环境型关系小句的环境成分（circumstance）通常以介词短语或环境动词的形式出现，即通过介词短语或环境动词，环境型关系小句将环境成分（circumstance）体现为时间、地点、方式、原因、角色、伴随等因素。简而言之，环境型关系小句的过程"是在"（being at）通常识解为两种形式：①实义动词（大多是系动词）+介词短语，如"my story is about a poor shepherd boy"中的"is about"；②融合了环境因素的动词词组，如"my story concerns a poor shepherd boy"中的"concerns"（=is about）。

不同于包容型的属性，环境型小句的属性可以有确指的名词词组，例如 "Glenariff Park is <u>at the heart of the Glens of Antrim</u>" 和 "The Birmingham Civil Rights Institute is <u>across the street from the historic 16th Street Baptist Church</u>"。这种语法不规则可以从语义上进行分析，即以上两例中的介词短语可用于体现小句中主位/主语的环境属性。此外，根据韩礼德（2004：241）的观点，环境型小句的属性在旅游语篇里常用作主位/主语，如例 35：

[35] Across the street are the Lincoln-Herndon Law Offices.

此例中，下划线部分的介词短语可以看作是明确性与表示时空位置的结合，即把表示时空方位的介词短语放在句首充当小句的主位。这种有标记的环境型关系小句在旅游语篇中是一种很好的语法选择。此外，环境型小句的属性可以由确指和不确指的名词词组来体现。换言之，环境属性不仅由确指的名词词组体现，也可以识解为不确指的动词后名词词组，如例 36—37：

[36] It might seem like a psychedelic dream.

[37] Arlington, Virginia should be on the top of your U.S. holiday list.

2. 环境型识别式

环境型识别式小句中的环境成分常常被用来体现两个实体间的关系，具有时间、空间、方式等特征。这种关系可以有两种表达方式：①作为参与者的环境成分；②作为过程的环境成分（Halliday，2004：242—243）。

第一种方式是将环境成分视为参与者的一个特征，即时间、地点、方式等方面的特征，如例 38—41：

[38] The best time to visit is on September 2.

[39] This region is where visitors can find breathtaking views.

[40] The best way to see the Buffalo is by canoe.

[41] The best way to unwind is to visit a vibrant Arlington neighborhood.

例 38 中的所识和标识这两个参与者都表达时间关系，例 39 中的两个参与者表达空间关系，例 40 和例 41 中的两个参与者则表达行为方式。从以上所举例子可以看出，旅游语篇经常使用环境型识别小句来建构旅游景点的时空信息以及欣赏这些旅游景点的方式。

对于第二种方式，表达时间、空间或其他环境特征的不是参与者，而是由环境动词来体现的过程。也就是说，一些环境动词本身就可以将时间、空间、方式、比较、伴随等环境成分编码为所识和标识之间的关系（Halliday，2004：243），而且前后两个参与者在语态上可以逆向转换，即环境型动词可以以被动形式出现，如例 42—46 中的粗体部分所示：

[42] Footpaths, bicycle trails and kayak and canoe routes **criss-cross** the area.

[43] As on the South Rim, many short trails **lead to** various overlooks.

[44] Deep, finely textured soils **cover** the surrounding plateau.

[45] The Green Pavilion most closely **resembles** a room from Queen Charlotte's time at Frogmore.

[46] The National Building Museum **is housed** in the former home of the U.S. Pension Bureau.

例 42—44 中的环境动词 "criss-cross" "lead to" "cover" 将环境成分编码为空间（位置）关系，例 45 中的 "resembles" 对体现两个参与者的环境成分进行比较，例 46 中的动词则以被动形式表达环境成分的位置关系。

3. 环境型关系小句在语料库的分布

我们在旅游语篇语料库中识别出 6718 句关系小句，其中环境型小句为 1874 句，占关系小句总数的 27.90%。在环境型关系小句中，归属式与识别式的比例为 74.90%：25.10%，这表明相比较少使用的识别式，语料库里的环境型归属式小句被大量用于表达环境成分，也表明归属式在环境型关系小句中的主导地位，如表 5.8 所示：

表5.8 环境型归属式与识别式在语料库的分布

关系类型	关系模式	句数（1874）	占比
环境型	归属式	1404	74.90%
	识别式	470	25.10%

此外，经过语料库统计，环境型关系小句中，表达时间、空间、方式、原因、对比、物质、伴随等环境成分的语义分布如表5.9所示：

表5.9 环境型关系小句中环境成分在语料库的分布

语义	归属式 （1404/1874≈74.90%）	识别式 （470/1874≈25.10%）	小计
space （空间）	971（51.80%）	287（15.30%）	67.10%
time （时间）	109（5.80%）	92（4.90%）	10.70%
manner （方式）	105（5.60%）	67（3.60%）	9.20%
comparative （比较）	99（5.30%）	2（0.10%）	5.40%
accompaniment （伴随）	64（3.40%）	0（0%）	3.40%
matter （物质）	34（1.80%）	11（0.60%）	2.40%
cause （原因）	22（1.20%）	11（0.60%）	1.80%

环境型关系小句中前三项的语义分布呈现"空间＞时间＞方式"之势，其比例为67.10%∶10.70%∶9.20%，环境型关系小句中表达空间的环境成分对表达方式和时间的环境成分的巨大优势表明旅游语篇的首要任务是提供旅游景点的空间信息（即地理方位），其次是关于如何（方式）与何时（时间）观赏景点的信息。此外，表达空间的环境成分多出现在归属式，主要用于描写旅游景点的空间属性或特征。其他表达比较、伴随、物质、原因等的环境成分因使用频率过低而忽略不计，尤其是环境型识别式小句。

综上所述，将区分包容型归属式与识别式的限定词用作默认标记这种方法并不适用于环境型小句，因为仅凭补语的指称性质不足以用来区分环境型小句的归属和识别模式。韩礼德（2004：243-244）也承认环境型小句的两个关系模式之间的界限并不明确，因为介词短语能否用于体现一个类别或一个身份，其作用仍有待商榷。Laffut（2006：169）也指出，强调标识（Identifier）的确指性和属性（Attribute）的不确指性往往会模糊归属式关系小句和识别式关系小句之间的语义区别。有鉴于此，一种涵盖意象图式的符号学方法将在第二节第四点用于关系小句环境成分的语义分析。通过符号学方法，我们可以将环境成分之间的关系识解为参与者之间在时间、空间、题材等方面的邻近性（contiguity），以此增强关系及物性的语义解释力。

（三）"有"（having）的过程——所有型关系小句

根据韩礼德（1967a，1967b，1968）题为"英语及物性和主位的注释"的三篇论文，环境型与所有型小句都没有出现在关系小句的范畴里，直到 1985 年出版的《功能语法导论》，韩礼德（1985a）才结合归属式和识别式，将环境型、所有型以及最初的包容型组合成一个完整的关系小句家族。

对于所有型关系小句，韩礼德（1985a，1994，2004，2014）从作为参与者的拥有者（Possessor）与被拥有者（Possessee）之间的关系视角对其进行分析，将这两者之间的关系视为一种占有关系（ownership），即一个实体拥有另一个实体。此外，这种占有范式还包括微妙隐晦的占有关系，即除了狭义的"占有"，所有型范畴还应包括广义的拥有，比如人对身体部分的拥有、整体-部分关系、包含关系（inclusive relations），甚至是抽象的拥有，如例 47 所示。

[47] Alabama has a rich and dynamic musical history.

例 47 是一个所有型归属式小句，但它并非表达严格意义上的占有关系。相反，它表达的是 Alabama 对丰富而充满活力音乐史的抽象拥有。根据韩礼德（2004：245）的观点，归属式的占有关系可以识解为属性（attribute）或过程（process）——当占有关系识解为属性时，属性采用名词词组所有格形式（possessive nominal group），所有物变成载体，形成这样的结构：乙是甲的（"B is A's"）；当占有关系识解为过程时，出现两种可能性：①拥有者体现为载体而所有物体现为属性，结构为"甲拥有乙"（"A has B"）；②拥有者体现为属性而所有物体现为载体，结构为"乙属于甲"（"B belongs to A"）。

识别式小句的占有关系通常识解为参与者（如"The piano is Peter's"中的划线部分）或过程（如"Peter owns the piano"的谓语动词）。换言之，当占有关系识解为参与者特征时，参与者体现占有概念，即"The piano"充当标记，"Peter's"充当价值；当占有关系编码为过程时，这个过程通常由表示占有的典型动词"own"来体现，如"Peter owns the piano"中的"own"。

同样，将区分包容型归属式与识别式的限定词用作默认标记这种方法也不适用于所有型小句，因为以"乙是甲的"（"B is A's"）为结构的"The piano is Peter's"既可以是归属式（即"The piano"是"Peter's possessions"这一类别中的一分子），也可以是识别式（即"The piano"属于"Peter"）。具体而言，所有型识别小句中的两个名词词组之间的关系不是占有关系，而是符号关系，即关系过程不是"有"而是"是"；而所有型归属小句表达的占有关系则可以用实例化模式（instantiation model）来解释，即"The piano"充当"Peter's possessions"的一个实例。换言之，所有型小句中的补语表达总体，而主语则表达总体的一个实例。这表明用于解释包容型小句的实例化模式也可用于解释所有型小句（Davidse, 2000: 26）。因此，所有型小句"The piano is Peter's"无论是归属式还是识别式，其占有关系或意义都可以参照包容型小句来识解（Laffut, 2006: 177）。

除了使用动词 have、own、possess 和 belong to 表达的"真正的"占有关系外，所有型小句还表达如部分-整体关系（part-whole relations）的抽象占有关系。根据 Davidse（2000: 28）和 Laffut（2006: 174）的

观点，所有型小句还可以用 contain、include、involve 等所有格动词来描写拥有者和被拥有者之间的部分-整体关系，其中拥有者常充当整体，而被拥有者则用作部分。这种部分-整体关系可以体现为两个占有方向："部分到整体"（'part to whole'）和"整体到部分"（'whole to part'）。"部分到整体"所有型关系小句常使用 constitute、form、make up 等动词来表达部分与整体的关系，如例 48—49。

[48] The Covesea Skerries **form** a group of small islands.

[49] Together, they **make up** the world's largest geothermal system.

从语义上讲，以上两例中，充当主语的部分和充当宾语的整体构成了一个部分与整体关系。从语法上讲，动词前的标记（Token）和动词后的价值（Value）构成了一个动词前后等值的包容型识别小句。因此，以上两例可视为两个包容型识别小句，而不是所有型识别小句。换句话说，表达部分-整体关系的所有型识别小句在语法形态与语义功能上和包容型识别小句相差无几。

"整体到部分"方向常用 comprise、consist of、contain、include、involve、offer、provide、be composed of、be full of、be made up of 等动词或词组来表达整体与部分的关系，如例 50—53。

[50] The resort areas **comprise** 32 miles of beautiful white beaches.

[51] Each region **contains** its own unique peoples and customs.

[52] Options **include** motorboats, oar-powered boats and rafts.

[53] The Korean War Veterans Memorial **consists of** a circular Pool of Remembrance and sculptures of 19 infantrymen crossing a field.

从语法和语义上讲，以上四例中，动词前的主语（作整体）和动词后的宾语（作部分）构成一个整体-部分关系。从认知上讲，整体（whole）可以被隐喻地概念化为拥有者（Possessor），拥有者可以占有作为被拥有者（Possessee）的部分（part）。也就是说，所有型关系可以体现为整体与部分的关系形式，而且这种表达狭义占有关系的动词通过隐喻方式扩展为一组广义的所有格动词，如上面四例中 comprise、 contain、include 和 consist of。在旅游语篇中，所有型关系小句常常被用来表达旅游景点拥有的、能够为潜在游客提供的信息。

我们在旅游语篇语料库中识别出 6718 句关系小句，其中所有型小句为 867 句，占关系小句总数的 12.90%。在所有型关系小句中，归属式与识别式的比例为 97.70%∶2.30%，这表明归属式在所有型关系小句中的绝对优势地位，如表 5.10 所示：

表 5.10 所有型归属式与识别式在语料库的分布

关系类型	关系模式	句数（867）	占比
所有型	归属式	847	97.70%
	识别式	20	2.30%

此外，经过统计，在语料库 867 个所有型关系小句中，表达拥有者-被拥有者关系以及整体-部分关系的语义分布如表 5.11 所示：

表 5.11 所有型两种关系在语料库的语义分布

语义	归属式	识别式
整体-部分 （拥有者-被拥有者）	847（97.70%）	0（0%）
部分-整体 （被拥有者-拥有者）	0（0%）	20（2.30%）

如上表所示，97.70%所有型关系小句表达拥有者-被拥有者与整体-部分相对应的语义关系，只有 2.30%表达被拥有者-拥有者与部分-整体相对应的语义关系。换句话说，整体-部分与拥有者-被拥有者重合的所有型关系小句多为归属式，而部分-整体与被拥有者-拥有者重合的所有型关系小句多为识别式。

综上所述，所有型关系小句通常根据部分-整体模型来解析。首先，该模型由"部分到整体"和"整体到部分"两个方向组成，前者通常体现为所有型识别式小句，后者则主要识解为所有型归属式小句。其次，所有型归属小句在旅游语篇语料库的使用比例远远高于所有型识别小句，其中表达整体与部分而不是部分与整体关系的所有格动词主要用于展示旅游景点拥有的、能够为潜在游客提供的信息或服务。此外，体现所有型关系过程的动词不只有表达典型占有关系的 own、possess 和 belong to 等动词，还包括一组由这些典型占有动词通过隐喻方式扩展而来的实义动词，如在所有型关系小句中使用频率排名前三的 have、offer 和 provide。

（四）体现关系过程的动词词组复合体

如前所述，体现关系过程（relational process）动词词组可以组成一个动词词组复合体（verbal group complex）。根据马丁等人（2010：181）的观点，两个动词组可以组合起来以 "VG$_1$+VG$_2$" 为结构，表达并列关系（paratactic relation），如 "Fifty-two state parks preserve and interpret Arkansas's heritage and natural resources" 中的 preserve and interpret；而当第二个动词词组采用不定式时，两个动词组可以组合成 "VG$_1$ to VG$_2$" 结构表达从属关系（hypotactic relation），如 "Dolphin watching is sure to become your new favorite thing" 中的 "is sure to become"，"Mining and agriculture continue to form the state's economic backbone today" 中的 "continue to form"，以及 "The Grand Canyon has been referred to as one of the Seven Natural Wonders of the World" 中的 "has been referred to as"。

经过统计，体现关系过程的动词词组复合体在旅游语篇语料库中的语义分布如表 5.12 所示。

表 5.12　动词词组复合体在语料库的语义分布

动词词组复合体	归属式 （32/35≈91.40%）	识别式 （3/35≈8.60%）
paratactic （并列式）	2	0
Hypotactic （从属式）	30	3

我们在 6718 个关系小句中只找到 35 例动词词组复合体，仅占 0.52%，这表明旅游语篇很少使用动词词组复合体来表示关系过程。动词词组复合体无论是从属式还是并列式，91.40% 用于归属式关系小句，只有 8.60% 用于识别式关系小句。此外，只有 2 例动词词组复合体是并列式，且只用于归属式关系小句；其他 33 例都是从属式，其中 30 例用于归属式关系小句，另外 3 例用于识别式关系小句。从语义上讲，从属式的动词词组复合体比并列式的动词词组复合体及普通的动词词组表达更为复杂的逻辑语义关系。

总之，虽然由动词词组复合体体现关系过程的关系小句在语料库的所占比例非常小，但它们丰富了关系小句的过程语法，有助于关系小句过程的语义分析。

（五）关系小句及其高频动词的统计分析

本节主要从过程视角分析关系小句的及物性。基于此，本节对体现关系过程的高频动词进行统计分析。首先，统计语料库中关系小句的策略是：①识别出所有限定小句并进行计数；②在所有的限定小句中识别出关系小句并计算比例。统计结果如表 5.13 所示。

表 5.13　关系小句在语料库的分布

限定小句总数	11023
关系小句句数	6718
关系小句使用比例	61%

我们在语料库中识别出 11023 个限定小句，其中关系小句 6718，占比 61%。及物系统由六个过程类型组成，体现关系过程的小句的使用比例如此之高，表明用于描述旅游景点的特性和身份的关系小句在建构旅游语篇中的地位，也解释了为什么关系小句被视为旅游语篇中"最喜欢的小句类型"（favourite clause type）。

其次，对所有的关系小句的三型两式进行识别和统计，如表 5.14 所示。

表 5.14　关系类型和关系模式在语料库的分布

关系类型	句数	占比
包容型	3977	59.20%
环境型	1874	27.90%
所有型	867	12.90%

关系模式	句数	占比
归属式	5562	82.80%
识别式	1156	17.20%

　　在表 5.14 中，相比环境型（27.90%）和所有型（12.90%），占比 59.20%的包容型显示其在整个关系小句家族中优势地位；归属式和识别式的比例为 82.80%：17.20%，彰显归属式关系小句在构建旅游语篇中的重要作用。此外，关系小句家族中的三种类型和两种模式的分布呈现"包容型＞环境型＞所有型"和"归属＞识别"的趋势，表明包容型归属小句在旅游语篇建构中的主导地位。

　　最后，从经验意义视角对体现关系过程的动词进行识别，并从中统计出五大高频动词。统计高频动词的方法如下：①用 TreeTagger 程序对所有关系小句进行赋码；②先把作为助动词的 be 和 have 当作假例（spurious instance）找出来，再对真正体现关系过程的动词 be 和 have 进行统计；③用 Power Conc 提取词频表，再从词频表里提取五大高频动词，如表 5.15 和表 5.16 所示：

表 5.15　实义动词 be 和 have 的语料库分布

动词		计数	假例	真例
Be	is	3023	128	2895
	are	779	107	672
	was	504	115	389
	be	201	84	117
	been	95	28	67
	were	91	43	48
	am	4	0	4
			合计	4192
Have	have	249	115	134
	has	419	121	298
	had	82	30	52
			合计	484

表 5.16　关系小句五大高频动词的语料库分布

动词	数量	比例
be	4192	62.4%
have	484	7.2%
offer	376	5.6%
provide	148	2.2%
include	141	2.1%

在表 5.15 中，通过去掉作为助动词的假例，我们在 6718 个关系小句中统计出连接动词 be 和 have 的真实数据，分别为 4192 和 484。然后，根据词频表里所有动词的使用频率，我们统计出语料库中用于体现关系过程的五大高频动词：be、have、offer、provide 和 include，这五个高频动词的使用比例依次排列为 62.40%∶7.20%∶5.60%∶2.20%∶2.10%。

如表 5.16 所示，排名前两位的是 be 和 have，表明关系过程主要由 be 和 have 两个连接动词体现，即关系过程是"是""是在"和"有"的过程，其中用于表达"是"和"是在"过程的连接动词 be 的使用比例为 62.40%，远远高于其他四个动词，彰显其在构建包容型和环境型关系小句中的重要作用。其他四个动词的使用比例合计为 17.10%，主要用于构建表达整体-部分关系过程的所有型关系小句。因此，五个高频动词在语料库中的使用比例及分布情况表明，关系小句常以描述特性和识别身份的方式建构旅游信息——包容型小句用于描述旅游景点或与之相关的事件，环境型小句用于识解旅游景点的环境成分（包括空间、时间、方式等方面的环境关系），所有型小句则用于表达旅游景点拥有的资源。简而言之，这三种类型的关系小句常用于建构旅游景点信息，即旅游景点是什么、在哪里，以及这些旅游景点能够为潜在游客提供的信息或服务。此外，从出现时间及使用比例看，在这三种类型的关系小句中，包容型极具原型特质，因此，本书将在第六章从原型范畴理论视角探析关系小句的语义建构。

（六）小结

综上所述，关系小句的过程分析可作如下结论：韩礼德（1985a，1994，2004，2014）按"是""是在"和"有"三个过程将关系小句分为包容、环境和所有三个类型，每一个类型又分为归属和识别两种模式。首先，两种模式之间的区别是语法上的，即动词后的名词词组是否使用限定词来表示确指——归属式小句通常有两个不确指的名词词组，而识别式小句中的第二个名词词组通常是确指的。此外，由于关系小句中的过程是两个参与者之间高度概括的连接（highly generalized link），因此体现关系过程的大多是语义不突出、非动作性的连接动词，即关系小句的过程体现为静态及物性，反过来说，关系及物性的过程由连接动词体现。还有，关系及物性是一个由过程、参与者和环境成分组成的及物系统，其中过程和参与者构成关系小句的经验中心，因此，当关系过程不突出，不足以识解全部经验意义时，关系小句的语义功能就由参与者来体现（Halliday，2004：170，213-214）。

三、关系小句参与者的语义分析

如前所述，由于实现关系过程的动词通常是静态、非显著的，经验意义（experiential weight）主要由关系过程的两个参与者来识解。因此，如果不借助于关系小句中的参与者角色和充当参与者的环境成分，就不可能解释清楚静态的关系及物性，即关系小句的经验意义不是完全由过程来体现的，而是主要通过参与过程的参与者来体现。参与者在语法上可以被描述为主语/补语，在语义上可以被识解为载体/属性、所识/标识、拥有者/被拥有者，如例54—55对包容型小句中参与者的语法与语义描述，以及例56对所有型小句中参与者的语法与语义描述。

[54] The attractions are abundant and appealing.

The attractions	are	abundant and appealing.
主语		补语
载体	过程：包容型	属性
名词词组	动词词组	名词词组

[55] One of my favorites is the Mission District.

One of my favorites	is	the Mission District.
主语/标记		补语/价值
所识	过程：包容型	标识
名词词组	动词词组	名词词组

[56] Each plantation its own unique personality.

Each plantation	has	its own unique personality.
拥有者	过程：所有型	被拥有者
名词词组	动词词组	名词词组

从上面三例可以看出，关系小句中的语义负荷（semantic weight）落在由名词词组体现的参与者身上。因此，参与者也是体现关系及物性、识解经验意义的重要语法资源。关系小句的参与者主要体现为以"指示词+修饰语+事物"（Deictic ^ Epithet ^ Thing）为结构的名词词组，这样的词组可以携带大量与经验元功能有关的语义信息。

此外，关系小句中的参与者可以用嵌入式小句表示，也可以用分裂句式（cleft-construction）（即不定式和 that-cleft 分裂句）来表示外置参与者（extraposed participant），以此构成一个关系小句复合体（relational clause complex），如例 57 对外置参与者的语法与语义描述：

[57] It is a living culture undergoing a renaissance today.

It	is	a living culture	undergoing a renaissance today.
载体/主语	过程	属性	载体/外置参与者
名词词组	动词词组	名词词组	分裂句式
主位		述位	

在这样的关系小句复合体里，形式主语 it 指代放置在述位的参与者。从指称的语法角度看，it 是一个前指或下指（cataphora），用以指代作为后置语（postcedent）（即外置参与者）的分裂句式。也就是说，it 和分裂句式共享载体角色，即作为主语/载体的 it 用于唤醒和激发读者对外置参与者的期待（anticipation）。根据 Scheibman（2002：129-158）观点，语言使用者常常将他们的评价或观点投射到外部实体或事件上，然后赋予这些实体或事件属性和特征，即通过评价或观点的投射，语言使用者常常把自己看作一个远离情态责任的外置参与者，并以此表现客观现实。这种以外置参与者为评价对象（thing evaluated）并以 "it + is + Adj.G/NG + non-finite forms/that-clause" 为语法形式的关系小句复合体可以归入包容型归属小句范畴。根据统计，关系小句复合体在语料库的分布如表 5.17 所示：

表 5.17　关系小句复合体在语料库的分布

关系小句总数	6718
关系小句复合体	249
使用比例	3.70%

虽然关系小句复合体的使用比例不高，仅占 3.70%，但它在客观表征旅游目的地信息并以此建构旅游语篇中起着不可或缺的作用。

四、关系小句环境成分的语义分析

除了参与者，关系小句的经验意义也可由以介词短语为语法形式的环境成分来体现。介词短语常用于表达两个参与者之间的邻近性（proximity），即两个参与者在空间、时间、题材等方面存在邻近关系（contiguity），如例 58—59 所示。

[58] Ancient Moundville is near Tuscaloosa.

Ancient Moundville	is	near Tuscaloosa.
载体	过程：环境型	属性
名词词组	动词词组	介词短语

[59] The best time to visit is on September 2.

The best time to visit	is	on September 2.
所识/标记	过程：环境型	标识/价值
名词词组	动词词组	介词短语

除了介词短语，环境型关系小句中的环境成分还可以由名词词组、非限定形式和表语小句等词汇语法形式来体现，这些词汇语法形式常常用于识解空间、时间、方式等方面的环境关系，如表 5.18 所示。

表 5.18 体现环境成分的词汇语法形式

One of the best ways to enjoy these unique natural springs	is	a visit to Ichetucknee Springs State Park northwest of Gainesville.
The best way to unwind	is	to visit a vibrant Arlington neighborhood.
The Delta	is	where The Blues were born in Helena.
所识/标记	过程：环境型	标识/价值
名词词组	动词词组	名词词组/非限定形式/表语从句

以上各例中，表达空间、时间和方式的环境成分可以体现为介词短语、名词词组、非限定形式和表语从句，即体现环境成分的语法形式也可用于体现参与者。因此，从这方面讲，关系及物性中的参与者和环境成分可以体现为多种语法形式，通过对这些语法形式的分析，我们可以描述参与者和环境成分的语义特征，进而探析关系小句如何识解经验意义。

综上所述，韩礼德式及物系统将过程、参与者和环境成分视为三个语义范畴，用于解释人们对世界的经验是如何被识解为语言结构的（Halliday，2004：178）。但是一些语言学家认为这种解释不够充分，比如 Davidse（1992）认为对参与者和环境成分的语义分析应该得到符号学方法的补充，即运用符号学方法，我们可以从构式语法视角根据真正参与者的数量对识别/归属的区分进行解释，例如在"San Francisco is a city of countless options" 中，"San Francisco" 是真正参与者，"a city of countless options" 是假参与者；而 "Florida is the fishing capital of the world" 却有两个真正参与者。区分真假参与者的方法要看主语是载体还是所识（Carrier or Identified）——充当载体的参与者为真，作属性的参与者为假；充当所识和标识的参与者都为真。换句话说，归属式小句是一个单参与者构式，而识别小句是一个双参与者构式，即识别式小句有一个 "及物的"、能带两个参与者的 be（Halliday，1967a）。基于此，将语义方法与符号学方法结合起来，通过对关系过程、参与者和环境成分的及物性分析，可以充分解释关系小句如何体现经验意义。

五、关系小句的时和体分析

如前所述，关系小句通过及物系统识解经验意义，及物系统由过程体现，过程主要由动词体现，动词具有时间性（temporality），时间性指说话者在交际情境中对时间位置（temporal location）的分配，而动词的时间性主要由时态（tense）和体貌（aspect）来体现（Bache，1997：245-246；Hewson，2012），因此，关系小句的及物性分析应包含对谓语动词的时态和体貌的分析。

经验意义是指由小句时态系统体现的语义负荷（semantic weight），而时态与体现过程的动词词组密切相关。根据系统功能语法，时态是用于指示某个事件发生的时间位置的语法资源。确切地说，韩礼德（2004：62，178，335-337）将时态定义为表达概念意义的动词词组语法资源，一个由"过去""现在"和"将来"组成的三时态系统（tripartite system）。换言之，时态位于动词词组，而动词词组体现时态的方式既可以是单一选择，也可以是由"过去""现在"和"将来"递归生成的一系列选择，如表 5.19 所示。

表 5.19　三时态系统

类型	位置	系统	名称
process ↘ verbal group（过程↘动词词组）	referential time（指称性时间）	tense（时态）	past（did do）（过去时）present（does do）（现在时）future（will do）（将来时）

表 5.19 中，过程由动词词组体现，动词词组具有时间性，时间性由时态体现，时态系统由过去时、现在时和将来时组成。需要说明的是，表 5.19 没有将体现时间性的体和相涵盖其中。韩礼德（2004）在对英语限定时态动词词组的描述中没有赋予体（aspect）和相（phase）一个重要角色，因为他认为引入体和相会使三时态系统缩小为两个成员（"过去"和"现在"），这样就无法提供对限定时态动词词组的完整描述（Bache，2008：18-22）。有鉴于此，本书采用系统功能语法模型，不将体和相作为研究重点放在限定时态动词词组的范畴里进行分析。

限定小句的动词词组是操作词（verbal operator）和主时态（primary tense）的合二为一。操作词在语法上指具有限定命题功能的限定成分（finite element），限定成分用于限定命题的有效性并表达语气的情态价值（Halliday，2004：115-119）；主时态则指"时态系统中的指示成分"（Halliday & James，1993：36）。这种动词指示性（verbal deixis）包含情态指示性（modal deixis）和时间指示性（temporal deixis），即限定小句的动词词组可以同时体现情态（modality）和时态（tense）。

情态指示语（modal deixis）的有效性通常与说话人根据概率或义务（probability or obligation）所作的判断（judgement）有关，如"Virginia should be on the top of your U.S. holiday list"中的"should"，而时间指示语的有效性通常与说话的时间有关，如"The Pikes Peak region is a vacation and meetings destination"中的"is"。情态指示和时间指示都与正负极性的选择有关。因此，动词词组可以用来体现概念功能和人际功能。即动词词组的时态负责识解经验意义，而操作词（即语气系统中的限定成分）用于建构人际关系。因此，本节主要关注时态的时间指示语，将情态指示语放到本章第三节进行研究。

主时态的时间指示语从语义层面可分为话语时间（utterance time）和功能时间（function time）——话语时间也叫情境时间（situational time），功能时间则称为应用时间（application time）。因此，为了充分描述时态的语义，必须考虑作者选择特定时态的动机（Harder，1996：500）。由于话语时间与交际事件的情景语境有关，因此在书面语篇中，时间指示语通常是由现在时态来体现的应用时间（功能时间）。换句话说，在建构旅游语篇时，限定小句的现在时态常被用于描述旅游景点及与之相关的活动或事件。

现在时态往往被视为无标记时态，也是表达关系过程的首选。一方面，由于操作词和主时态是小句中动词词组的两个元素，因此体现关系过程的两个动词 be 和 have 可以被视为这两个元素的结合体，即动词 be 和 have 将操作词和时态合为一体，比如"Arizona is rich in exciting travel adventures"中的"is"同时体现"是"的关系过程和现在时态。另一方面，正如巴赫（Bache，2008：110，179）所指出的那样，现在时态通常用于对主体进行非动作和非进行或完成体的描述，以及对当前状态的实时描述。从这个意义上说，通过非进行时态体现的关系过程可用于识解非动作的静态现状，因此关系小句多用一般现在时态表达关系过程。

关系过程被视为非动态的、静态的表达式，其中静态性被描述为–ACTIONAL，这是关系小句的无标记特征，即由关系过程体现的关系及物性是非动作、静态的及物性。韩礼德（2004：197，226，254）认为，物质小句可用现在时进行体（一个比较窄的时间段）来识解，而关系小句通常用一般现在时（表示静态、非动作的关系或现状）来表达经常发生的事。即当关系小句指涉事物的属性或状态时，体现关系过程的动词词组大多使用一般现在时态，这个时态被视为关系小句的无标记时态。

　　根据系统功能语法模型，复合时态常常体现为主时态的重复选择（repeated choices），即这三个时态系统是递归的。换言之，过去时、现在时和将来时这三个时态可以进行重复选择，例如进行体"was singing"的主时态是过去时，次时态是现在时；完成体"have been"的主时态是现在时，次时态是过去时；而更为复杂的"was going to have been taking"体现了四重选择"present in past in future in past"，即第一至第四时态分别是"过去→将来→过去→现在"（Bache，2008：9）。此外，鉴于非进行体用于非动作过程，这意味着进行体不适用于表达静态及物性的关系小句。因此，除了现在时，关系过程还可以体现为过去时、将来时及其与完成体组成的多重选择，如表 5.20 所示：

表 5.20　关系过程的时态系统

时态名称	例子
（simple）past（一般过去时）	was、were
（simple）present（一般现在时）	is、are
（present）future（一般将来时）	will be
past future（过去将来时）	would be
present perfect（past in present）（现在完成时）	have been、has been
past perfect（past in past）（过去完成时）	had been
future in present（一般将来时）	is going to be
future in past（过去将来时）	was going to be

　　系统功能语法模型将体现过程的英语时态系统视为一个经验范畴，即一种通过时间定位方式来识解经验意义的语法资源。表 5.20 中，关系过程的现在时指现在时间，过去时指过去时间，将来时指将来时间。但是在"future in present"（如 is going to be）这样的复杂时态中，"现在"是情境时间，即说话的时间，"将来"表示功能（应用）时间。在另一个涉及现在的现在时完成体（如 have been）中，"现在"是主要时态，表示话语时间，"过去"为第二时态，表示应用时间，意为"现在的过去"（past in present），即这个发生在过去的过程已经完成，而

且主时态和次时态常常形成一种倒序（Bache，2008：9-19）。而在过去时完成体（如 had been）这样的时态复合体中，主要时态和第二时态都是过去时，是"过去的过去"（past in past），表明一个远离现在的时间，因此，这种远离现在的时态很少用于以一般现在时为无标记时态的关系小句。此外，像"past future"和"future in past"这样远离现在的过去将来时也很少使用于关系小句。

以上是对体现关系过程的时态系统的一个概述，这个概述并不全面，需要根据语料库统计数据再做进一步分析。此外，虽然进行体不适用于表达静态过程的关系小句，但也有一些个例使用进行体表达关系过程，如"things aren't looking so rosy these days"和"it is becoming better known to tourists"中的下划线部分。因此，对关系小句时态的分析应包含进行体和完成体，即先从 6718 个关系小句中识别出过去、现在和将来三个主时态，再识别出这三个主时态的进行体和完成体，三时两体排列组合就形成了本书要识别并统计的十种时态类型，分别是一般现在时、现在完成时、现在进行时、一般过去时、过去完成时、过去进行时、一般将来时、过去将来时、将来完成时和将来进行时。经过统计，关系小句的时和体在语料库的分布如表 5.21 所示：

表 5.21　关系小句时和体在语料库的分布

时和体		句数	占比	句数	占比
现在时	一般现在时	4895	72.86%	5224	77.76%
	现在完成时	289	4.30%		
	现在进行时	40	0.60%		
过去时	一般过去时	1364	20.30%	1387	20.64%
	过去完成时	21	0.31%		
	过去进行时	2	0.03%		
将来时	一般将来时	98	1.46%	107	1.60%
	过去将来时	9	0.14%		
	将来完成时	0	0%		
	将来进行时	0	0%		

　　如表 5.21 所示，语料库中关系小句的时态分布呈现出"现在时＞过去时＞将来时"的趋势，表明现在时在三时态系统中的主导地位，其使用比例高达 77.76%，远远超过其他两种时态。现在时大量使用与旅游语篇和关系小句的语义功能有关。首先，现在时态主要用于对主语/参与者非进行体的表达，尤其是对非动作过程指示性的实时描述，这非常适用于旅游语篇中旨在表征非动作性静态现状的关系小句。这是现在时态大量用于关系小句的重要原因。其次，一般现在时通常用于表征"永恒真理"（eternal truths）（Bache，2008：92）。即在旅游语篇中，一般现在时常常被用来对旅游目的地进行事实陈述（factual statements），如"Alabama <u>has</u> a rich and dynamic musical history"这个使用一般现在时的关系小句就表征了"阿拉巴马州有着丰富而充满活力的音乐历史"的事实。此外，与使用比例为 72.86% 的一般现在时相比，现在完成时（现在时完成体）和现在进行时（现在时进行体）在语料库的使用比例都比较低，分别为 4.30% 和 0.60%。在旅游语篇中，现在完成时用于描述从过去开始一直持续到现在或对现在依然重要的状态（Conrad & Biber，2009：7）；现在进行时则主要用于表示正在进行的动作或正在发生的事，因此不太适用于表示状态和感觉的连接动词，而且现在进行时的话语时间和功能时间是重叠的，因而也不适用于注重功能时间（应用时间）的旅游语篇。总体而言，关系小句常用现在时来描述主语/参与者的非动作性静态特征或属性。

　　表 5.21 中，排名第二的过去时在语料库的使用比例比现在时要低得多，仅占 20.64%。其中一般过去时常用于对过去发生的事情进行事实陈述。不过，关系小句中的一般过去时主要用于表示开始或发生在过去但现在已经结束的状态或情况（Conrad & Biber，2009：1），即对现在关联性不大或不太重要，例如"The once prosperous trading centre <u>played</u> a valiant, behind-the-scenes role in the American Revolution"这个使用一般过去时的关系小句表明那个曾经繁荣一时、在美国革命中扮演幕后英雄角色的交易中心如今已不复存在，即对现在已不重要。表

示"过去的过去"的过去时完成体很少使用于语料库，只出现 21 例，仅占 0.31%，表明旅游语篇的关系小句很少使用过去完成时态。和强调过去与当前交流时刻有关的一般过去时相比，过去完成时体现了一个过去的事情与过去某个时间点有关的过程，其基本的语义功能是引导读者先回顾一个前过程，再回顾另一个前过程（Bache，2008：130，142，193）。此外，表示过去某时正在进行的动作或正在发生的事情的过去进行时极少使用于语料库，仅出现两例，使用比例仅为 0.03%，表明过去进行时极不适用于构建旅游语篇的关系小句。

至于将来时，1.60%的使用比例说明旅游语篇对表示未来会发生的事情不太感兴趣。其中一般将来时（will＋infinitive）用于指涉一个与当前交流时刻有关的未来事件，如"The tour operator will provide interesting facts along the way"这个使用一般将来时的关系小句表明了与当前话语时间有关的未来事件——旅行社将沿途提供有趣的事情。与一般将来时相反，过去将来时（would＋infinitive）用于指涉一个与过去交流时刻有关的未来事件，其 0.14%的使用比例表明旅游语篇中的关系小句极少使用过去将来时来描述过去某时将要发生的事情。不过，封丹（2013：117）认为将来时（包括一般将来时和过去将来时）不是真正意义上的时态，因为将来时没有词汇的屈折变化（inflectional morphology）来指称未来可能性，所以我们把表示将来时的 will 和 would 当作一种情态放在本章第三节再做进一步探讨。此外，将来完成时和将来进行时在语料库的使用比例为零，表明将来时和完成体与进行体很少结合使用于旅游语篇中的关系小句。最后，现在进行时、过去进行时和将来进行时的使用比例是 0.60%：0.03%：0%，如此低的比例表明进行体确实不适用于表达静态及物性的关系小句。

总之，时态系统被视为动词词组层级的概念资源，而体现关系过程的动词词组的时态主要是现在时。作为一种无标记时态，现在时常用于呈现主体（语）的非动作性静态特征，以及对旅游语篇中具有指示性的关系过程的实时描述。

六、小结

本节对比分析了传统及物性与韩礼德式及物性，发现传统及物性只关注过程的局限性，而韩礼德式及物性超越谓词和论元，将过程、参与者和环境成分包含在一个及物系统里，因此更适用于关系小句的及物性分析。关系及物性指小句中的参与者相互联系的过程，这个关系过程不只有动作，还包含参与者和环境成分。换言之，关系及物性（relational transitivity）将分别由动词词组、名词词组和介词短语体现的过程、参与者和环境成分三个要素涵盖其中。

基于此，本节运用语义与符号学方法，从过程、参与者和环境成分三个要素以及时和体等方面展开及物性分析，探究在构建旅游语篇中发挥重要作用的关系小句如何识解经验意义。经过细致认真的语料统计与分析，本节有如下主要发现：①关系小句按"是""是在"和"有"三个过程分为包容、环境和所有三个关系类型，每一个类型又分为归属和识别两种关系模式。其中包容型（59.20%）和归属式（82.80%）分别以相当高的使用比例占据整个关系小句家族的主导地位；②在体现关系过程的五个高频动词中，排名前两位的是 be 和 have，表明关系过程主要由 be 和 have 两个连接动词体现；③关系小句中的过程是两个参与者之间高度概括的连接，即体现关系过程的大多是语义不突出、非动作性的连接动词，因此，关系小句的语义功能通常由参与者来体现；④关系小句的时体分析结果表明，比起过去时（20.64%）和将来时（1.60%），现在时（包含完成体和进行体）以高达 77.76%的使用比例成为旅游语篇中关系小句的无标记时态。这种时态适用于表达静态及物性的关系小句，多用于实时描述旅游景点的非动作性静态属性或特征。

第三节　关系小句的人际意义分析

语言的人际功能是指说话人参与言语交流的功能。韩礼德（1970b）在其开创性的文章"从英语的情态和语气看语言功能的多样性"（Functional diversity in language as seen from a consideration of modality and mood in English）中提出了语言的人际功能概念，并将其定义为说话人在言语交流中介入话语、表明立场和扮演角色的功能。除了语气和情态，人际功能概念还包含了一系列广泛的语言现象，如呼唤语、指示语、态度词、唤起说话人交际角色的连接词，以及韵律和语调（Halliday & Hasan，1976：240）。

这种对人际功能的概括，无论是在小句语法研究，还是在语篇研究和语言变化研究方面，都对系统功能语言学产生重大影响。在小句层面，功能方法从概念意义和人际意义之间的差异视角来解析语气和情态的作用。在语篇层面，我们可以采用结合人际程序性的功能方法来研究语篇的衔接和连贯，即说话人在磋商话语意义的过程中要考虑到听话人的知识状态（Davidse & Vandenbergen，2008：3-4）。鉴于本书的研究对象是关系小句，因此关系小句的人际意义分析主要关注小句而非语篇层面的词汇语法。

巴特勒（Butler，1996：158-159）将韩礼德（1970b）的人际功能要素分为互动功能（涉及话语角色）、情态功能（涉及认知情态）和情感功能（涉及情感态度的表达），并接受韩礼德（1978）用于识别人元功能的两个标准（two criteria）：一是上层的语境变量（语旨），另一个是下层的词汇语法（lexicogrammar），如图 5.2 所示：

因此，关系小句的人际功能可以从上层的语旨（即语境基调）和下层的词汇语法（包括小句层面的语气、情态和极性，以及词汇层面的评价）两个层面进行分析。

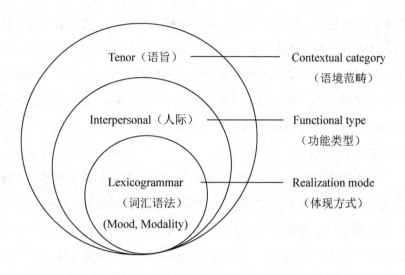

图 5.2　人际元功能的识别标准

一、上层的语旨分析

由韩礼德和他的同事在 20 世纪 60 年代发展起来的语境范畴（语场、语旨和语式）如今已经融入系统功能模型。这些语境变量决定了在特定语境类型中用于创建语篇的意义范围，比如，角色关系（语旨）通常决定语言参与或介入的人际意义范围（Halliday，1978：117）。可以说，话语基调影响语篇对语气和情态的选择，反过来说，特定类型人际意义的选择取决于话语基调。参与者根据话语基调分为个人和机构①两种角色关系，这两种角色关系涉及熟悉程度和权威地位等维度，而这些维度又导致不同的正式或非正式程度。因此，个人语旨和机构语旨构成语境范畴，并决定语篇的人际意义范围。

个人语旨和人际意义的关系体现于语气和情态，以及由语调传达

---

① 维基百科（Wekipedia，2023）将机构定义为人类设计的、用于塑造和约束个人行为的规则和准则结构，即一种支配特定社区成员行为模式的社会秩序运行机制。在本书中，旅游语篇的机构主要是美英澳国家旅游官方网站，旅游评论网站《猫途鹰》（*TripAdvisor*），旅游杂志《孤独星球》（*Lonely Planet*），以及高端旅游杂志《悦游》（*The Conde Nast Traveler Book of Unforgettable Journeys*）。

出来的态度意义。例如，说话人可以根据其与听话人的关系使用不同的表述方式于特定的言语行为。具体而言，与社交距离较小的参与者相比，因地位差异及缺乏熟悉度而导致社交距离较远的参与者可能会选择更多的情态（例如避免正面回答的模糊动词 wonder，情态动词 could，情态附加语 always 等）作为其断言的限定条件，甚至会使用更多语调来表达试探。

巴特勒（1996：159-161）认为语旨（话语基调）影响语篇中人际意义的选择，反过来，人际意义类型的选择取决于语旨，即语旨与人际意义类型相互影响。语旨体现为个人角色关系和机构角色关系。个人角色关系指个人语旨，机构角色关系则相当于功能语旨或机构语旨——这两种与社会距离和权威地位有关的语旨通常决定语篇建构的人际意义范围。一般来说，语旨是指话语参与者之间的角色关系。不过，某些类型的人际意义，如语气、情态和态度意义，往往会随着个人语旨的变化而变化，即不同语篇类型的作者可能会使用不同类型的语气和情态与读者建立关系。

然而，当作者为官方旅游网站等机构（为特定目的而成立的组织）工作时，个人语旨将转变为机构语旨，即个人语旨服务于机构语旨。换言之，机构语旨有时候可以看作是披着机构外衣的个人语旨。总之，机构语旨常常控制人际意义的范围，而人际意义反过来影响语篇中语气和情态的选择，如下例：

[58] Alabama is also famous for its role in the struggle for equality between black and white Americans. Montgomery is where Rosa Parks challenged segregation by refusing to give up her seat on a bus to a white man and where the Rev. Martin Luther King, Jr., came to preach. The Birmingham Civil Rights Institute is across the street from the historic 16th Street Baptist Church. Both King's church in Montgomery and the 16th Street Baptist Church in Birmingham have been nominated as world heritage sites.

例 58 摘自美国旅游官网《发现美国》（*Discover America*），是一个使用多个关系小句的小段落，也是对旅游目的地阿拉巴马（Alabama）

进行的一个使用评价词汇的主观描述。从内容方面看，其机构或功能语旨是信息性的（informative），这反映在语篇中的语气选用。该例中的大多数小句都是体现关系过程的陈述语气，其语义功能是描述旅游目的地，即对旅游目的地的性质、身份和方位等方面做介绍。以主-谓一致（主语+限定成分）为结构的陈述语气具有以下功能：①描述看到、听到或感觉到的事物，如"Montgomery is where Rosa Parks challenged segregation by refusing to give up her seat on a bus to a white man"；②传递信息，如"The Birmingham Civil Rights Institute is across the street from the historic 16th Street Baptist Church"；③表达个人观点或看法，如"Alabama is also famous for its role in the struggle for equality between black and white Americans"；④提供证据，如"Both King's church in Montgomery and the 16th Street Baptist Church in Birmingham have been nominated as world heritage sites"。因此，从这个例子可以推断，旅游语篇的机构语旨是信息性的，信息的提供主要由陈述语气体现，而这种由陈述语气体现的人际意义可以由被视为"提供最多信息量的主要小句类型"（the most informative of the primary clause types）的关系小句来体现（Halliday，1985：124）。

因此，个人语旨和机构语旨构成了一个影响语气选择的语境变量。可以说，机构或功能语旨决定了人际意义的范围，例如，用于建构语篇的语气和情态。不过，格雷戈里（Gregory，1988：315）否认功能语旨的范畴，因为功能语旨没有明确对应的体现形式。马丁（Martin，1992：495-501）也认为，决定人际意义的是语类（描写、叙事、说明和论文）而不是语旨。换言之，我们应从上层的语类和语域视角识解语篇的人际意义。

语类与语域和语场、语旨与语式等语境变量有关，而这语境变量三要素又分别对应概念意义、人际意义和语篇意义。也就是说，每个语境变量都可以看作是相应元功能在语境的投射（Martin，1992：494）。作为一个在话语各阶段反复出现，包含语场、语旨与语式配置的系统，语域"强烈地影响着人际意义"（Martin，1984）。同样，德加塔诺和泰希（Degaetano-Ortlieb & Teich，2014）也研究语域在评价语言的多样性，并通过系统功能语言学模型的语域理论探索评价表达（例如立场、态度和评价）的情景语境。总之，上层的语旨影响着下层人际功能的词汇语法表达。

二、下层的词汇语法分析

从图 5.2 中可以看出，除了上层的语旨，关系小句的人际功能还可以从下层的词汇语法去识解，而作为人际功能体现模式（realizational mode）的词汇语法层通常包含语气、情态、极性和态度词。韩礼德（1967a：199）将及物性、语气系统和主位结构视为英语小句的三个句法选择项，它们分别体现命题内容、言语角色和信息组织三大方面的意义。这些在语义层面上的功能要素都可以用词汇语法来体现。比如在关系小句中，人际功能主要体现为语气、情态和极性，以及态度词。前者与命题意义有关，后者则聚焦小句的评价意义。

如前所述，由关系小句体现的命题意义具有指代性，因此可以对特定情境做出真值判断。戴维塞和万登伯根（Davidse & Vandenbergen，2008：15）以及博伊（Boye，2012：278-279）都将命题视为一种独特的指称意义单位或认知表达，其中认知情态常常用于表达说话人对命题真值的评估，进而构建说话人与受众的关系。莱科夫（Lakoff，1987：285）认为，我们的大部分知识都是以命题的形式存在的，每个命题都由论元（argument）和将论元组在一起的谓词（predicate）组成。命题的整体结构具有部分-整体图式特征，其中命题相当于整体，谓词和论元则是构成命题的部分。换言之，命题的结构可以根据部分-整体图式来解析，即在这个图式中，命题就是包含作为部分的论元和谓词在内的整体，而论元之间的语义关系可以根据连接图式（Link schema）来描述。根据系统功能语言学（Halliday，2004；Matthiessen *et al.*，2010），语气系统里由操作词体现的限定成分具有限定命题的功能，而体现词汇化人际意义的情态常用于对命题的情态进行评估，其中极性被视为评估命题有效性的重要语法资源。总之，关系小句对命题意义的语法体现与语气、情态和极性有关，而态度词以及由其构成的局部语法则用于分析关系小句的评价意义。

（一）关系小句的语气分析

语气是一种推进论元前行的小句人际功能（Matthiessen *et al.*，2010：146）。根据系统功能语法（Halliday，1985，1994，2004，2014），语气包括主语（由名词词组指定）和限定语（由表达时态或情态的部分动词词组表示），以及情态附加语（modal adjunct）。这些成分（主语和限定语）结合在一起形成了用于体现英语小句人际意义的语气。对于关系小句来说，语气系统的主语在归属式小句里充当载体，在识别式小句中充当被识别者。作为小句语气结构中的人际要素，由名词词组指代的主语在命题中具有较重的语义负荷。作为肯定或否定命题的起点，主语对命题或提议的有效性负责（Halliday，2004：59，119）。也就是说，当说话人选择一个成分作小句的主语时，该成分就被赋予说话者对由小句体现的命题或提议的有效性的情态责任。例如，在"John is eager to please"和"John is easy to please"这两个关系小句中，从语义结构看，只有第一句的"John"对主观评价的有效性负责，因为第二句的"John"是小句中"to please"的客体（对象）而非主体。

此外，根据韩礼德（2004：223）的观点，当归属小句的属性识解为客观性质（objective property）时，被赋予属性的载体（主语）必须是一个指代事实的元事物（metathing）或宏事物（macrothing），如"It is very convenient that the town of Kemah is only 35 miles away"中的"it"，以及指代事实的 that、this 等。在"It + link verb + adjective group + finite or non-finite clause"等关系小句复合体中，"it"既是指代其后续限定或非限定小句的主语，也是评价的载体（被评价事物）。在这种情况下，命题意义被包装为由第三人称"it"指代的事实，而形容词词组则表达这个事实的属性。也就是说，为了避免情态责任，说话者或作者常常采用第三人称"it"使自己远离情态责任，即通过降低自己在话语中的参与度，把自己的观点或态度掩饰为客观现象，从而对交际事件表现出明确的客观评价（Halliday，2004：629-630；Thompson，2004：232-233）。

根据巴特勒（Butler，1996：163-164）的观点，语气的人际选择通常用于表征命题内容，因为大多数英语限定小句中的语气常常表现为"主语+限定成分"结构中两个语法成分的排序。因此，语气选择被认为是语法上的，即语法将命题识解为一个关系小句，其人际功能由语气来识解，而语气又以"（主语）名词词组+（谓语）动词词组"的形式体现主语-限定成分的一致性。关系小句的语气分析如表 5.22 所示：

表 5.22　关系小句的语气分析

Nebraska	has	wonders	in every direction.
Subject	**Finite + Predicator**	**Complement**	**Adjunct**
主语	限定成分+谓语	补语	附加语

上面的关系小句是限定的，因为谓语"has"具有指示性（deictic）。限定小句的动词词组体现的指示性既可以指示情态，也可以指示时间，即指示与命题有效性有关的言语情境中的某个参照点——情态指示语（包括 can、can、may、will 等情态动词）的有效性与说话人根据或然（probability）或义务（obligation）所做的判断有关，而时间指示语的有效性往往根据时态时间（过去、现在或将来）来确定；时间指示语还包括将时态和操作词合为一体的时间助动词（temporal operator）"be"和"have"（Halliday & James，1993：40-41），如例 59—60 所示：

[59] The state was a centre of military activity during the Civil War.

[60] Almost all the restaurants have outside seating.

除了时间助动词，时间指示语还包括归属动词（如 appear、become、keep、remain、seem）和识别动词（如 constitute、define、indicate、represent、show）的主要时态。从这个意义上说，主时态系统也可以视为语气系统的一部分，即通过主时态系统的指示功能，作者或说话者可以指示读者或听者将表达过程的谓项（predication）转化为命题。换句话说，这个谓述过程常用于表征一种根据现实做出评价的事态（Bache，2008：84，136）。

　　总之，两个语法成分（主语和限定成分）的排放顺序决定了小句的语气类型——陈述句体现为"主语-限定成分"顺序（主语在前），疑问句体现为"主语-限定成分"倒置（限定成分在前），祈使句的主语为空，而感叹句体现为：①what-名词词组+主-谓一致；②how-形容词词组+主-谓一致（Andersen，2017：36，117）。基于此，语气类型的调查策略就是识别并统计出使用陈述、祈使、疑问和感叹四种语气的关系小句。因此，语料库中关系小句语气类型的统计如表 5.23 所示：

表 5.23　关系小句语气类型在语料库的分布

语气类型	句数	占比
陈述	6641	98.86%
祈使	33	0.49%
疑问	28	0.41%
感叹	16	0.24%

　　如表 5.23 所示，98.86%的使用比例彰显陈述语气在语气系统中的绝对主导地位，也表明几乎所有的关系小句都将陈述语气识解为一种重要的人际功能。陈述语气的典型功能是陈述或声明一个事实或观点。也就是说，陈述句常常将一个陈述或声明体现为一个命题，其有效性与由小句谓词表征的限定成分有关。从表 5.23 中可以看出，旅游官网或杂志以及旅行游记的作者喜欢用由陈述式关系小句体现的命题形式来呈现旅游信息，进而建构旅游语篇。比起陈述句，其他三个语气类型更具有语言的社会属性，即更有助于建立或维系社会关系以及个人在特定语境中社会角色或地位。但是，这三个语气类型在语料库的分布合起来仅占 1.14%，非常小的比例，表明祈使语气、疑问语气和感叹语气较少使用于旅游语篇中的关系小句。其中，旅游语篇中关系小

句的祈使语气多用于给出善意推荐，而非用于命令、禁止和劝阻，如 "Be sure to go to the waterfall garden"；旅游语篇中的 28 个疑问句似乎没有体现疑问句的典型功能——提出问题和询问情况，相反，它们大多是读者不需要答复的修辞问句，如 "Are you ready for an island getaway?"；而旅游语篇中用于关系小句的感叹语气主要用于表达对旅游景点的赞美，而不仅仅是兴奋，如 "What an incredible experience this was!"。

总而言之，语气是限定小句体现人际意义的主要系统，在这个系统中，限定成分体现了限定命题的功能，表达了与小句的时态或情态有关的语气价值（Halliday，2004：113；Matthiessen *et al.*，2010：98）。

（二）关系小句的情态分析

关系小句中的情态和极性是作者/说话者对命题的有效性进行评估的两个重要人际资源，其中情态被马丁（2000：142-143）、韩礼德（2004：143-147）和迈西森（2010：141-144）等人视为肯定与否定两极之间的中间程度或状态，即情态是作者/说话者协商两极之间语义区域的语言资源。换言之，情态可以根据概率（probability）和频率（usuality）、义务（obligation）和倾向（inclination）对命题和提议进行分级，其中，概率（或然性）和频率（经常情）用于命题的情态化，而义务和倾向用于提议的意态化（Thompson，2004：67），如图 5.3 所示：

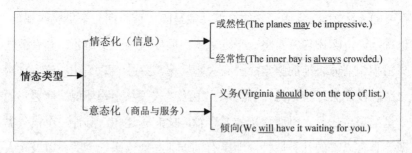

图 5.3 情态类型

根据汤普森（2004：67）的观点，当我们交流信息时，话语被视为一个命题，命题的情态以概率或频率形式表示信息的有效性；当交换商品和服务时，话语则被视为一种提议，提议的情态指的是受话者履行命令的义务程度，以及说话者履行要约的倾向或意愿程度。一般来说，情态系统的特点就是表示或然性、经常性、义务、倾向或能力，涉及高值、中值或低值，用于表示命题或提议的期间值（Matthiessen *et al.*，2010：98）。

如前所述，关系小句就其命题意义而言，本质上是信息性的，命题的情态通过概率和频率而不是义务和倾向来表达，因为义务和倾向主要用在交换商品和服务时对提议的有效性做出的判断。换句话说，情态化（概率和频率）在关系小句的情态系统中通常占主导地位，因为在命题范围内，通过陈述语气体现的陈述句是无标记的，而由疑问语气体现的疑问句主要用在交换商品和服务时的提议中，很少用于表达命题意义的关系小句之中。总之，情态动词（如 can、may、must、need、should、will、would 等）与体现或然性和经常性的情态附加语（modal adjunct）共同构成了关系小句中情态选择的全貌。此外，作为作者/说话者对命题有效性态度的表达（Thompson，2004：232），情态词（情态动词和情态附加语）可以出现在小句中的不同位置，如例61—62 所示：

[61] An Idaho itinerary **can** look **quite** different.

[62] Illinois **will always** be the Land of Lincoln.

以上两例中，命题内容是通过作者对或然性（"can"和"will"）和经常性（"quite"和"always"）的评估来传递的。从这方面讲，情态可以被视为围绕命题构建作者/说话者态度的一种人际关系氛围（Thompson，2014：110）。

在此之前，韩礼德（1970：335）将情态定义为一种参与形式，说话者以话语参与形式通过表明自己的判断来采取立场，而拜比和弗莱什曼（Bybee & Fleischman，1995：4），以及汤普森（2004：68）将情态视为一种人际手段，用于构建作者/说话者对命题的态度。本书接受这两种观点——情态既是一种参与形式，也是一种评估命题有效性的人际手段。从这方面意义讲，旅游语篇中的情态大致属于认知情态的范畴，其功能是表达作者/说话者对涉及知识和信仰的命题真值在某种程度上的评价。

根据谢伯曼（Scheibman，2002：57）和汤普森（2004：232）的观点，情态可以识解为情态动词和由状语体现的情态附加语。情态动词和情态附加语通常用于表达作者/说话者对命题真值的评估。基于此，本书采用的研究情态动词和情态附加语的策略是：①识别和统计所有表达命题和提议的关系小句；②识别和统计出使用情态动词和情态附加语的关系小句；③将情态动词标记为"MV"，将情态附加语标记为"MA"；④统计出使用情态动词和情态附加语的关系小句在语料库中的占比。

需要说明的是，由于表达等级性和或然性的情态附加语主要由状语体现，其可以出现在小句中的不同位置，这使得识别并对它们做标记是一件很难的事。在这种情况下，一个关系小句中无论有多少情态附加语，它们都只算一个，这样做的目的是调查有多少个关系小句在使用情态附加语。此外，表征极性的副词"not"也不能算作情态附加语。这样一来，表达命题和提议的关系小句，以及关系小句中情态动词和情态附加语在语料库中的分布如表 5.24 和表 5.25 所示：

表 5.24　命题型和提议型在语料库的使用比例

情态类型	句数	占比
命题型	6644	98.90%
提议型	74	1.10%

表 5.25　情态动词和情态附加语在语料库的使用比例

情态	句数	占比（1）	占比（2）
情态动词	369	5.50%	25.30%
情态附加语	1330	19.80%	

在言语交流中，关系小句可视为一个命题或提议，而情态指说话

者根据概率/频率以及义务/倾向对命题或提议的有效性做出的判断。如表 5.24 所示，我们在语料库中统计出 6644 个表达命题的关系小句和 74 个表达提议的关系小句,命题型和提议型的使用比例为98.90%：1.10%,表明绝大多数关系小句用于表达命题意义。在此基础上，本书统计出 1699 个使用情态的关系小句，使用比例为 25.30%，即旅游语篇语料库中，基本上每四个关系小句就有一句使用情态。此外，情态动词与情态附加语的使用比例为 5.50%：19.80%，表明情态附加语比情态动词更多使用于旅游语篇，原因在于情态附加语（包括语气附加语和评论附加语）比较灵活，可以出现在小句的不同位置，而情态动词必须与实义动词 be 和 have 连用，位置相对固定。总之，情态附加语因其位置灵活、类型多样，占用了小句的大部分情态资源。经统计，旅游语篇中关系小句的情态动词在语料库的分布及认知型与道义型的使用比例如表 5.26 和表 5.27 所示：

表 5.26　关系小句情态动词的在语料库的分布

情态动词	句数（369）	占比（5.50%）
can	141	2.10%
will	100	1.50%
may	44	0.65%
might	26	0.40%
would	16	0.24%
could	16	0.24%
have to	16	0.24%
need	5	0.08%
should	5	0.08%

表 5.27　认知情态动词和道义情态动词的比例

情态动词	句数（369）	占比
认知型	343	93%
道义型	26	7%

如前所言，情态可以由表示或然性（又称为认知情态）和义务（也称为道义情态）的情态动词来体现（Thompson，2004：232；Halliday，2004：618），即情态动词可用于表达认知和道义（Aikhenvald，2004：394）。因此，表5.26中的各类情态动词可以分为表5.27所示的认知和道义两种情态类型。基于此，根据以上两表，我们可做如下分析：①情态动词中使用比例最高的是can，有141个关系小句使用情态动词can，使用比例为2.10%。第二是will，使用比例为1.50%，第三是may，使用比例为0.65%。旅游语篇中的can、may、might和could常用于表示某事发生的可能性，即由关系小句体现的命题的可能性，如"Australia's plants <u>can</u> be irresistibly fascinating""This <u>may</u> be the only warm-weather vacation spot where tourists pray for a storm""The table next to you <u>might</u> be full of Capitol Hill bigwigs"和"You <u>could</u> easily get lost in this maze of channels"。此外，虽然情态动词will和would多用于表示主语的意愿或倾向，但是，当主语指称无生命对象时，will和would在旅游语篇中主要用于表达未来或过去的可能性，如"Illinois <u>will</u> always be the Land of Lincoln"和"Van Diemen's Land <u>would</u> become a convenient pit stop en route to New South Wales"；②旅游语篇中的have to、need和should等情态动词用于表示必要性，即作为关系小句主语的义务，如"You have to stay away from some lethal animals such as snakes, spiders, sharks, crocodiles and jellyfish""Travellers <u>need</u>n't be alarmed"和"Arlington, Virginia <u>should</u> be on the top of your U.S. holiday list"，不过这类情态动词在语料库中并不多见，说明这类表达义务的情态动词不太适用于旅游语篇；③认知情态动词和道义情态动词的分布极不平衡，在旅游语篇中的比例为93%：7%，这表明尽管情态动词有多种类型，但在旅游语篇的关系小句中，认知情态是最常用的。即与道义型情态动词相比，认知型情态动词在旅游语篇中的使用频率更高，其主要目的是向读者呈现与命题可能性意义有关的旅游信息，而不是告诉读者关于提议必要性意义的义务。换言之，关系小句中情态动词类型的选择取决于话语基调，即机构或功能语旨。总而言之，在旅游语篇中，表达作者/说话者对命题的认知情态通常由 can、will、may、might、would 和 could 来体现，而表达义务和许可的道义情态往往由 have to、need 和 should 来体现。

（三）关系小句的极性分析

语言学中的极性是指与肯定和否定有关的语法范畴，即作为一组对立的语法范畴，肯定和否定构成小句的极性系统，如以下三例所示：

a. John is here already. （肯定）

b. John might be here already. （情态）

c. John is not here already. （否定）

以上三例中，例 a 表达命题的肯定性，例 b 表达命题的情态，例 c 表达命题的否定性。情态已在上一小节做出分析，在此不再赘述。但是，从"肯定→情态→否定"的变化可以看出，肯定和否定是语言的重要组成部分，其中肯定或正极性是被否定排斥的表达式，即否定的存在就是肯定的缺失，因此人们普遍认为肯定是没有标记的基本形式，否定因肯定而生，因而否定是有标记范畴。换句话说，无标记的肯定形式在语篇中的使用比例远远高于有标记的否定形式。有鉴于此，本小节的极性分析主要关注小句的否定性。

从原则上讲，小句的语法否定具有将命题转化为逻辑否定的作用。这种转化是通过用"事实并非如此"（something is not the case）的断言来代替"事实确实如此"（something is the case）的断言来实现的。根据苗兴伟（2011）的观点，否定式在断言表达人际意义的同时，还具有疏导信息流的语篇功能。否定结构预设肯定命题的存在，通过否定上文的某些信息，向受话者/读者传达对肯定命题的修正期待，进而形成"否认→修正"的语篇模式。换言之，在语篇信息流的推进过程中，否定结构常用于疏导和修正信息，并对信息流做出调整，保证信息流的畅通。迈西森等人（2010：23，161）则认为，极性既是一种分配小句正负值的人际系统，也是评估命题有效性的一种资源。在极性

系统里,"否定"(negative)选项是有标记的,反映在以下三方面:
①"否定"选项有体现标志(realizational marker),而"肯定"(positive)
选项没有;②"否定"选项比"肯定"较少使用于或然性;③在疑问
语气里,"否定"比"肯定"表达更多的人际意义。

否定极性可以和语气系统的限定成分一起使用,例如情态操作词
"can't"就表达了包含情态责任和情态判断在内的人际意义,甚至还可
以表达能力(ability)的经验意义(Bache,2008:70)。根据迈西森等
人(2010:161)的观点,否定极性可以用在语气系统里,特别是与限
定成分一起使用,如例63,也可以用在主语里,如例64。

[63] A trip to Alaska would **not** be complete without a flightseeing excursion.

[64] **Not** all of Washington's museums are part of the Smithsonian.

当然,否定极性还可以表达为非语气附加语,比如否定副词
(never),否定代词(none、nothing)和否定形容词(impossible、
unforgettable),如例65—68所示:

[65] You are **never** far from a double-shot, day or night.

[66] For hundreds of millions of years they've been **nothing** but nubs.

[67] A final completion date is **impossible** to predict.

[68] A boat trip out to the reef from Cairns or Port Douglas is **unforgettable**.

对于语料库中关系小句的极性分析,本书采用以下策略:①识别
和统计所有关系小句;②识别和统计出使用极性的关系小句;③识别
和统计出由语气附加语和非语气附加语体现的否定极性,如表5.28所
示;④从所有的限定性关系小句中减去否定关系小句,剩下的标为肯
定句;⑤统计出关系小句中否定句与肯定句的比例,如表5.29所示。

表 5.28　否定关系小句中语气附加语和非语气附加语在语料库的分布

否定类型	句数	占比
语气附加语	281	97.20%
非语气附加语	8	2.80%

表 5.29　关系小句中否定极性和肯定极性在语料库的分布

语域	极性	句数	占比
旅游语篇	肯定	6429	95.70%
	否定	289	4.30%

　　如前所述，极性（"是"/"不是"）是评估命题有效性的重要人际资源。因此，以上关于关系小句极性的两个表格可做如下解释：①关系小句中的否定极性主要由语气附加语（如 not、no）体现，这些语气附加语与限定成分或主语一起出现，或者作为单独的语气附加语。不过，有少数非语气附加语也可以体现关系小句的否定极性，例如和主语一起出现的否定代词（如 none、nothing），否定副词（如 never）以及和表语一起出现的否定形容词（如 impossible、unknown）。但是，非语气附加语的使用率极低，仅占 2.80%，表明否定代词和形容词很少用于旅游语篇中的关系小句；②表 5.29 中肯定极性和否定极性的分布极不平衡，95.70%：4.30% 的比例彰显了肯定极性在旅游语篇语料库中的主导地位，也表明旅游语篇更喜欢提供旅游景点的正面信息，这符合官方旅游网站的机构语旨。反过来说，机构语旨影响人际意义系统的极性选择；③在关系小句的范围内，极性被视为评估小句可论证价值（即命题的有效性）的语法资源。

　　此外，在极性系统中，"否定"选项是有标记的，而且否定极性的标记可以用各种否定形式来表现，如表 5.30 所示：

表 5.30　关系小句中否定词在语料库的分布

否定词	句数（289）	占比
not	199	68.80%
no	39	13.40%
never	33	11.50%
nothing	6	2.10%
hardly	6	2.10%
neither/nor	6	2.10%

据表 5.30 所示，not 和 no 是否定极性的主要形式，其他否定形式极少使用于旅游语篇中的关系小句。值得一提的是，作为语气附加语的副词 not 在旅游语篇中关系小句的否定极性系统中的使用比例最高，占 68.80%，它可以将小句中的极性表现为语气附加语，也可以和动词词组的限定成分一起出现。

（四）关系小句评价意义的词法分析

正如本小节标题所示，关系小句的评价意义可以由词汇来体现。即评价意义的词法分析可以在评价理论中找到依据。包含在情态评估系统中的评价理论被视为通过态度的设定来评估情态意义的人际资源（Martin & Rose，2003：22；Matthiessen *et al.*，2010：55）。由于以往态度主要是以副词或介词短语的形式来表达情态，因此本书关于评价意义的词汇体现将聚焦关系小句中的形容词或形容词词组。评价可以用词汇形式来体现是因为体现评价的词项可以出现在小句中的任何位置。然而，体现评价意义的词项往往是小句中的情态附加语和归属小句中充当属性的名词词组中的态度修饰语，归属小句也因此被视为"建构评价的一个重要语法策略"（Halliday，2004：224）。

评价理论的核心是态度系统。态度（attitude）是评价理论的三个子系统之一，另两个子系统是介入（engagement）和级差（graduation）。介入涉及说话者在评估过程中与受话者的参与度，级差则是用于调整说话者在言语交流中的参与度的一项重要措施（Martin & White，2005：34-37；Matthiessen *et al.*，2010：59，88）。因此，当我们讨论某个特定语域（如旅游语篇）中的关系小句时，这两个方面的评价可以放在一边，只关注关系小句中的态度形容词。

态度子系统又分为三个小系统：情感（affect）、判断（judgement）和鉴赏（appreciation）。情感（识解感情的资源）通常被认为是感情的评价母体（evaluation matrix），判断（对行为进行伦理判断的资源）将行为提议中的感情体制化，鉴赏（从美学角度评价客体的资源）将关于事物命题语境里的感情体制化——它们是态度系统里三个系统相连的小系统。总之，情感是体制化感情的核心，它与判断和鉴赏的关系如图 5.4 所示（Martin & White，2005：45）：

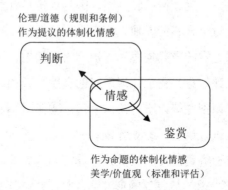

图 5.4 作为体制化情感的判断与鉴赏

旅游语篇中三个态度类型之间的关系可以通过表 5.31 例示来解释说明：

表 5.31 关系小句表征的态度类型与例子

态度类型	例子
情感	It was a **joy-filled** day playing golf and feeling the nice sea breeze.
判断	**Planning it all ahead of time is essential.**
鉴赏	The beauty that surrounds the resorts and spas is **breath-taking**.

表 5.31 中，"joy-filled"表达了参与者/情绪者（emoter）对打高尔夫球和吹海风这样的事件充满欢乐的感情；"essential"（至关重要）表达了作者/说话者从社会约束（social sanction）的妥当（propriety）视角对提前做计划这样的行为做出的判断；"breath-taking"（令人叹为观止）则表达了作者/说话者对事物（度假村和水疗中心周围的美景）做出的鉴赏。总体而言，情感的源头是有意识的参与者，有意识参与者的行为是判断的对象，而鉴赏的对象则是事物，即作者/说话者对事物的价值做出的评估。

由于鉴赏是对事物的评估，即对命题中的感情的再加工，而关系小句又常用于表征命题，因此我们可以预测，旅游语篇中的关系小句对鉴赏有强烈偏好，远超情感和判断，因为评价是针对事物（如旅游目的地）而不是对个人感情或他人行为进行的评估。换句话说，旅游语篇的主旨是以鉴赏的方式描述和评价旅游目的地。

对于被视为评价意义词汇体现形式的态度形容词，其调研策略包含以下步骤：①识别并统计所有关系小句；②使用 TreeTagger 将所有关系小句的词汇进行赋码；③使用 PowerConc 对所有词汇进行分类统计；④统计所有形容词的使用次数并计算它们的比例；⑤统计那些表达"情感""判断"和"欣赏"的形容词，并计算这三类形容词的使用比例。基于此，关系小句中形容词的使用比例（见表 5.32）以及三类态度形容词的使用比例（见表 5.33）可统计如下：

表 5.32　关系小句中形容词在语料库的使用比例

语域	总词数	形容词数	占比
旅游语篇	56854	4832	8.50%

表 5.33　关系小句中态度形容词在语料库的分布

态度类型	次数	占比
情感	63	1.30%
判断	217	4.50%
鉴赏	4551	94.20%

需要说明的是，不是所有的形容词都具有评价意义，例如一些表示事物构成性质的形容词（如 irregular、short、symmetrical）单独出现的时候；但当这些形容词出现在由限定小句体现的命题中时，它们无疑会具有某种评价意义，通常是鉴赏意义（Martin & White, 2005：56）。从表 5.32 中可以看出，语料库中关系小句的形容词使用比例仅为 8.50%，这表明在旅游语篇这个语域中，用于关系小句的形容词并不太

多，即旅游语篇中的关系小句较少使用态度形容词来表达评价意义。从表 5.33 中可以看出，三类态度形容词的使用比例呈现"情感＜判断＜欣赏"之势，表明占比高达 94.20%的鉴赏类形容词是旅游语篇中使用频率最高的一种态度词。此外，旅游语篇中所使用的鉴赏类形容词主要用来评估旅游目的地的"反应"（reaction）、"构成"（composition）和"价值"（valuation），这符合旅游语篇的机构或功能语旨，即从审美视角对旅游目的地进行主观描述。

总之，情感是感情的评价矩阵或母体，而判断和欣赏都是体制化的感情——判断将感情体制化为关于行为的提议，而鉴赏将感情体制化为关于事物的命题（Martin，2000：142-175）。因此，鉴赏类形容词的高比例使用表明旅游语篇中的关系小句表征的不是提议，而是命题。而且，通过识解评价意义，我们构建了对现实（如旅游目的地）的态度，从而表明了具有评价意义的形容词在旅游语篇建构中的关键作用。

（五）关系小句评价意义的局部语法分析

以上是从词汇层面讨论态度形容词在建构旅游语篇中的作用。本节把形容词放在局部语法层面对关系小句的评价功能做补充分析。

被定位在语篇语义学层面上的人际系统里的评价理论被视为系统功能语言学总体理论框架内的一种研究方法，可以用来分析和研究语言的评价功能（Martin & White，2005：33）。总体而言，语气、情态和评价理论构成了人际功能的总体语法。然而，这种总体语法并不适合某些高度特定的领域，例如评价。评价没有自己的语法，只能从词汇方面进行探索，而且总体语法常常将评价视为一种寄生现象，即评价寄生于其他语法资源（Hunston & Sinclair，2000：74）。

为了分析关系小句的评价意义，亨斯顿和辛克莱尔（2000：74-83）通过设计了一些非常具体的类别，如"被评价事物""合叶"和"评价范畴"等以组建一套模式，进而创建一种适用于评价的局部语法。以"People here are <u>outdoorsy</u>, <u>active</u> and <u>cheerful</u>"为例，通过使用形容词，一个实体（即载体）被赋予评价性质（即属性）——载体是"被评价事物"，属性是"评价范畴"，连接动词"is"就是"合叶"，而具有主观价值意义的形容词 outdoorsy、active、cheerful 则用来表示评价。换句话说，这些形容词很容易识别——当形容词被用于评价一个实体时，我们很容易明确地指出使用形容词的句型。换言之，我们可以根据形容词在小句中的不同位置建立一种用于分析关系小句评价意义的局部语法。

需要说明的是，不是所有关系小句都使用评价性形容词。此外，形容词可以出现在小句中的不同位置，如例 69—70 所示：

[69] The seat of American government is a **beautiful** city.

[70] The national parks of Utah are **amazing** to see.

例 69 中，形容词"beautiful"出现在名词前，它和后面的名词构成一个名词词组；例 70 中，"amazing"前跟连接动词，后接不定式。

可以看出，形容词通常出现在定语位置（名词之前）或表语位置（连接动词之后）。对于第一种情况，形容词和名词之间的密切关系表达的是一种内在品质。对于连接动词后面的形容词，其评价表示的是一种外在品质，常用作一种判断。这就是为什么当一个名词前有多个修饰语时，评价性形容词总是排在其他形容词之前，即评价形容词通常出现在定语或表语位置。根据形容词通常出现的位置，结合"被评价事物""合叶"和"评价范畴"等术语，Hunston 和 Sinclair（2000：84-92）提出了一个由六种评价句型组成的评价局部语法，其中四种可用于识解关系小句的评价意义。

句型一：It + Link Verb + Adjective Group + Clause

此句型以先行词"it"为主语，后接一个连接动词，一个形容词词组，以及一个限定或非限定小句。此句型看上去语法成分很多，但实际上只包含两部分："评价范畴"（对应于属性，由形容词词组体现）和"被评价事物"（由形容词词组后边的小句体现）。因此，该句型可做如下解析。

表 5.34　句型一的解析

	Hinge （合叶）	Evaluative category （评价范畴）	Thing evaluated （被评价事物）
it	连接动词	形容词词组	限定/非限定小句
It	is	very convenient	that the town of Kemah is only 35 miles away.
It	is	easy	to understand the allure and power of the brand.

在某种程度上，被评价事物类似于外置参与者，后者往往体现为限定或非限定小句。因此，结合对包含外置参与者的关系小句复合体的统计与分析，可以做出如下结论：虽然使用比例仅为 3.70%，但该句型在客观表征旅游目的地信息并以此建构旅游语篇中起着至关重要的作用。

句型二：Subject+Link Verb+AG/NG with Adj.+ to-Infinitive Clause

在这个句型中，名词主语后接一个连接动词，该动词后接一个形容词词组或一个带形容词的名词词组，再接一个不定式小句。其中，作主语的名词词组体现为"被评价事物"，形容词词组或带形容词的名词词组充当"评价范畴"，不定式小句则用于限定评价（Hunston & Sinclair，2000：87），即评价的方式或制约因素。这个句型可用以下表格里的两个例子来解析。

表 5.35　句型二的解析

被评价事物 名词词组	合叶 连接动词	评价范畴 形容词词组/ 含形容词的名词词组	评价的限定 不定式小句
A final date	is	impossible	to predict.
Boston's Esplanade	is	the perfect way	to enjoy the city's main waterway.

句型二的统计分析可采取以下策略：识别并统计所有关系小句，并在该集合中识别并统计出评价范畴由纯形容词词组（AG）和含形容

词的名词词组（NG with Adj.）体现的关系小句。基于此，语料库中使用句型二的关系小句的分布如表 5.36 所示：

表 5.36　句型二在语料库的使用比例

	（177/6718≈2.64%）	
评价范畴	句数	占比
形容词词组	41	0.62%
含形容词的名词词组	136	2.02%

经统计，评价范畴由形容词词组和含形容词的名词词组体现的关系小句只有 177 个，使用比例不高，仅占 2.64%。此外，语料库中2.02%：0.62%的偏态分布表明含形容词的名词词组比纯形容词词组更多用于评价范畴，这也说明旅游语篇更喜欢用含形容词的名词词组将旅游景点体现为评价范畴，即告诉游客旅游景点是什么样的，以及游览这些景点的方式等，如"The resorts are great places to stay"中的"great places"。

句型三：Pseudo-Cleft + Link Verb + Clause /AG / NG with Adj.

在这个句型中，关系小句依次由一个假分裂句（作载体）、一个连接动词和一个小句/形容词词组/含评价形容词的名词词组（作属性）组成。其中假分裂句又分为两种结构：①what+连接动词+形容词词组；②what+主-谓顺序（Hunston & Sinclair，2000：89）。基于此，句型三可作如下解析：

表 5.37　句型三的解析

合叶 what+连接动词	评价范畴 形容词词组	合叶 连接动词	被评价事物 小句/含形容词的名词词组
What is	unusual here	is	that there is no menu.
What was	right in front of my eyes	was	a gorgeous panoramic view of the vivid green of the golf courses in beautiful contrast to the Pacific Ocean.

what	被评价事物 名词词组	合叶 动词词组	合叶 连接动词	评价范畴 形容词词组/含形容词的名词词组
What	those signals	are	is	unknown.

基于此，经统计，关系小句的句型三在语料库的分布如表 5.38 所示：

表 5.38　句型三在语料库的使用比例

假分裂句	（27/6718≈0.40%）	
	句数	占比
What + 表语	22	0.33%
What + 主-谓	5	0.07%

如表 5.38 统计所示，关系小句的这种句型在语料库的使用比例仅为 0.40%，说明这种句型很少用于表达评价意义，也表明局部语法在分析关系小句评价意义的重要性和特殊性。此外，0.33%：0.07%的比例表明，比起"What+主-谓"分裂句，旅游语篇更喜欢用"What+ 表语"分裂句来表达评价意义，如"What's unusual here is that there is no menu"中的"What's unusual here"，以及"What was right in front of my eyes was a gorgeous panoramic view of the vivid green of the golf courses in beautiful contrast to the Pacific Ocean"中的"What was right in front of my eyes"。

句型四：Patterns with General Nouns（使用总体名词的句型）

句型四是分析关系小句评价意义的一种特殊句型。在这类句型中，形容词常常被用于修饰一个总体名词（如 point、thing、way）。即修饰形容词和总体名词组成一个名词词组，这个名词词组就是句型四的核心要素。以"Deictic＾Epithet＾Thing"（指示词+修饰语+事物）为结构的名词词组后接一个连接动词，再接另一个名词词组或限定或非限定小句。此外，第一个名词词组可后接一个 about 开头的介词短语（用作评价语境）或一个用作评价方式或评价条件的不定式小句

（Hunston & Sinclair，2000：91）。基于此，使用总体名词的句型四可作如下解析：

表 5.39　句型四的解析

（1）

评价范畴 **形容词+总体名词**	评价语境 **about +名词词组**	合叶 **连接动词**	被评价事物 **小句/形容词词组/名词词组**
The wonderful thing	about Oregon's outdoors	is	that you'll never be able to do it all in one lifetime.

（2）

评价范畴 **形容词+总体名词**	评价方式 **不定式**	合叶 **连接动词**	被评价事物 **小句/形容词词组/名词词组**
The best way	to unwind	is	to visit a vibrant Arlington neighborhood.

如上所示，使用总体名词的句型分为两个小类型。这两个类型的不同之处在于：前者用 about 介词短语表示评价语境，后者用不定式充当评价方式。在第一个类型中，about 介词短语用于表示含有形容词修饰语的总体名词"The wonderful thing"的价值存在的语境。在第二个类型中，不定式"to unwind"用于表示含有形容词修饰语的总体名词"The best way"的价值存在方式。此外，当被评价事物由非限定小句（例如 to-不定式小句或-ing 小句）体现时，这个使用总体名词的句型通常可以视为一个环境型关系小句，其作用是表达参与者的环境特征：方式（即做事情的方式）。因此，"The best way to unwind is to visit a vibrant Arlington neighborhood"是一个环境型关系小句，可译为"最好的放松方式是参观充满活力的阿灵顿社区"。

基于此，经统计，关系小句的句型四在语料库的分布如表 5.40 所示：

表 5.40　句型四在语料库的使用比例

	（65/6718≈0.97%）	
评价制约因素	句数	占比
评价方式	56	0.83%
评价语境	9	0.14%

如表 5.40 所示，关系小句的这类句型在语料库中只有 65 例，其使用比例仅为 0.97%，说明旅游语篇较少使用这类句型来表达评价意义。此外，语料库中 0.83%∶0.14%的偏态分布表明，评价方式（manner）比评价语境（context）更多用作评价制约因素，这说明旅游语篇更倾向于将评价制约因素体现为方式，即游览旅游目的地的方式。

综上所述，上述四类评价句型是 Hunston 和 Sinclair（2000）基于形容词结合"被评价事物""合叶"和"评价范畴"等术语创建的一套用于识解关系小句评价意义的局部语法。虽然这四类评价句型在语料库中的使用比例很小，但这正说明关系小句中一些带有形容词的特殊句式需要根据评价的局部语法进行分析。根据 Hunston 和 Sinclair（2000）的观点，通过这些旨在评价说话者或将评价归因于说话者的句型，我们可以识别评价句型中的形容词，即这些含有形容词的评价句型（评价的局部语法）可作为评价理论的补充用于关系小句的研究。此外，通过解析一系列评价句型，我们可以很容易地将参与角色识别为"被评价事物"和"评价范畴"，通过这些角色我们可以将语法和词汇与语篇语义功能联系起来。因此，这种评价的局部语法可以为基于语料库的关系小句分析提供语法理论支持。此外，评价的局部语法和总体语法的结合使用，使关系小句的人际意义分析更为全面而准确。

三、小结

本节主要从上层的语旨和下层的词汇语法两个视角分析旅游语篇语料库中关系小句的人际意义。

上层的语旨影响语篇中人际意义的选择，人际意义的选择取决于语旨。语旨决定语篇建构的人际意义范围，而人际意义的类型（如语气、情态和评价）随着语旨的变化而变化，即不同语篇类型的作者可能会使用不同类型的语气与情态和读者建立关系。

下层的词汇语法是人际功能体现模式。换言之，关系小句的人际功能主要由语气、情态和极性，以及态度词和评价句型来体现。经统计，98.86%的关系小句将陈述语气识解为一种重要的人际功能。至于情态，我们在语料库中统计出 6644 个表达命题的关系小句，再从中统计出 1699 个使用情态的关系小句，使用比例为 25.30%，其中情态动词与情态附加语的使用比例为 5.50%∶19.80%，表明情态附加语比情态动词更多使用于旅游语篇。此外，在使用情态动词的 369 个关系小句中，93%的情态动词是认知型，7%为道义型，这表明认知型情态动词在旅游语篇中更多用于呈现与命题可能性意义有关的旅游信息。在关系小句的极性分析中，95.70%的使用比例彰显了肯定极性在旅游语篇语料库中的主导地位，也表明旅游语篇更喜欢提供关于旅游目的地的正面信息。

关于关系小句评价意义的词法分析，我们从语料库中统计出情感、判断、欣赏三类态度形容词的使用比例，其中鉴赏类形容词在旅游语篇语料库中使用比例最高，高达 94.20%，这类形容词主要用于评估旅游目的地的价值，因而常常被作者从审美视角对旅游目的地进行主观描述。

最后，基于形容词组建的评价句型可视为对评价意义的词法分析的补充，而由评价句型组成的局部语法和涵盖语气与情态的总体语法的结合使用可以使关系小句的人际意义分析更为全面而准确。

第四节　关系小句的语篇功能分析

起源于系统功能语言学的元功能被认为是所有语言的一种特性，

即系统功能语言学的定位是功能和语义，而不是形式和句法。元功能是系统集群，即由三个相互关联的语义系统组成的意义集群。由于这三大元功能通常被映射到小句的结构上，元功能理论常常被系统功能语言学家用来分析小句。语篇元功能是韩礼德（1994：89）在其系统功能语言学理论中提出的语言三大元功能之一。这种元功能与语篇中语言的组织和结构有关。即语篇功能涉及作者/说话者如何使用语言来构建语篇，并将信息有效、连贯地传达给读者/受话者。换句话说，与话语方式有关的语篇功能关注语篇的内部组织和交际性质，通过语篇功能，语言可用于"创造一个符号世界：一个平行宇宙，或一个虚拟现实"（Halliday，2003：276）。

小句是一组包含主语和谓语的单词，在语篇中常用作句法和语义单位。小句的语篇功能主要体现为小句在语篇中的组织和连接方式，以及由此而产生的衔接和连贯。关系小句分为三种类型：以"x is a"为形式的包容型，以"x is at a"为形式的环境型，以及以"x has a"为形式的所有型。每种类型都有两种不同的模式：归属式和识别式。这三种类型与两种模式相结合，构成了关系小句的六个类别。

关系小句在信息的建立和传达方面起着至关重要的作用。本节将从关系小句的主位-述位结构和已知-新信息结构来分析关系小句的语篇功能，即通过探索这些不同的关系类型和关系模式，分析关系小句在旅游语篇建构中的重要作用。

一、主位结构分析

主位（Theme）和述位（Rheme）这对概念最早是由布拉格学派创始人之一的马西修斯（Mathesius, 1928）提出来的。这对概念主要用于研究句子成分在语言交际过程中的作用。位于句首的主位充当论述的起点，通常表示已知信息；句子中除主位之外的其他成分称为述位，一般表示新信息。布拉格学派是结构主义语言学的主要流派之一，虽然该学派主张将语言的结构与功能结合起来研究，但是由其首倡的主位结构还是带有明显的结构主义色彩。韩礼德（1970a；1985a：38-39）沿用主位和述位这一对术语，将其贴上功能标签并放置在语篇功能的范畴进行描写。根据语篇功能，小句可以组织为一个信息结构，即除了及物性和语气结构，小句还具有作为信息的结构——主位结构（thematic structure）。

根据韩礼德（1970a；1985a：38-39）的观点，英语小句由一个主位和一个述位组成。其中主位是信息的出发点，是小句的第一个成分，是信息的主体，也是说话者的"心理主语"，用于定位和定向语境中的小句。信息的其余部分则称为述位，即主题的发展部分。

（一）主位+述位

主位-述位结构是指小句的信息组织结构。其中主位表征给定或已知信息，述位则表达新的信息。述位用于发展主位表征的已知信息，尤其是在关系小句里，述位常用于描述主位的特性。因此，根据主位-述位结构来分析关系小句有助于我们识别句子中的主题或焦点，并了解关系小句的信息是如何开展的。为了说明主位-述位结构，我们以下面短文为例，解析该语篇中所有关系小句的主位和述位。

[71] The city is a bustling metropolis, teeming with life. It is at the intersection of culture and commerce. The city has a rich history, with ancient ruins scattered throughout. The magnificent architecture is a testament to its grandeur. The city houses a diverse population, with people from all over the world. It is a melting pot of cultures, each contributing to its vibrant atmosphere.

在这个语篇中，关系小句在建立和发展"the city"这个主位方面起着至关重要的作用。该语篇包含 6 个关系小句，每一个关系小句都可以根据主位-述位结构进行分析，如表 5.41 所示：

表 5.41 关系小句的主位–述位结构

①	The city	is a bustling metropolis, teeming with life.
②	It	is at the intersection of culture and commerce.
③	The city	has a rich history, with ancient ruins scattered throughout.
④	The magnificent architecture	is a testament to its grandeur.
⑤	The city	houses a diverse population, with people from all over the world.
⑥	It	is a melting pot of cultures, each contributing to its vibrant atmosphere.
	Theme	**Rheme**

表 5.41 中，①③⑤直接使用"the city"作主位，②⑥换成"It"指代"the city"，中间的④虽然做了变换，但却是与主位"the city"有关的"The magnificent architecture"（宏伟建筑）。在该语篇中，主位"the city"是信息的出发点，也是作者/说话者的心理主语。右边栏的述位则为左边栏的主位提供更多关于"the city"的信息。

具体而言：①是一个包容型关系小句，当小句的主位（the city）确定之后，述位提供关于这个城市的信息，通过归属方式将"the city"描写为"a bustling metropolis teeming with life"；②是一个环境型关系小句，通过提供关于主位的位置信息，将"the city"定位在"the intersection of culture and commerce"，述位进一步发展"the city"这个主位；③是一个所有型关系小句，此句重新聚焦"the city"主位，通过提供关于主位的历史信息，述位将主位描写为一个拥有丰富历史、到处是古代遗迹的城市；④是一个包容型关系小句，此句的主位由"the city"转为"The magnificent architecture"，述位则强调建筑的重要性，以证明这座城市的宏伟；⑤和③一样都是所有型关系小句，此句再次聚焦"the city"主位，通过提供关于这座城市的人口信息，述位将主位描写为一座人口多样、文化多元的城市；⑥是一个包容型关系小句，此句用代词"it"再次聚焦"the city"主位，述位则通过介绍每种文化如何为城市充满活力的氛围做出贡献，进一步扩展了城市是文化熔炉的概念。此句与第一句"这座城市是一座充满生机的繁华大都市"形成首尾呼应。以上 6 个主位前后一致，6 个述位也不断地引入新的信息。总之，这 6 个主位和 6 个述位共同作用就构成了一个描写旅游目的地的完整语篇。

（二）主位的分类

小句的功能之一是传递信息，而主位是信息的出发点，小句信息就是按这个主位展开的。鉴于主位在小句中的重要性，韩礼德（1985a）在第一版《功能语法导论》中区分了单项主位、多项主位和句项主位。其中单项主位（simple theme）通常只体现一种元功能，主要体现为词组或短语及其复合体（group complex or phrase complex），如例 72—74 所示。以下各例中的双竖线主要用来区分主位和述位。

[72] Australia's national parks and secluded corners ‖ are custom-made for down-the-dirt-road camping trips.

[73] Between the two adjacent resort towns ‖ is a large beachfront state park with a fishing pier and public beaches.

[74] The resort areas of Gulf Shores and Orange Beach ‖ comprise 32 miles of beautiful white beaches.

例 72 是一个包容型关系小句，句中主位是一个名词词组复合体；例 73 是一个环境型关系小句，句中主位是一个介词短语；例 74 是一个所有型关系小句，句中主位是一个名词词组。此外，

多项主位（multiple theme），顾名思义，由多种语义成分构成，用于体现两种及以上元功能，如例 75—76 所示：

[75] But Uluru-Kata Tjuta National Park ‖ offers much more than the chance to see the Rock.

[76] Maybe it ‖ is this need that explains the growing popularity and proliferation of historical theme parks.

例 75 中，"but"和"Uluru-Kata Tjuta National Park"分别是语篇主位和话题主位；例 76 中，"Maybe"和"it"分别是人际主位和话题

主位。需要说明的是，多项主位总是包含一个表示概念意义的话题主位。此外，三种成分（语篇意义、人际意义、概念意义）齐全的多项主位（也叫复项主位）并不多见，本书没有能够在旅游语篇语料库里找到同时包含三个主位的关系小句。

句项主位（clausal theme）指使用小句充当主位，即关系小句的主位由小句来体现，如例 77—79 所示：

[77] What was right in front of my eyes ‖ was a gorgeous panoramic view of the vivid green of the golf courses in beautiful contrast to the Pacific Ocean.

[78] Unless you visit a wildlife park, ‖ such creatures are not easy to see as most are nocturnal.

[79] If you're lucky, ‖ you may be able to book a place on an Aboriginal heritage tour in the Sydney Royal Botanic Gardens.

例 77 中，虽然理论上"What was right in front of my eyes"是作为单一成分充当整个句子的主语而被视为单项主位，但实际上它确实是以小句身份充当整个关系小句复合体的主位，因此，本书倾向于将其视为句项主位；例 78 的"Unless you visit a wildlife park"是关系小句复合体的从句，它充当主句"such creatures are not easy to see as most are nocturnal"的主位，即从句充当主位，主句充当述位；例 79 的"If you're lucky"也是关系小句复合体的从句，它充当主句"you may be able to book a place on an Aboriginal heritage tour in the Sydney Royal Botanic Gardens"的主位。

除了单项主位、多项主位和句项主位，主位还区分无标记主位（unmarked theme）和有标记主位（marked theme）。无标记主位是指主位与主语重合，反之为有标记主位。无标记主位是中性的和默认的，因而其表现是正常和自然的。有标记主位则是偏离的，常常被作者/说话者赋予特殊意义，因而其表现更为显著。根据语篇中的实例，人们发现"无标记"和"有标记"之间的对比是偏态的，即无标记在语篇中的使用比例远远高于有标记，两者之间的概率为 90%∶10%

（Matthiessen *et al.*，2010：236）。因此，统计语料库中关系小句的无标记主位和有标记主位的使用比例并无多大意义。换句话说，关于关系小句的主位分类，本书只关注单项主位、多项主位和句项主位。

基于此，经统计，关系小句的三类主位在语料库的分布如表 5.42所示：

表 5.42　关系小句的三类主位在语料库的分布

主位类型	句数	占比
单项主位	4313	64.20%
多项主位	1827	27.20%
句项主位	578	8.60%

如表 5.42 统计所示，单项主位的关系小句的使用比例最高，达64.20%，其次是多项主位，占比为 27.20%，最后是句项主位，仅占8.60%。以上数据表明，旅游语篇中的关系小句多用于描述某个旅游目的地或旅游场景，因此关系小句的主位主要由词组或短语及其复合体来体现。因为多项主位总有一个话题主位，因此排名第二的多项主位实际上也是用于描述某个旅游目的地或旅游场景，多项主位只不过比单项主位多了一个语篇主位或人际主位。从这方面讲，单项主位和多项主位与主语是重合的，因而也是无标记的。句项主位一般由关系小句复合体的从句来体现，是与主语错开的，因而是有标记主位。基于此，旅游语篇语料库中关系小句的无标记主位的使用比例远远高于有标记主位，两者之间的概率为 91.40%：8.60%。如前所述，关系小句主要用于描述或识别句子主语所指人或事物的特征或身份，这可以解释为何无标记主位关系小句在语料库中有如此高的使用比例。

（三）主位推进

主位推进是语言学中的一个概念，涉及语篇中主位的组织和发展。主位推进是指主位在整个话语中的呈现、扩展和变更的方式。主位推进在语篇的连贯性中起着至关重要的作用，因为它有助于引导读者/受话者了解所呈现的观点和概念。

　　主位结构包含两个主要成分：主位和述位。主位是话题的起点，是读者/受话者熟悉的信息，述位则是引入的新信息。在英语中，每个小句都有自己的主位结构，当一个小句单独存在时，它的主位和述位是确定不变的。但在由众多小句构成的语篇里，这些小句的主位和主位、述位和述位、主位和述位之间就会产生某种关联，从而形成主位推进，即随着主位的不断推进，信息在述位逐步展开，最后形成语义完整的语篇。

　　主位推进有几种类型，其中包括线性推进和非线性推进。线性推进是一种简单且可预测的模式，这种模式中的主位通常在整个话语中重复或保持不变，新信息则以组织有序的方式引入。非线性推进涉及更复杂的模式，其中主位可能出现变更，新信息则以非顺序的方式引入。

　　主位向前推进是一种常见的线性推进模式，即主位保持不变，述位则不断添加新信息。以例 71 为例，表 5.41 中 6 个关系小句的主位和述位可以简化为一个主位向前推进模式：$(T_1+R_1) \rightarrow (T_1+R_2) \rightarrow (T_1+R_3) \rightarrow (T_2+R_4) \rightarrow (T_1+R_5) \rightarrow (T_1+R_6)$。原文如下：

The city (T_1) is a bustling metropolis, teeming with life (R_1). It (T_1) is at the intersection of culture and commerce (R_2). The city (T_1) has a rich history, with ancient ruins scattered throughout (R_3). The magnificent architecture (T_2) is a testament to its grandeur (R_4). The city (T_1) houses a diverse population, with people from all over the world (R_5). It (T_1) is a melting pot of cultures, each contributing to its vibrant atmosphere (R_6).

　　虽然第 4 句的主位稍作变更，但仍指涉"The city"，因此以上 6 个小句的主位基本保持不变，述位则通过不断添加新信息发展了主位。总之，这个由 6 个关系小句构成的语篇使用了主位向前推进模式。这种主位向前推进模式通常用于叙事或讲故事，故事中的主位是主要人物，述位是接连发生的动作或进展。例如，在关于一个男孩冒险的故事中，主位是男孩，述位则是这个男孩一路上遇到的各种障碍或挑战。

总而言之，主位推进不仅对语篇的组织和发展很重要，而且对语篇的整体连贯性和清晰度也很重要。通过引导读者/受话者了解所呈现的各种观点和概念，主位推进有助于创造通顺流畅、逻辑清晰的信息流。

需要说明的是，完全由关系小句构成的语篇是不存在的，上面的例 71 只是从语料库中截取的一个片段，它只是用于例示主位向前推进模式。此外，本书所用的 6718 个关系小句是从总词数为 21.5 万个单词的语料库中识别出来的。每个关系小句是单独存在的，它的主位是确定不变的。而且，由于没有篇内语境（上下文），小句的主位和述位都是孤立的，因而是没有发展的。换言之，脱离语境去讨论关系小句的主位推进模式并非明智之举。

二、信息结构分析

根据系统功能语法，主位结构与另一种语篇组织方式信息结构密切相关。信息结构由已知信息和新信息两个功能成分组成。已知信息是指读者/受话者已经知道或很容易推断出的事实、概念或观点，它是引入新信息的基础。通过已知信息，作者/说话者与读者/受话者建立了共同点，使他们能够更容易地理解内容。一旦确定已知信息，作者/说话者可以通过细节、解释、示例、证据或论据等形式支持或扩展已知信息，使读者/受话者对主题有更丰富的理解。

虽然信息结构和主位结构同在"话题-评论"框架下，但已知信息和新信息不同于主位和述位，尽管两者都体现语篇功能，已知信息是指"一个你知道的联系点"，与小句结构中的语法成分无关，而主位指"我所说的标题"，即话者的心理主语（Halliday，1970a）。简而言之，相比较主位结构，信息结构没有明确的语法规则限制，因为我们有时无法确定放在前面的就是已知信息，置后的就是新信息。

尽管如此，信息结构广泛应用于各种形式的交流，如学术写作、新闻、公共演讲，甚至是随意的对话，当然，还有旅游语篇。根据已知-新信息结构分析关系小句，可以让我们能够弄清楚小句的信息是如何呈现的，以及信息结构在语篇信息流动中的作用，如例 80—82 所示：

[80] The country's most populous state and the birthplace of the modern nation, (G) ‖ New South Wales (NSW) is rich in history, landscapes and contrasts. (N)

[81] For history, culture, world-class shopping and dining, (G) ‖ Arlington, Virginia should be on the top of your U. S. holiday list. (N)

[82] Located at the other end of the slender reflecting pool that stretches between the Lincoln and Washington memorials, (G) ‖ the National World War II Memorial has a more traditional design. (N)

例 80 是一个包容型关系小句，双竖线的左边是已知信息，已知信息和主位不重合，右边的新信息与述位也不重合；例 81 是一个环境型关系小句，已知信息和主位、新信息和述位，皆不重合；例 82 是一个所有型关系小句，主-述位和已知-新信息都是错开的。但是，从上面的主述位结构分析来看，我们发现关系小句的单项主位大多与已知信息重合。这说明两种组篇方式既有不同又相互关联。

需要说明的是，本书分析的 6718 个关系小句是从语料库提取的，因此每个关系小句都是没有上下文的独立存在，即离开了语境，小句的信息就不存在已知和未知之分。由于小句是孤立的，因而根据已知-新信息结构来分析关系小句的语篇功能并无多大意义。

三、小结

由此可知，主位-述位结构和已知-新信息结构是两种殊途同归的语篇功能。即这两种结构同属语篇功能，虽然在信息产生方面存在较大差异，但都与传递信息紧密关联。具体而言，主位-述位结构是小句内部的信息组织结构，而已知-新信息结构则是跨句的，离不开上下文语境。但是，这两种结构的结合使用，可以使主述位和新旧信息相互交织，共同推进语篇信息的发展。

主位确定中心实体或概念为信息出发点，述位则提供关于实体或概念的额外细节或新信息；已知信息充当话题，新信息则以评论的方式发展话题。因此，从主位-述位结构和已知-新信息结构视角对关系小句进行语篇分析，我们可以看到关系小句如何促进语篇中信息的流动和发展，即关系小句的语篇功能分析有助于我们理解关系小句在语篇建构中的重要作用。

第五节　结　语

本章先介绍关系小句的元功能语法，再从元功能理论深入分析关系小句的及物性、情态和极性，然后用评价理论分析关系小句的评价意义，再根据评价的局部语法对态度形容词和外置参与者进行分析，最后从主位-述位结构视角分析关系小句的语篇功能。

根据韩礼德和迈西森（1999：428）的社会符号学意义观，经验识解是一个主体间过程，它既是符号学的，也是社会的。这两种视角的交汇就成了社会符号学的特征。从这方面讲，小句可以被理解为"及物性和语气的映射"（Halliday，1999：103）。这也是本章采用经验视角和人际视角的原因。不过，对关系小句的及物性和语气的分析在识解经验和建构社会关系方面还不够充分。一方面，关系及物性识解的是静态的、非动作的关系或现状，这与其他动作及物性有很大不同。除了非动作过程，对参与者角色、时态和体貌的分析也有助于关系小句的经验识解。另一方面，关系小句的人际功能既可以从上层的情境语旨去识解，也可以从下层的词汇语法（小句层面的语气、情态和极性，以及词汇层面的评价）去分析。因此，除了传统的语气系统，关系小句的人际分析应该包括情态和极性，包括关系小句的命题维度，即关系小句表征一个汇集了经验意义和人际意义的命题。从下层词汇语法视角，命题意义的语法体现可以从时态、语气、极性和情态来解析，而评价意义的词汇体现要依赖态度词汇。此外，将词汇语法与语篇语义功能联系起来的局部语法对注重通过词汇建构评价意义的评价理论也是一个很好的补充。

最后，虽然对限定小句进行的语篇功能分析没有多大意义，因为主位推进模式和信息流动机制更适用于语篇层面而不是小句级阶的语法分析，但是，从主位-述位结构和已知-新信息结构这两个功能视角进行分析，我们还是可以看到关系小句如何通过组篇方式将经验意义和人际意义组织在一个句子里，因此，对关系小句的主位-述位和已知-新信息的分析有助于我们理解关系小句在旅游语篇建构中的重要作用。

第六章　关系小句的认知语言学分析

如前所述，本书采用的总体理论框架是由系统功能语言学和认知语言学两个语言学模型组成的。基于这两种语言学流派之间的兼容性与互补性而建立的系统功能语言学-认知语言学结合体是一个用于研究关系小句认知机制和功能语义的理论框架，如图 3.12 所示。鉴于第五章已经从系统功能语言学视角分析了关系小句用于建构现实的功能语义，本章则回过头来从认知语言学视角分析关系小句基于现实体验的认知机制。即根据系统功能语言学-认知语言学理论框架，本章主要探讨关系小句形成的认知机制。

前面讲过，作何一种语言学理论都无法完全解析某一语言现象。就关系小句而言，系统功能语法可以解释关系小句的语用功能，却不能说明关系小句是如何形成的。

基于此，根据认知语言学模型，本章第一节将对关系小句的静态及物性进行意象图式分析，包括连接图式、容器图式、部分-整体图式以及类型-实例结构的分析。第二节聚焦关系小句的认知模型分析，主要从参照点模型、射体-界标模型、事件域认知模型以及命题模型来分析关系小句。第三节通过构式语法来描写和解释包容型、环境型和所有型三种类型的关系小句。第四节运用原型范畴理论分析关系小句的类型、及物系统、语气系统与极性系统。最后，第五节对本章做出总结。

第一节　关系小句的意象图式分析

认知语言学以体验哲学为基础，认为语言源于人类的身体经验，因而具有"现实→认知→语言"的顺序性（Lakoff & Johnson，1999）。

本节旨在探讨认知与身体经验之间的关系，以便找出可用于解释关系小句如何形成的意象图式。

一、语言、认知和体验

语言与哲学密切相关。认知语言学以身体经验为哲学基础，认为语言源于人类的身体经验，具有"现实→认知→语言"的进展过程。莱科夫和约翰逊（Lakoff & Johnson，1999）提出了具体验哲学（embodied philosophy）的理论观点，认为生物系统对外部世界的身体经验贯穿整个心理活动过程。根据莱科夫和约翰逊（1999：37-38）以及约翰逊和莱科夫（Johnson & Lakoff，2002：249）的观点，语言学与体验哲学密切相关，体验哲学将生物系统的身体经验视为人类通过心理活动与外部世界互动的结果，强调了客观世界在人类认知中的主要作用以及主观认知机制在范畴化和概念化中的作用。因此，关注语言与心智之间关系的体验哲学也被视为认知语言学的哲学基础。

根据体验哲学，心智（mind）是体验的，概念也是体现的，概念通过大脑和身体以及体验获得意义（Lakoff & Johnson，1999：495）。意义是建立在我们的感觉运动经验基础上的，这种体验性意义通过概念隐喻、转喻、辐射性范畴以及各种形式的概念融合等想象力机制得以扩展，进而形成抽象的概念化和推理。经验性证据向我们表明，对句法学、语义学、语用学和价值的体验性描述对于充分理解人类的认知和语言是绝对必要的（Johnson & Lakoff，2002：245）。

在莱科夫和约翰逊（1999：90，495）以及约翰逊和莱科夫（2002：249）看来，心智、意义和思维都是体验的，概念通过体验（即我们与环境的持续身体接触）获得其意义，即意义源于生物体与环境之间反复出现的接触模式。换句话说，身体经验是语言的起源，语言源于身体经验。根据这种体验性的有机体-环境互动的思想，意义不仅产生于有机体（即主体）的内部结构以及外部输入（即客体），而且来自有机体和环境互动过程中反复出现的样式（Johnson & Lakoff，2002：248）。

因此，范畴、概念、推理和心智并非外部世界的客观和镜像反映，而是来自我们的身体经验。

人类的身体经验首先是空间体验，包括外部世界（客体）的位置、方向和运动（Lyons，1977：282）。兰盖克（2000：203）也将人类定义为空间和视觉动物，强调空间和视觉体验在塑造我们对世界的认知中的作用，并尝试用一组表示空间关系的图式来解释英语基本句型是如何构建的。例如，表示空间位置关系的 UP-DOWN 图式和 IN-OUT 图式就是来自人类日常生活的身体经验，因而这些意象图式就成为我们构建和理解概念的基础（Croft & Cruse，2004：44-45）。换言之，基于对自身和空间的理解，人类的认知是沿着从近到远、从具体到抽象、从身体和空间到其他语义域的道路发展起来的。从这方面讲，作为认知语言学哲学基础的体验哲学对语言成因具有较强解释力，即语言的体验观可以为解释语言来源于现实进一步提供证据（王寅，2005b，2005c）。因此，人类身体在与环境互动的过程中发展了一些基本概念和原型范畴，并用其表征身体部位和空间关系；在语义产生的同时，语言单位的意义可以用由身体经验发展而来的认知结构进行描述。这就构成了认知语言学的基本观点：语言与现实之间存在着一个中间层次——认知，而且，没有这些认知结构和范畴，我们就无法接近现实。

总的来说，语言的形成不仅仅是人类心智对客观世界的简单反映，而且是由对通过感官获得的现实体验进行的认知加工演变而来的。从这个意义上说，语言是主客观互动的结果，因此，语言与认知的研究应遵循"现实→认知→语言"的进展过程。基于此，意象图式可以被定义为人类与环境互动体验过程中反复出现的常规性样式，并且作为意义结构用于组织我们对物理空间的感知和理解（Johnson，1987：xix，29；Pütz，2007：1157）。换句话说，意象图式具有抽象结构的功能，即通过意象图式，人类能够以类推的方式来建构身体经验，也可以通过隐喻来建构非身体经验（Lakoff，1987：453）。意象图式是在我们日常身体经验中反复出现的简单结构，如容器图式、连接图式、上-下图式、前-后图式、部分-整体图式等，通过这些意象图式，我们可以描写一些句法构式的形成原因。简而言之，意象图式可以用来解释关系小句形成的认知机制。

二、关系小句的意象图式分析

莱科夫和约翰逊（1980：126；1999：508-509）将意象图式定义为我们通过转喻和隐喻发展空间概念的经验基础，即基于身体的空间经验，意象图式可以通过转喻和隐喻的扩展映射到语言结构中。或者反过来说，语言结构是通过隐喻映射从意象图式中产生的。因此，意象图式不仅可以用于描写概念结构和语义系统，还可以用来描写句法结构。

莱科夫（1987：272-275，282-283）通过动觉理论提出了一套与空间概念密切相关的动觉图像图式，主要论述了7类意象图式：容器图式、连接图式、部分-整体图式、中心-边缘图式、始源-路径-目标图式、上-下图式、前-后图式，并以此提出了形式空间化假设。约翰逊（1987：126）则概括出27个最具代表性的意象图式，其中就包含莱科夫（1987）提出的前四类意象图式，即两者有重合部分。这些意象图式的结构关系构成了我们对世界的理解和推理，即我们通过各种意象图式来体验世界。上面提到的大多数意象图式可以用来解释英语小句的句法构成。有鉴于此，本书从中选取连接、容器、部分-整体以及类型-实例等若干类意象图式来描写关系小句的句法结构。

（一）连接图式分析

根据莱科夫（1987：274-283）和约翰逊（1987：117）的说法，连接图式源于脐带带给我们的初体验，即我们通过脐带连接父母。如图3.7所示，连接图式以"实体A+连接+实体B"为结构，其中"连接"可以通过转喻和隐喻等方式从脐带扩展到线条、绳索以及抽象连接等其他认知领域，用于表征两个实体之间的静态关系（Johnson，1987：117-118）。例如在包容型关系小句中，这个连接可以是空间的（即两个连接的实体之间存在空间上的邻近性），也可以是时间的（即两个实体在时间上相互关联，因为时间实际上也是空间隐喻概念化的结果）。

因此，作为一个高度抽象的连接概念，连接意象图式与语义结构为"参与者 A+连接+参与者 B"的关系小句是一致的，其中的连接在语法上体现为连接动词或系动词。

需要说明的是，最初表示婴儿归属于母亲的脐带后来通过隐喻方式扩及对主体的识别。总之，连接图式可以用来识解两种关系：归属（通过形容词词组体现）和识别（通过名词词组体现），如例 83—84 所示：

[83] The beauty that surrounds the resorts is breath-taking.

[84] Stretching over 2000km up the Queensland coastline, the awe-inspiring Great Barrier Reef is one of the world's great wonders.

例 83 是一个归属式关系小句，其中"breath-taking"作为一种品质通过归属方式被赋予主语"The beauty that surrounds the resorts"；例 84 是一个识别式关系小句，其中主语"the awe-inspiring Great Barrier Reef"被识别为"one of the world's great wonders"，即这两个名词词组指代同一实体。

根据连接图式研究语料库中的包容型关系小句的策略是：①在所有限定小句中，识别出由连接图式体现的限定小句；②用"R-A"（右边-属性）来标记归属，用"R-I"（右边-身份）标记识别；③计算归属式和识别式关系小句在语料库中的百分比。因此，由连接图式体现的包容型关系小句在语料库的统计如表 6.1 所示：

表 6.1　由连接图式体现的包容型关系小句在语料库中的分布

连接图式	句数	占比
归属式	1197	30.10%
识别式	2780	69.90%

如前所述，连接图式可用于描述包容型关系小句的结构，聚焦两

个参与者之间的静态关系，尤其是通过隐喻连接，一种品质被赋予另一个实体，或一个实体被用于识别另一个实体。需要说明的是，对于归属式和识别式的区分，与系统功能语言学模型不同，认知语言学模型不区分用于识别身份的名词词组是否确指，即不确指名词词组也可用于识别身份，而形容词词组只用于赋予属性。基于此，归属式与识别式 30.10% : 69.90% 的偏态分布表明，连接图式主要用于识解特定实体的身份，而较少用于描述实体的属性。换句话说，在旅游语篇中，识别式（例如 "Alabama is a great food destination in USA"）比归属式（例如 "Balmy Alley is beautiful"）更为讨人喜欢。

（二）类型–实例图式分析

除了连接图式，兰盖克（1991：55-58）的类型–实例图式也可以用来描述包容型关系小句的概念结构，即类型（由表语名词或形容词指代）和实例（由主语名词指代）之间的对应关系，例如 "Pagosa Springs is a winter destination" 中 "a winter destination"（类型）和 "Pagosa Springs"（实例）之间的关系。也就是说，主语名词和表语名词或形容词之间的关系可以理解为实例和类型之间的关系。根据第三章的图 3.8，类型指定用于识别同一类实例的领域（domain），它构成了一个包含各种具体实例的总体图式，如例 85—87 所示：

[85] A visit to those parks is **awe-inspiring**.

[86] The Pikes Peak region is **a** vacation and meetings destination that draws travelers, tour groups and conventions from around the world.

[87] Pikes Peak is **the** second most-visited mountain in the world.

例 85 中，主语名词词组 "A visit to those parks" 是由表语形容词 "awe-inspiring" 指代的范畴中的一个例子。例 86 中，"vacation and meetings destination that draws travelers, tour groups and conventions from around the world" 是 "The Pikes Peak region" 的总体图式，即 "The Pikes Peak region" 是 "vacation and meetings destination" 这个类型中的一个成员。例 87 中，虽然表语名词词组里包含定冠词 "the" 和序数词

"second"，主语名词词组"Pikes Peak"仍然是"most-visited mountain in the world"这个范畴中的一个实例。在例86和例87中，无论表语名词词组是否带有限定词，主语名词词组指代的参与者都是表语名词词组指代的范畴中的一个实例。换句话说，认知语言学不根据限定词来区分归属式和识别式，因此也就不强调表语名词词组是否确指。

需要解释的是，由于类型对于实例的图式性不强，而图式又往往表达更为抽象的意义，因此约翰逊（1987）和莱科夫（1987）没有将类型-实例图式视为非严格意义上的意象图式。但是，根据Langacker（1991：69）的观点，与其他意象图式一样，类型-实例图式也是一种反复出现的样式，也具有概念结构特点。而且，如果部分和整体可以构成一个部分-整体意象图式，那么类型和实例也可以构成一个类型-实例意象图式。因此，结合连接图式中的连接，类型-实例图式可以图解如下：

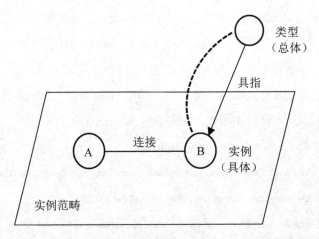

图6.1　包容型关系小句的类型-实例图式分析

（Johnson，1987：118；Langacker，1991：69）

根据图6.1，例85中，由主语名词词组"A visit to those parks"指代的实体A连接到由表语形容词词组指代的实体B，并充当"awe-inspiring"这个类型的一个实例。例86中，主语名词词组"The Pikes

Peak region"（实体 A）和表语名词词组"**a** vacation and meetings destination that draws travelers, tour groups and conventions from around the world"（实体 B）相对应，并且充当"vacation and meetings destination"这个范畴中的一个实例。例 87 中，主语名词词组"Pikes Peak"（实体 A）连接到表语名词词组"the second most-visited mountain in the world"（实体 B），并且充当"most-visited mountain in the world"这个类型中的一个实例。因此，例 86 和例 87 表达的是两组实例之间的身份关系，不同之处在于，例 87 使用定冠词"the"表达对交际事件参与者来说显而易见的语境独特性，例 86 中的不定冠词"a"则表示语境的不确定性和非独特性。总之，使用定冠词"the"和不定冠词"a"的表语名词词组可以看作是不同范畴的两个实例。

根据类型-实例图式，包容型关系小句的主语名词词组可以同时充当多个类型的实例，如例 88—92 所示：

[88] Car hire here is relatively affordable.

[89] St. Michaels is a historic, artistic waterfront retreat.

[90] Florida is sunrise on the Atlantic and sunset on the Gulf.

[91] People here are outdoorsy, active and cheerful.

[92] Florida is Mercury, Gemini, Apollo, and the first space explorers.

例 88—89 都是包含 1 个实例的关系小句，其中，例 88 的"Car hire"是"relatively affordable"范畴中的一个实例；例 89 的"St. Michaels"是"historic, artistic waterfront retreat"范畴中的一个实例。

例 90 中，"Florida"是"sunrise on the Atlantic"和"sunset on the Gulf"两个范畴中的两个实例，即例 90 用两个实例来描写"Florida"的两个特点，因此，例 90 是一个包含两个实例的关系小句。例 91 中，"People here"是"outdoorsy""active"和"cheerful"三个范畴中的三个实例，因此，例 91 是一个包含三个实例的关系小句，即此例用三个实例来描写"People here"的三个特点。例 92 中，"Florida"是"Mercury""Gemini""Apollo"和"the first space explorers"四个范畴中的四个实

例，即此例用四个实例来描写"Florida"的四个特点，因此，例 92 是一个包含四个实例的关系小句。总之，包容型关系小句使用的实例越多，它对主体（主语）的描写就越好。

基于此，根据类型–实例图式研究语料库中的包容型关系小句的策略是：①在所有限定小句中，识别出由类型–实例图式体现的限定小句；②用"1-ins"来标记 1-实例小句，"2-ins"标记为 2-实例小句，"3-ins"标记为 3-实例小句，"4-ins"标记为 4-实例小句；③统计以上四种小句在语料库中的使用比例。因此，由类型–实例图式体现的包容型关系小句在语料库的分布如表 6.2 所示：

表 6.2　由类型–实例图式体现的包容型关系小句在语料库中的分布

类型-实例图式	句数	占比
	3977/6718≈59.20%	
1-实例	3702	93.10%
2-实例	211	5.30%
3-实例	56	1.40%
4-实例	8	0.20%

类型–实例图式和连接图式的结合使用，可以描写包容型关系小句的结构，其中主语（主体）被视为特定范畴的实例。因此，表 6.2 可作如下解读：包容型关系小句在旅游语篇语料库中的使用比例为 59.20%，其中四种小句按使用比例（93.10%∶5.30%∶1.40%∶0.20%）依次排序为"1 个实例＞2 个实例＞3 个实例＞4 个实例"，表明包含 1 个实例的包容型关系小句在旅游语篇的绝对优势地位，其占比高达 93.10%；其他三种小句的使用比例合起来只有 6.90%，其中包含 4 个实例的包容型关系小句的占比最低，仅为 0.20%。虽然使用的实例越多，对主体（主语）的描写就越详细，但是旅游语篇更愿意用包含 1 个实例的包容型关系小句对旅游目的地进行简洁明了的描写。

（三）容器图式分析

环境型关系小句可以用容器图式来解释。由于容器图式反映了各种空间关系，如内-外关系、上-下关系、上边-下边关系、中心-边缘关系等，因此，我们可以用来构建基于身体的空间体验。也就是说，容器图式是空间关系概念结构的基础，而空间概念结构又可以通过隐喻的方式将时间关系概念化。基于此，空间和时间构成了环境关系的核心要素，而环境关系又体现为各种介词或介词短语。

具体而言，我们可以将我们的身体体验为容器和容器里的东西，由此出现容器图式的三个结构要素——内部、边界和外部，根据这三要素我们区别了 In/Out（内/外），以此表示容器的内-外关系。根据容器图式，我们基于身体对事物的理解可以通过隐喻方式从容器扩展到更广泛的抽象概念，比如环境，在或不在其中发生或存在某种事物，并以此构建环境关系。基于容器图式结构三要素，In/内部、Out/外部和 Across/边界可以通过隐喻方式扩展到一些表达环境（空间或时间）关系的介词（Lakoff，1987：272，284），如例 93—95 中的 in、out 和 across。

[93] The excellent cafe is **in** the community building.

[94] You should stay **out** of the sea.

[95] Funky, multicultural Cambridge is just **across** the Charles River.

此外，两个容器之间的关系还可以隐喻为两个实体之间的空间关系，空间关系又可以引申为时间关系。这种由空间和时间组成的环境关系可以通过介词来体现，如例 96—100 中的 between、among、with、on 和 under。

[96] An attempt to resettle Tasmania's remaining Aborigines to Flinders Island occurred **between** 1829 and 1834.

[97] The Philadelphia Museum of Art is **among** the largest art museums in the United States.

[98] The island capital of the Maldives teems **with** high rises and narrow streets.

[99] Midtown Atlanta's nightlife is **on** the list of every Atlanta travel guide.

[100] This motley 'First Fleet' was **under** the command of a humane and diligent

naval captain, Arthur Phillip.

　　根据容器图式研究语料库中环境型关系小句的策略是：①在所有限定小句中，识别出由容器图式体现的限定小句；②用"R-S"（右边-空间）来表示空间关系，用"R-T"（右边-时间）标记时间关系；③统计表示空间和时间关系的环境型小句在语料库中的百分比。因此，由容器图式体现的环境型关系小句在语料库的分布如表 6.3 所示：

表 6.3　由容器图式体现的环境型关系小句在语料库中的分布

容器图式	句数	占比
空间	882	93.10%
时间	65	6.90%

　　人体最初被视为一个容器，其内部和外部构成了内外空间关系，其周围的空间则构成意义扩展的基础——表达空间的意象图式可以通过隐喻扩展映射到时间上，即时间是空间的隐喻（Johnson，1987：187）。容器图式可用于描述表达空间和时间两种关系的环境型关系小句的结构。从表 6.3 中可以看出，表达空间和时间的环境型关系小句为 947 句，除以关系小句的总数 6718，其在语料库的使用比例为 14.10%，其中表达空间关系的环境型关系小句的占比为 93.10%，远远高于仅占 6.90% 的表达时间关系的环境型关系小句，表明旅游语篇中的环境型关系小句多用于表达旅游目的地的空间地理信息，例如 "Gainesville is surrounded by unique natural parks" 和 "Fort Union National Historic Site is on the river along the Montana border" 等。尽管表达时间关系的环境型关系小句在语料库中的使用比例较低，但其在表征特定情境的环境信息方面仍然发挥着重要作用，例如 "I was just in time to watch the Changing of The Guard Ceremony" 和 "The best time to admire nature's play is at sunrise and sunset, when the colours of the rocks alternate between red, orange, yellow, white, pink and everything in between"。总之，与时间关系相比，由容器图式体现的环境型关系小句更适用于表达空间

关系。

　　需要解释的是，系统功能语法将环境分为程度、位置、方式、原因、偶然性、伴随、角色、物质和角度九类成分，并依此统计出 1874 个环境型关系小句，使用比例为 27.90%。而认知语言学模型根据容器图式识解出 947 个表示空间和时间关系的环境型关系小句，使用比例为 14.10%。经过仔细对比分析，我们发现根据容器图式识解出来的时空关系才是真正意义上的环境成分，而系统功能语法区分出来的九类环境成分除了位置，大都不是真正意义上的环境成分，例如 "The best way to see the Buffalo is by canoe" 这个环境型小句中的 "by canoe" 表达的是方式，不是真正意义上的环境成分，而且由其构成的环境型小句也可理解为包容型小句，例如 "One of the best ways to enjoy these unique natural springs is a visit to Ichetucknee Springs State Park northwest of Gainesville" 这个环境型小句也可以理解为一个表达行为方式的包容型小句。这就是认知视角的环境型关系小句的使用比例低于系统功能视角的环境型关系小句的原因。

　　总之，环境型关系小句可以用容器图式来识解。这种简单而基本的意象图式可用于解释表达时空关系的句法结构。简而言之，具体的空间关系和抽象的时间关系都可以用由容器意象图式体现的环境型关系小句来表征。

（四）部分-整体图式分析

　　连接图式也可以与部分-整体图式模式隐喻相关，后者可以表达静态的所有型关系，其中动词 "have" 充当连接占有者（实体 A）和被占有者（实体 B）的纽带，因此部分-整体图式与容器图式的基本逻辑是一致的，即部分-整体图式也可以根据我们的身体经验来理解。换言之，我们把我们的身体视为一个整体，一个具有可操纵部分的整体（Lakoff，1987：272-273）。

　　根据我们的身体经验，部分-整体图式可以和容器图式结合起来描述整体对身体部位的占有、整体-部分关系、所有权、控制、介入等

（Halliday，2004：244）。因此，结合连接图式和容器图式，部分-整体图式可以图解如下：

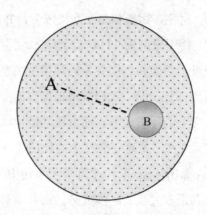

图 6.2　所有型关系小句的部分-整体图式分析（Johnson，1987：23）

图 6.2 中，实体 A 既可以是一个包含不同部分（如实体 B）的整体，也可以是一个包含实体 B 的容器。总之，A 和 B 之间的关系可以是整体-部分关系和容器-被包容关系，如表 6.4 所示：

表 6.4　所有型关系小句的部分-整体解析

A	Link	B
Each resort town	has	a large choice of restaurants, bars and nightlife.
Aboriginal people	own	about half of the land in the NT.
Whole		**Part**
Container		**Contained**

表 6.4 中，"a large choice of restaurants, bars and nightlife"充当作为整体"Each resort town"的一部分，也是作为一种成分被包含在"Each resort town"这个容器里。因此，部分-整体图式通过转喻扩展用于描述由 have、own 和 possess 等典型所有格动词词组体现的所有型句式的结构特征。基于此，部分-整体图式通常用于将实体 A 识解为"统一性"，而将实体 B 识解为"多样性"（Croft & Cruse，2004：45）。而且，除了 have、own 和 possess 这三个典型的所有格动词外，还有一

组动词，如 comprise、consist of、provide、be filled with、be full of 等，也可以用来构建所有型关系的句法模式。此外，容器图式也可以通过转喻扩展用于描述由非典型所有格动词词组（如 contain、include、involve 等）体现的所有型句式的结构特征，从而形成以"实体 A+Contain+实体 B"为结构的所有型关系句式，例如"Before Europeans arrived, Queensland <u>contained</u> over 200 of Australia's 600 to 700 Aboriginal nations""National parks <u>include</u> rainforests, vast tracts of empty outback, strips of coastal dune land and rugged mountain ranges"和"The development of agriculture has <u>involved</u> land clearance and the provision of irrigation"。

部分–整体图式还可用于识解以"实体 B+Belong to+实体 A"为结构的所有型关系，其中实体 B 被视为特定个体归属于作为整体的实体 A（Croft & Cruse，2004：159），例如"Although Jane enshrined Bath in her fiction, it <u>belongs</u> more truly <u>to</u> Thackeray"。

根据部分–整体图式研究语料库中所有型关系小句的策略是：①在所有限定小句中，识别出由部分–整体图式和容器图式体现的限定小句；②用"W-P"表示整体–部分关系，用"P-W"表示部分–整体关系；用"Pr-Pe"标记拥有者–被拥有者关系，用"Pe-Pr"标记被拥有者–拥有者关系；③统计表示以上四类关系的包容型关系小句在语料库中的使用比例。因此，由部分–整体图式和容器图式体现的包容型关系小句在语料库的分布如表 6.5 所示：

表 6.5　由部分–整体图式体现的所有型关系小句在语料库中的分布

部分–整体图式	句数（867）	占比
整体–部分关系	146	16.80%
部分–整体关系	14	1.60%
拥有者–被拥有者关系	701	80.90%
被拥有者–拥有者关系	6	0.70%

值得一提的是，与包容–被包含和被包容–包容相对应的整体–部分和部分–整体结构通常表达整体与局部的关系，而拥有者–被拥有者和被拥有者–拥有者结构则主要识解"真正的"以及通过转喻扩展而来的所有型关系。因此，表 6.5 可做如下解读：

①由部分–整体图式和容器图式体现的所有型关系小句在语料库中的使用比例虽然较低，仅为 12.90%，但它却是关系小句家族的重要成员，这种类型的关系小句在旅游语篇中主要用于表达旅游景点所拥有的以及可以为潜在游客提供的信息和服务，例如"You won't have a hard time finding good food"和"Uluru-Kata Tjuta National Park offers much more than the chance to see the Rock"；

②语料库中整体–部分关系与部分–整体关系的使用比例（16.80%：1.60%）呈偏态分布，这表明旅游语篇更多使用表达整体–部分关系的所有型关系小句，像"Mining and agriculture continue to form the state's economic backbone today"这样表达部分–整体关系的所有型关系小句很少见于旅游语篇；

③语料库中拥有者–被拥有者关系与被拥有者–拥有者关系的使用比例（80.90%：0.70%）的巨大偏差表明表达拥有者–被拥有者关系的所有型关系小句在旅游语篇的绝对主导地位；

④语料中由部分–整体图式和容器图式体现的所有型关系小句主要识解四种所有型关系：第一种是拥有者–被拥有者关系，使用比例为 80.90%；第二种是整体–部分关系，使用比例为 16.80%；第三种是部分–整体关系，使用比例为 1.60%；第四种是被拥有者–拥有者关系，仅占 0.70%。

三、小结

人类的身体运动、对物体的操控和感知互动经过反复出现形成固定的样式，这些反复出现的样式就称为意象图式。没有这些意象图式，我们的体验将是混乱无序和不可理解。这些意象图式可用以构建我们的身体经验，也可以通过隐喻方式构建我们的非身体经验（Lakoff，1987：453；Johnson，1987：29）。换言之，意象图式是从我们的身体与世界的互动中衍生出来的简单而基本的认知结构，通过隐喻和转喻扩展，成为其他认知模型的基础（Ungerer & Schmid，1996：160；2006：167）。基于意象图式，这些认知模型反过来又为语言形式的形成提供概念结构。简而言之，基于身体经验的意象图式是认知模型的基础，也是我们理解世界并进行推理的关键。

在众多的意象图式中，用于描写关系小句句法成因的第一个也是最重要的意象图式是连接图式，因为关系小句的核心要素就是连接动词，而且它可以和类型-实例图式、容器图式、部分-整体图式相结合，对三种类型的关系小句进行意象图式分析。换言之，意象图式可以用来理解关系小句的句法结构，进而解释关系小句的句法成因。

第二节　关系小句的认知模型分析

如上所述，人类通过与现实世界的互动性体验形成基本的意象图式，建立了认知模型，多个认知模型可以构成一个理想化认知模型。换言之，认知模型和理想化认知模型衍生于意象图式，人类在这个基础上进行范畴化，建立概念，最后形成概念结构。因此，认知模型和理想化认知模型对于我们认识世界、进行推理、理解语义起着重要作用。具体而言，认知模型是形成范畴和概念的基础，而理想化认知模型指特定文化语境下的人们对某个领域的经验和知识做出的抽象的、统一的、理想化的理解，它是建立在多个认知模型之上的一种复杂的完形结构，即一种具有格式塔性质的复杂认知模型（Lakoff，1987：68）。

以意象图式为主要结构元素的理想化认知模型抽象表征了衍生于我们身体经验的对某个领域的经验和知识。每一个理想化认知模型都由一个原型和几个不太典型的实例组成。根据 Cienki（2007：179）

的观点，理想化认知模型可以通过隐喻和转喻的扩展将意象图式投射到相关的目标领域。换句话说，理想化认知模型是认知和语言之间的表征中介，因此可以用于对大多数语言形式（如关系小句）进行认知分析。反过来说，关系小句可以用理想化认知模型来解释。基于此，可以用于描写关系小句句法结构的理想化认知模型主要包括经典事件模型、事件域认知模型、射体-界标模型、参照点模型和命题模型。

一、经典事件模型与事件域认知模型

如前所述，兰盖克（1991：285-286；2000：24）提出的经典事件模型由台球模型和舞台模型组成，结合角色原型，常用于描写英语小句的句法结构。即经典事件模型通过认知模型（包括概念原型和结构）映射到语言（Langacker，2000：25-26）。因此，对小句结构的经典事件模型分析意味着我们可以在认知语言学的框架里解释关系小句是如何形成的。

兰盖克（1991：285；1995：61-77；2000：22-26）将认知模型视为衍生于人类身体经验的意象图式能力的反映。意象图式能力概念可以具体化为两个概念原型：物理对象（名词类的原型）和"物理动作"（动词类的原型）。从图式上讲，名词勾画事物，而动词表示过程。这两个概念原型构成一个施事者-受事者互动,表明能量从施事者传递到受事者。这个典型的互动可图解如下：

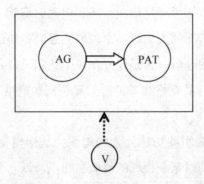

图6.3　经典事件模型（Langacker，1991：285）

图 6.3 还可以表征为 "V----▶[···AG⇒PAT···]"，其中 V 代表观看者（viewer），AG 代表施事者（agent），PAT 代表受事者（patient），虚线箭头表示感知（如视觉）关系，双线箭头则表示从施事者向受事者的能量传递。此外，方框表示舞台，施事者和受事者都是舞台上的演员（参与者）。

需要说明的是，经典事件模型中台球模型在大多数情况下适用于典型及物小句，该模型用于描述了一个物理能量从主体传递到客体的动作链，但却不适用于通过连接动词赋予主体属性或身份来描写非动作过程（non-actional process）的关系小句。而在舞台模型中，观察者从外部有利位置观察事件，在包容和稳定的情境中勾画出参与者之间的空间/位置关系（Langacker，1990：210；1991：286），这种不及物的空间/位置关系常常反映在环境型关系小句中，例如 "Native and cultural diversity abounds in Alaska" 中的 "in Alaska"。此外，有些描写状态的、非动作过程的小句确实无法用台球模型来解释，例如 "Joshua resembles Jonathan"。为此，Langacker（1990：222；1991：313）将主语（Joshua）定义为图形（Figure），将宾语（Jonathan）定义为背景（Ground），从而形成可用于分析非动作过程小句结构的图形-背景模型（Figure-Ground Model）。

基于此，图 6.3 中的施事者可改为图形，受事者改为背景，从而形成一个可用于描写关系小句结构的经典事件模型，如图 6.4 所示：

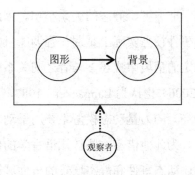

图 6.4 用于分析关系小句的经典事件模型

根据图 6.4，经典事件模型可以为作为非典型小句类型的关系小句的解析提供概念原型。即我们可以将关系小句的主语定义为图形，将小句的表语和宾语定义为背景，中间的向右箭头则表示图形和背景的连接。如例 101—104 所示：

[101] The place remains homelike.

[102] Madison remains one of the Midwest's favorite small towns.

[103] Adelaide remains near Australia's cultural high-water mark.

[104] Colorado Springs offers a delightful mix of Western charms.

例 101—102 分别用形容词词组和名词词组作表语表示主语的属性；例 103 用介词短语作表语表示参与者存在的环境；例 104 用名词词组作宾语表示主语拥有的东西。这四个例子可以用表 6.6 来表示：

表 6.6　例 101—104 的解析

The place	remains	homelike.
Madison	remains	one of the Midwest's favorite small towns.
Adelaide	remains	near Australia's cultural high-water mark.
Colorado Springs	offers	a delightful mix of Western charms.
名词词组		形容词词组/名词词组/介词短语
主语	过程:连接	表语/宾语
图形		背景

由于 Langacker 的经典事件模型主要用于分析典型、动态的及物小句，因而不适用于非典型、静态的关系小句。因此，图 6.4 用于分析关系小句的经典事件模型实际上是弱化强调能量传递的台球模型，而强化在包容和稳定的情境中描述参与者之间关系的舞台模型。

王寅（2005，2006）也认为 Langacker（1987，1991）的经典事件模型和 Talmy（1985）的力量动态模型主要用于动态及物性的分析，而不考虑静态场景。为此他借鉴一些认知语言学的优势理论和模型，提出了能够同时描述动态事件和静态场景的事件域认知模型。一个基本事件域主要包括行为（Action）和事体（Being）两大核心要素。行为包括动态行为和静态行为，后者包括存在、思考、判断以及抽象的连接等；事体不仅包括施事者和受事者，还包括静态的场景和事物。这就意味着除了动态性事件，静态性场景中的一个或两个事体还可以构成存在小句，或表示静态、环境或所有关系的关系小句。换句话说，表征非动作状态的关系小句可以根据事件域认知模型中的静态概念来解释。反过来说，静态概念可以为表征事体之间具体或抽象状态、环境和所有关系的关系小句提供概念结构和句法结构。

此外，许多事态的变化在不考虑能量传递的情况下也可以进行概念化。例如，我们可以想象一个旅游目的地在不同季节中的变化，并将其视为一个舞台，在这个舞台上，不同的景点（参与者）扮演着不同的角色，从而构成旅游景点的属性或身份。我们也可以将旅游目的地视为一个全域，其中的方位配置常用于构成参与者的环境关系。这与由容器图式体现的环境型关系小句是一致的。

根据静态场景概念来研究语料库中关系小句的策略是：①在所有限定小句中，识别出表示关系的限定小句；②识别与静态场景概念相关的全部关系小句。因此，表征静态事件的关系小句在语料库中的分布如表 6.7 所示。

表 6.7　基于静态场景概念的关系小句在语料库中的分布

类型	句数	占比
包容型	4904	73%
环境型	947	14.10%
所有型	867	12.90%

三种类型的关系小句按使用比例（73%∶14.10%∶12.90%）呈现出"包容型＞环境型＞所有型"的顺序，表明包容型关系小句在旅游语篇语料库中的绝对优势地位。环境型和所有型的使用比例相差无几，前者比后者只多出 1.2 个百分点。三种类型关系小句的区别在于：在旅游语篇中，包容型关系小句主要用于描写静态风景，回答的问题是

"旅游景点是什么？"，例如"The Hemingway Museum <u>is</u> an absolute must for any visitor"；环境型主要用于呈现旅游景点的环境信息，回答的问题是"旅游景点在哪里？"，例如"Some of Atlanta's top attractions <u>are within</u> walking distance"；所有型则主要用于展示旅游景点拥有的、能够为潜在游客提供的信息或服务，回答的问题是"旅游景点有什么？"，例如"Several of the 18 rooms <u>have</u> private decks overlooking the water"。

需要说明的是，关系小句本身就是一种描写静态事件的小句类型。因此，通过改良的经典事件模型（见图6.4），结合事件域认知模型的静态概念，我们可以对表达静态事件的关系小句进行认知模型分析。换言之，表征非动作状态的关系小句可以根据经典事件模型和事件域模型来解释，即这两种认知模型的结合可用来解释表达静态事件的关系小句。此外，经典事件模型中的舞台模型、图形-背景模型、以及事件域认知模型中的静态场景概念，结合射体-界标模型与参照点模型，我们可以为关系小句的概念结构提供认知解释。

二、射体-界标模型和参照点模型分析

如上所述，除了经典事件模型和事件域模型之外，射体-界标模型和参照点模型还可以与静态场景概念结合起来描述用于表征非动作状态的关系小句的概念结构和句法结构。

根据兰盖克（1987，1991）的认知语法，射体和界标被视为图形-背景模型的具体表现。从语义上讲，射体/图形的位置或移动是根据其与界标/背景的关系来表征的。从语法上讲，图形-背景关系对应于射体-界标关系，都可以通过小句和介词来编码。因此，射体-界标模型可以用于描述关系小句的关系配置。射体（trajector）是一个实体，其位置或定位通常由作为另一个实体的界标（landmark）来勾画。射体可以是静态的（<u>She</u> is at school）、动态的（<u>She</u> went to school）、一个人或一个物体（<u>The book</u> is on the table），或者一个事件（<u>What's unusual here</u> is that there is no menu），而界标是用于具体说明射体位置的参考

实体（Zlatev，2007：327）。因此，射体-界标模型可以结合静态场景概念来分析关系小句的非动作状态，例如"Many short trails lead to various overlooks"。

射体-界标关系也可以根据参照点模型来理解。在参照点模型中，显著对象（salient object）常常被选择为用于搜索其他非显著对象的参照点。一般情况下，说话者首先提到的实体通常被赋予更高程度的突显性。因此，射体/图形常因比界标/背景更具突显性而被用作参照点。根据兰盖克（1991：171-172）的说法，这个参照点模型可以用来解释所有型关系小句的概念结构，其中占有者可以被描述为一个参照点（reference point），用于建立与作为目标（target）的被占有者的心理联系。因此，根据该模型，整体/占有者常常被识解为用于定位作为目标的部分/被占有者的参照点，例如"Stonington has a handful of low-key restaurants"中的"Stonington"。

此外，这个参照点模型还可以应用于表达对身体控制的所有格动词，如 guard、hold 和 keep。此外，由于动词 have 描述的是一个未完成过程，因此这种所有型关系通常被识解为一种稳定的关系，即这种从占有者到被占有者的占有过程随着时间的推移而持续。因此，动词 have 表示的所有型关系可以识解为图 6.5，图中 R 表示参照点，T 表示目标，tr 表示射体，lm 表示界标，D 表示领域或范围，时间箭头的粗线段表示从占有者到被占有者持续的占有过程（Langacker，1991：172-173）。

图 6.5 中的 have-结构是一个表示静态所有型关系的典型结构，它可以通过隐喻方式扩展到一组所有格动词或动词词组，如 comprise、consist of、contain、include、involve、provide 等，它们可以组成一个对应于射体-界标关系，并且可以根据参照点模型来识解的静态的整体-部分关系（Langacker，1995：63-64）。因此，这种 have-结构可以根据射体-界标模型和参照点模型来识解，如表 6.8 所示：

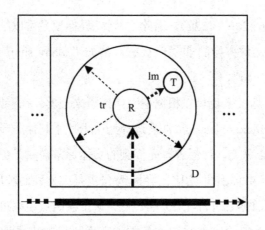

图 6.5　所有格动词 have 的参照点模型解析（Langacker, 1991：172）

表 6.8　have-结构的解析

Stonington	has	a handful of low-key restaurants
Each region	contains	its own unique peoples and customs
整体/占有者	过程：连接	部分/被占有者
参照点/射体		目标/界标

　　同样,这两个模型可以结合起来描述由其他所有格动词（如 belong to、constitute、make up）指定的部分-整体关系,这些动词可用于描述部分（被占有者/射体/参照点）和整体（占有者/界标/目标）之间具有时间持续性的关系（Langacker, 1995：65）,如表 6.9 所示:

表 6.9　所有格动词的解析

They	make up	the world's largest geothermal system
Women	constitute	half of the world's population
部分/被占有者	过程：连接	整体/占有者
参照点/射体		目标/界标

　　然而,与所有型关系配置中无标记的整体-部分关系相比,这种类型的部分-整体关系是有标记的,它在旅游语篇中的数量少到可以忽略不计。

综上所述，射体-界标模型和参照点模型可以组合成一个理想化认知模型，名为参照点/射体认知模型，通过该模型我们可以获得对关系小句的认知解释。鉴于关系小句是根据类型-实例图式进行分析的，其中实例大体上与目标/界标重叠，因此该模型将不再分析目标/界标，而只关注被赋予小句主语地位的参照点/射体（Langacker，1995：64）。

根据参照点/射体理想化认知模型来研究语料库中关系小句的策略是：①在所有限定小句中，识别出表示关系的限定小句；②将作为主语的参照点/射体分为六个类型：人物（标记为"R-P"）、事件（标记为"R-Ev"）、实体（指事物，标记为"R-En"）、非实体（标记为"R-Ne"，指抽象的观点、概念、解决方案、分析等）、方式（标记为"R-M"）和位置（包括空间、时间、方位和地名，标记为"R-L"）；③统计出含有这六类参照点/射体的关系小句的百分比。因此，将参照点/射体用作主语的关系小句在语料库中的分布如表 6.10 所示。

表 6.10　基于参照点/射体理想化认知模型的关系小句在语料库中的分布

参照点/射体	句数（6718）	占比
位置	3493	52%
非实体	1142	17%
人物	1075	16%
实体	403	6%
方式	336	5%
事件	269	4%

表 6.10 可做如下解读：①六个类型的参照点/射体按使用比例（52%：17%：16%：6%：5%：4%）呈现出"位置＞非实体＞人物＞实体＞方式＞事件"的顺序，其中用作主语/主位的参照点/射体主要用于表示位置（包括时间、地点和方位），其占比为最高，达 52%，表明旅游语篇中的关系小句主要用于描写旅游目的地或景点并进一步提供相关信息，例如"The magnificent opera house on Sydney Harbour is a headline act in itself"中的"The magnificent opera house on Sydney Harbour"和"The date of the landing was 26 January, an occasion that is commemorated each year with the Australia Day public holiday"中的"The date of the landing";②其次是占比为17%的非实体(包括抽象的观点、概念和心理感受),例如"Vibrant, laid-back and offbeat are words oft used to describe this small-time, big-heart, beachside destination"中的"Vibrant, laid-back and offbeat",以及"Mining and agriculture continue to form the state's economic backbone today"中的"Mining and agriculture";③排名第三的是占比为16%的人物,表明人既是旅游的主体,也是旅游目的地人文地理景观的重要组成部分,例如"You are never far from a double-shot, day or night"中的"You",以及"Aboriginal people have lived in NSW for more than 40,000 years"中的"Aboriginal people";④排在后三名的分别是实体(6%),主要指事物,例如"Fan palms, ferns and mangroves are just some of the 3000-plus plant species in the ancient, World Heritage–listed Daintree Rainforest"中的"Fan palms, ferns and mangroves";方式(5%),主要指游览方式,例如"The best way to really appreciate Australia is to hit the open road"中的"The best way to really appreciate Australia";事件(4%),例如"Car hire here is relatively affordable"中的"Car hire here"。

总之,射体-界标模型和参照点模型与静态场景概念相结合,可以对关系小句进行理想化认知模型的分析,尤其是在所有型关系小句中,被赋予主位/主语地位的射体常常被定义为参照点。因此,通过参照点/射体认知模型分析,我们可以识解关系小句的语义,即关系小句描写的对象。表6.10的统计数据表明,旅游语篇中的关系小句首先用于提供旅游目的地在时间、地点和方位等方面的位置信息,其次用于描述关于旅游景点抽象的观点和概念(包括心理感受),以及既是旅游主体又是旅游目的地人文地理景观重要组成部分的人物。

三、关系小句的命题模型分析

如上所述,理想化认知模型既是建立在多个认知模型之上的一个复杂的完形结构整体，也是一个总体认知结构原则，即每一个理想化认知模型都是根据命题结构、意象图式、隐喻映射和转喻映射四种原则建构起来的。由于范畴是通过认知模型来描述的，因此这四种原则也可以被视为四种认知模型。其中，命题模型具有判断性特点，是客观世界在心智中的事实性映射，因此可以用来解释所涉及的概念、特性以及概念之间的关系（Lakoff，1987：68，113）。我们的知识结构大多以命题模型的形式存在的。因此，某个领域的模型必然包括出现在该领域中的概念，比如一个描述某个旅游景点的命题模型一般都包括该景点的位置信息。

命题通常用来指一种能够明确区分和判断真假的陈述（Goldrei，2005：18）。命题是语言哲学、语义学、逻辑学和相关领域的核心概念，通常被描述为真或假的主要载体，即判断某一件事情真假的陈述句（Wikipedia，2023）。根据定义，我们知道命题一般体现为陈述句，而陈述句的语法结构取决于命题的逻辑结构。因此要弄清语句的结构，必先弄清命题的结构。根据 Lakoff（1987：68，113）的命题结构原则，本文采用"两分法"，将命题解析为一个主项-谓项结构（subject-predicate structure）（Stalmaszczyk，2022）；同时，为了避免混淆，本书将表述和谓述纳入谓项部分，即将系动词划入谓语动词的范畴。基于此，由陈述句体现的命题结构可以表征为"主项｜谓项"，其中主项指事件的本体（也叫论元），在句中充当主语；谓项位于主项之后，是对主项具体描述的载体。因此，命题的结构如表 6.11 所示：

表 6.11　命题结构的解析

主项	谓项
Brisbane	is a subtropical town.
Renaissance-style Great Hall	is among Washington's most impressive spaces.
Australia	has more than 500 national parks.

此外，根据命题结构原则，疑问句、感叹句和祈使句都不是命题，

因为这三种句子都不能判断语句的真假——疑问句不做真假判断，其作用是提出问题和询问情况；感叹句带有感情色彩，用于表示强烈情感；祈使句则缺少主项，其作用是请求、命令、劝告、建议别人做或不做一件事。

关于命题类型，亚里士多德在《工具论》中的"范畴篇"（Categories），根据命题的不同形式及其相互关系，将命题分为简单命题和复合命题两大类型。

简单命题（simple proposition）指在结构上不能再分解出其他命题的命题。简单命题本质上是陈述性的，也就是说，命题是对特定感知对象的状态或性质做出的断言，例如"West Virginia's hospitality is legendary"和"Indigenous clans or bands in NSW have their own languages and identity"。从结构上看，简单命题只有一个主项和一个谓项。从句法上看，每一个简单命题至少有一个主语（即思维或观察的对象）和一个动词（主动语态和现在时态优先），以及额外添加的形容词或副词。

复合命题是指两个及以上简单命题通过句子连接词联结而成的命题，其中最常见的连接词（connectives）有"and""or""but""if ... then ...""neither ... nor ..."和"either ... or ..."等，例如"Most Australians live along the coast, and most of these folks live in cities"和"If you're lucky, you may be able to book a place on an Aboriginal heritage tour in the Sydney Royal Botanic Gardens"。需要说明的是，虽然复合命题是由几个简单命题组合而成，但这种组合并非命题的简单相加，而是通过连接词来体现命题之间的逻辑语义关系。因此，复合命题的语言表达形式大多是复合句。

基于此，根据命题模型来分析语料库中关系小句的策略是：①在所有限定小句中，识别出表示关系的限定小句；②在所有6718个关系小句中识别出陈述、疑问、祈使和感叹四种语气类型，并统计出这四种语气类型的使用比例，其中陈述句6641个，占比98.86%；祈使句33个，占比0.49%；疑问句28个，占比0.41%；感叹句16个，仅占

0.24%；③再从陈述句中识别并统计出简单命题和复合命题的百分比。因此，基于命题模型分析的关系小句在语料库中的分布如表 6.12 所示。

表 6.12 基于命题模型分析的关系小句在语料库中的分布

命题类型	句数（6641）	占比
简单命题	5047	76%
复合命题	1594	24%

我们的知识大多存储于命题之中，无论是简单命题还是复合命题。之所以做此区分，是因为不同的语篇类型使用不同的语言形式来表达不同的命题形式。因此，表 6.12 可做如下解读：①这个旅游语篇语料库一共识别出 11013 个限定小句，其中使用比例最高的是占比为 61%的关系小句，表明关系小句在旅游语篇建构中的重要作用；②在这 6718 个关系小句中，6641 个（98.86%）为陈述句，其中 76%为简单命题，24%为复合命题，这表明旅游知识或信息主要体现为简单命题，因为相比较逻辑语义关系较为复杂的复合命题，由简单命题建构的旅游语篇更容易被读者理解，因而更有助于旅游目的地人文地理知识的传播。

四、小结

本节主要从理想化认知模型视角来描写关系小句的句法结构。可以用于解析关系小句的理想化认知模型主要包括经典事件模型（CEM）与事件域认知模型（ECM）、射体-界标模型与参照点模型以及命题模型。

经典事件模型和事件域认知模型在关系小句解析中的语言作用表明，这两个认知模型都包含许多可以用于描写关系小句的概念原型，而且，经典事件模型中的舞台模型和事件域认知模型中的静态场景概念相结合可以用来描述关系小句表征的非典型和非动作状态的事件。

此外，射体-界标模型与参照点模型还可以结合静态场景概念用于描述关系小句的概念结构和句法结构，尤其是所有型关系小句。而且，结合静态场景概念，射体-界标模型与参照点模型可以组合成一个理想化认知模型，即参照点/射体模型，通过观察作为小句主语的参照点和射体，对关系小句进行认知阐释。最后，根据命题模型，我们可以分析关系小句如何通过命题结构来构建知识。

总之，经典事件模型与事件域认知模型、射体-界标模型与参照点模型，以及命题模型都可被视为理想化认知模型，用于描述关系小句的概念结构和句法构式。

第三节　关系小句的构式语法分析

如前所述，就句法的描写和解释而言，认知语言学和系统功能语言学的一个关键区别在于构式的使用。构式指由两个或以上的象征单位形成的结构，也是形式和意义/功能的配对体（Goldberg，1995：1）。象征单位是音位单位和语义单位的结合体，而语言则是象征单位的集合。根据托马塞洛（1998：xvii）和冈萨雷斯等人（2014：6-7）的观点，广义的构式源于与特定文化的人们实现交际目标有关的反复发生的事件，狭义的构式指由形式和意义/功能组成的信息存储单元。本书的构式使用后者的定义。

系统功能语言学派的福塞特等人（1993：114，180）没有使用理论意义上的构式，而是采用与构式概念相似的"体现规则"（realization rule），即一种将意义转化为形式的规则。与构式方法相似的另一个概念是福塞特（2000，2008）在其两部系统功能语言学专著中多次强调的"频率"（frequency），该概念与广义构式中反复发生的事件具有异曲同工之意。对于盖拉茨和库肯斯（Geeraerts & Cuyckens，2007：14）来说，构式是指涉及词典的句法结构，即语法的重新词汇化（relexification）（Goldberg，1995；Croft，2001）。换言之，构式语法将构式定义为存储于语言的样式，一个由句法和词汇构成的连续体。

构式方法的核心原则是，语言是由语法描述各个层面的形式-意义配对体组成的（Hudson，2008：3）。因此，通过系统功能语言学模型中的体现规则来解释的关系小句也可以根据认知语言学中的构式语法来描写，即认知语言学中的构式旨在发现用于解释语言行为的系统的组织和操作原则（Nuyts，2007：549-556）。具体而言，关系小句可以从表述性名词/形容词构式（对应于包容型关系小句）、表述性介词短语构式（对应于环境型关系小句）、表述性所有格构式和谓述性所有格构式（对应于所有型关系小句）来解释。换言之，关系小句可以重新划分为两种主要的关系构式：①表述性关系构式，包括表述性名词构式、表述性形容词构式、表述性介词短语构式和表述性所有格构式；②谓述性关系构式。

基于此，根据构式语法来分析语料库中关系小句的策略是：①在所有的限定小句中识别出与两种主要类型的关系构式相对应的所有关系小句，并分别标记为"Pret"（表述性）和"Pred"（谓述性）；②统计出这两种类型在语料库使用比例。因此，表述性和谓述性关系构式在语料库中的分布如表 6.13 所示。

表 6.13　表述性和谓述性关系构式在语料库中的分布

构式类型	句数	占比
表述性	5851	87.10%
谓述性	867	12.90%

从表 6.13 中可以看出，表述性关系构式和谓述性关系构式在语料库中呈大幅偏态分布，两者的使用比例分别为 87.10% 和 12.90%，这表明表述性关系构式在旅游语篇中的主导地位。基于此，本节将对表述性和谓述性两种关系构式做进一步分析。

一、表述性关系构式

从句法角度来看，构式被视为"一种由有序槽位组成的公式"

（Taylor，1995a：198）。根据加西亚-米格尔（García-Miguel，2007：754）的观点，关系小句构式中的这些槽位通常由以下三要素填补：一个连接动词，用于表示一种与语境有关的事件类型，而且这个连接动词是整个小句的决定因素；一个或多个名词词组，用于表示命题中的主要参与者；一个或多个介词，用于表示时间、地点、方式等环境成分。因此，关系小句构式的三要素可以用下面三个例子来解释。

[105] Brisbane is a subtropical town on the way up.

[106] New South Wales is rich in history and landscapes.

[107] Cities here are in a constant state of growth, reinvention and flux.

例 105 中，"Brisbane" 是射体，由作为界标的名词词组 "a subtropical town on the way up" 来定义；例 106 中，"New South Wales" 是射体，由作为界标的形容词词组 "rich in history and landscapes" 来描述；例 107 中，"cities here" 是射体，其环境成分由作为界标的介词短语 "in a constant state of growth, reinvention and flux" 来表征。

就以上三个例子的语法分析而言，例 105 中的系动词与一个名词词组结合形成了一个不及物的小句 "表语"，即一个表述性名词构式。同样，例 106 中的系动词与形容词或形容词词组结合形成一个表述性形容词构式。例 107 中的系动词与介词短语结合形成一个表述性介词短语构式。

基于此，本节采用以下策略来研究语料库中的表述性关系小句构式：①在所有表述性关系小句构式中，识别出表述性名词（标记为 "Pret-N"）、表述性形容词（标记为 "Pret-A"）、表述性介词短语（标记为 "Pret-Ph"）和表述性所有格（标记为 "Pret-Pos"）；②统计出这四种子类型在语料库使用比例。因此，表述性关系构式在语料库中的分布如表 6.14 所示。

表 6.14　表述性关系构式在语料库中的分布

类型	句数（5851）	占比
表述性名词构式	3189	54.50%
表述性形容词构式	1726	29.50%
表述性介词短语构式	936	16%
表述性所有格构式	0	0%

从表 6.14 中可以看出，这四种表述性关系构式按使用比例（54.50%∶29.50%∶16%∶0%）呈现出"表述性名词构式＞表述性形容词构式＞表述性介词短语构式＞表述性所有格构式"的顺序，其中表述性名词构式占比最高，表明表述性名词构式在语料库中的主导地位；表述性所有格构式的使用比例为零，表明这种构式不适合旅游语篇。基于此，本小节将对上述四种表述性关系构式逐一展开论述。

（一）表述性名词构式（Predicative nominal constructions）

在表述性名词构式中，被视为小句表语重要组成部分的表述性名词通常用于表征一种静态关系（Langacker，1991∶66）。因此，表述性名词构式可图解如下：

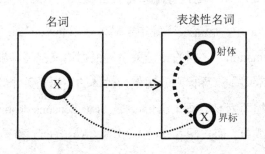

名词　　　　　　　表述性名词

射体

X

X　界标

图 6.6　表述性名词构式（Langacker，1991∶66）

根据兰盖克（1991∶66-67）的观点，上图中，左边的方框代表名词的语义规范，缩写为 X。右边的方框则表示对作为表述性名词 X 的语义值进行识解。此外，由这个名词 X 指定的实体通常识解为界标，而由另一个实体指定的射体则具有高度图式性。射体和界标之间的身份关系由粗虚线表示对应关系。

表述性名词构式可以表达两种身份关系：类包涵（class inclusion）和身份指称（referential identity），如例 108—109 所示：

[108] Colorado is a Four Seasons destination.

[109] Australia is the 18th-most urbanised country in the world.

例 108 中，表述性名词指定一个类别，而主语被识别为该类别的一个成员。例 109 中，主语和表述性名词分别描述特定个体，这两个特定个体实际上指代的是同一实体。基于此，这两种身份关系可图解如下：

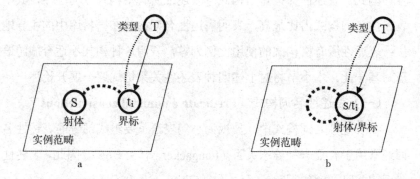

图 6.7　两种表述性名词构式（Langacker，1991：68）

在图 6.7a 中，粗虚线明确指定射体（Colorado）和界标（a Four Seasons destination）之间的身份关系。根据语义描述，射体（缩写为 S）充当小句的主语，界标则表明作为射体的主语是某个特定类型中的一个实例（缩写为 t_i），即 Colorado 是 Four Seasons destination 这个范畴中的一个成员。而在图 6.7b 中，射体（Australia）和界标（the 18th-most urbanised country in the world）是指代同一实体的两个实例。

基于此，语料库中表述性名词构式的分析策略是：①在所有表述性名词构式中识别出两种身份关系（类包涵和身份指称）；②统计出这两种表述性名词构式在语料库的使用比例。因此，表述性名词构式在语料库的分布情况如表 6.15 所示。

表 6.15　两种表述性名词构式在语料库中的分布

身份关系类型	句数（3189）	占比
类包涵	2140	67.10%
身份指称	1049	32.90%

从表 6.15 可以看出，类包涵和身份指称的分布是偏斜的，两种身份关系的使用比例分别为 67.10%和 32.90%，表明表述性名词构式多用于建构旅游目的地的成员身份。但是，表达身份指称关系的表述性名词构式也不可或缺，32.90%的使用比例表明表述性名词构式也可用于表达旅游目的地独特的身份和地位，例如"Australia is the 18th-most urbanised country in the world"（译为：澳大利亚是世界上城市化程度第十八高的国家）。

（二）表述性形容词构式（Predicative adjective constructions）

根据泰勒（1996：323）的观点，形容词通常用于勾画一个按照图式描述的事物和某个领域或范畴之间的关系。换言之，其后跟着系动词的图式性射体在表述性形容词构式中通常充当详述点，即作为射体的主语是通过表示品性或状态的形容词来详细描述的。

如前所述，在关系小句中，名词类主要用于识解处于某种状态的事物或事件，而形容词类则用于表达所描述事物或事件的状态或属性，如例 110—112 所示：

[110] The scenery will be spectacular.

[111] Chicago's North Shore is also natural and beautiful.

[112] Dazzlin' Tassie is brilliant, beautiful and accessible.

以上例子中，由表述性形容词构式描述的状态关系可图解如下：

例 110 中，作为射体的主语"the scenery"充当界标形容词"spectacular"的图式（schema），作为界标的形容词为被评价的射体/主语提供信息，即"the scenery"被视为"spectacular"范畴中的一个实例。但是，对例 110 的解释存在一个问题：如果表述性形容词构式中有多个形容词怎么办，如例 111—112。解决方法如图 6.8 所示：用一条粗虚线表示射体和界标之间的状态关系；射体（缩写为 S）的语义特征由小句的主语指代，而界标由具体类型（缩写为 T_n，意指多个形容词）表征，用于表示该类型中的多个实例（缩写为 t_n）（Langacker，1991：67-68），如例 111 中，射体（Chicago's North Shore）对应于指定"natural"和"beautiful"两个类型中的两个实例的界标；例 112 中，与射体（Dazzlin' Tassie）对应的界标指定"brilliant""beautiful"和"accessible"三个类型中的三个实例。

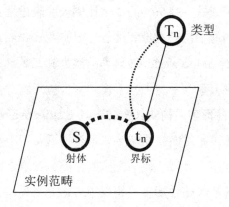

图 6.8　表述性形容词构式（Langacker，1991：68）

　　由于关系小句的表述性形容词构式分析与本章第一节中的类型-实例图式分析大体相似，因此本小节就不再统计每一个表述性形容词构式中的形容词数量。基于此，表述性形容词构式在语料库的分布情况如表 6.14 所示：表述性形容词构式在整个表述性关系构式中的占比为 29.5%，仅次于表述性名词构式。在所有的表述性形容词构式中，首先 90%以上（参考表 6.2）使用单个形容词，其次是两个形容词，接着是三个形容词，排在最后的是四个形容词。此外，旅游语篇中表述性形容词构式主要用于表征情感意义和鉴赏意义，例如"The beauty that surrounds the resorts is breath-taking"中的"breath-taking"和"The scenery will be spectacular"中的"spectacular"。

（三）表述性介词短语构式（Predicative prepositional phrase constructions）

与描述类型-实例身份关系的表述性名词构式和表述性形容词构式不同，表述性介词短语构式主要用于勾画主语名词的时空位置关系（通常是静态关系），因此可以用参照点模型来解释，如例 113 所示：

[113] The two Units of the park are near the trailheads of the 100-mile Maah Daah Hey Trail.

根据图 3.9 的参照点模型，观察者（Viewer）通过参照点根据心理路径追踪目标。例 113 中，主语名词（The two Units of the park）充当参照点，用于定位由表述性介词短语（near the trailheads of the 100-mile Maah Daah Hey Trail）指定的目标。

然而，根据 Langacker（1991：66）的说法，当介词短语被用作小句主语时，作主语的介词短语通常表征空间位置而非方位关系，如例 114—115 所示：

[114] **In the dome** is Constantino Brumidi's 1865 fresco.

[115] **Along the right-hand wall** is an old desk with a typewriter, exactly the type Hemingway used.

显然，兰盖克（1991）将这些介词短语前置的例子视为表述性名词构式，主要用于描述空间身份关系，而非方位关系。不过，本书认为这种构式并非表述性名词构式，而是表述性介词短语构式的变体，它只是将介词短语和主语名词的位置进行互换，即介词短语前置为参照点，而主语名词后置为目标。这种介词短语前置的构式可以被看作是有标记的表述性介词短语构式，因为它表征的仍然是时空关系，是真正意义上的环境成分。

基于此，表述性介词短语构式在语料库的分布情况如表 6.14 所示：表述性介词短语构式在整个表述性关系构式中的占比为16%，位于表述性名词构式和表述性形容词构式之后。表述性介词短语构式在旅游语篇里主要用于表征旅游目的地的包括时空关系在内的环境信息，例如"Glenariff Park is at the heart of the Glens of Antrim"。

（四）表述性所有格构式（Predicative possessive constructions）

根据泰勒（1995b：6）的说法，表述性所有格构式相当于"主语+系动词+补语"句式，其中补语由属格或所有格形式指定，例如"This photograph is John's"中的"John's"。这样的表述性所有格构式通常用于描述一种占有关系："X is Y's"表述的是 X 被 Y 占有，或者 Y 对 X 的所有权。不过，"This photograph is John's"这个小句看起来更像是一个包容型关系小句，句中的所有格名词本身主要表达某一个范畴的事物，即所有格补语"John's"更像是一个总体类型，而主语"This photograph"则是总体类型"John's"中的一个具体实例。因此，根据类型-实例图式，表述性所有格构式可以理解为典型的包容型关系小句。

此外，表述性所有格构式在语料库中的零使用率（见表 6.14）表明，这种构式不适用于旅游语篇，因为包含旅游景点在内的旅游资源是公共资源，它们不属于任何个体或社区。即使是属于个人财产的餐厅、酒店和设施，旅游语篇也很少或基本不使用表述性所有格构式，表明这类语篇有意避开所有权观念，表明了"去占有化意识"的语义。

二、谓述性关系构式

根据表 6.13 和表 6.14，表述性关系构式和谓述性关系构式在语料库使用比例分别为 87.10%和 12.90%。占比 87.10%的表述性关系构式包括表述性名词、形容词、介词短语和所有格四种构式，而占比 12.90%的谓述性关系构式主要指谓述性所有格构式。

如果说表述性名词或形容词构式不依赖用于指定一种高度图式性状态关系的系动词，那么表述性所有格构式则注重所有格动词，这些动词可用于描述拥有者/射体和被拥有者/界标之间关系在时间方面的延续性（continuation through time），例如"several of the 18 rooms have private decks overlooking the water"中的"have"。在认知语法中，占有概念可以用各种构式来表示。但是，本节关注的是小句层面的所有格构式，即以"占有者+过程+被占有者"和"被占有者+过程+占有者"为结构的谓述性所有格构式。

基于此，语料库中谓述性所有格构式的分析策略是：①在所有的关系小句构式中识别那些表达拥有者-被拥有者/整体-部分关系（标记为"Pr-Pe"/"W-P"）和被拥有者-拥有者/部分-整体关系（标记有"Pe-Pr"/"P-W"）的构式；②统计两种类型的谓述性所有格构式在语料库中的百分比。因此，谓述性所有格构式在语料库中的分布如表 6.16 所示。

表 6.16　谓述性关系构式在语料库中的分布

谓述性构式类型	句数（867）	占比
拥有者-被拥有者（整体-部分）	847	97.70%
被拥有者-拥有者（部分-整体）	20	2.30%

从表 6.16 可以看出，拥有者-被拥有者关系（包括整体-部分关系）和被拥有者-拥有者关系（包括部分-整体关系）在旅游语篇语料库的分布呈一边倒之势，97.70%：2.30%的使用比例表明拥有者-被拥有者关系（包括整体-部分关系）在谓述性所有格构式中的绝对主导地位。虽然两者的使用比例较为悬殊，但仍然有必要对上述两种构式逐一展开分析。

（一）占有者-被占有者构式（possessor-possessee constructions）

"占有者+过程+被占有者"是典型的谓述性所有格构式，其中占有概念指的是两个实体（拥有者和被拥有者）之间的关系，以及指定这两个实体之间占有关系的所有格动词。当拥有者被视为"参照点实体"时，谓述性所有格构式可以根据参照点模型来理解，该模型在描述不同类型所有格构式方面具有基本的意象图式能力和功能（Taylor，1995b：65）。这类所有格构式也可以表达整体-部分关系，因而也被兰盖克（1995：59）视为所有格构式的三个原型（包括所有权和亲属关系）之一，即所有权（ownership）、亲属关系（kinship）和整体-部分关系构成所有格构式的三个原型。

此外，最初来源于物理控制和操纵的概念原型的所有格动词是具有具体含义的，如"grasp"和"hold"，这些动词后来通过隐喻扩展到物理或抽象情境，形成一些具有典型性的所有格动词（Langacker，1993：16；1995：63-64）。从这个意义上说，英语所有格动词"have"基本涵盖了谓述性所有格构式中从物理控制到抽象所有权的表示占有的意义。在这种所有格构式中，拥有者（possessor）通常被赋予参照点/射体的地位，因而也常常充当小句的主语。不过，"have"毕竟是为数不多的、能够表达谓述性所有格构式中三个占有原型（整体-部分关系、所有权和亲属关系）的所有格动词。此外，除了表示物理控制的占有关系，在由"have"组成的have-构式中，主体并非对客体施加物理控制，而是表明主体与客体的模糊互动（Langacker，1995：73-76），如"New Jersey also has a diverse landscape that feels far from city life"和"This park has an excellent view of Atlanta's skyline"中的"has"，它的主语和宾语之间没有严格意义上的互动。

为此，基于表5.16中五个高频动词，本小节统计出482个由"have"构成的谓述性所有格构式，占"占有者-被占有者"这一类构式的56.90%，以及365个由offer、provide、include等动词构成的谓述性所有格构式，占43.10%。这些数据表明，旅游语篇中的大多数占有者-被占有者构式并不都表示真正意义上的占有关系，即主体对客体施加的物理控制。相反，通过占有关系的转喻和隐喻延伸，这类构式大多用于表达旅游目的地拥有的条件以及能够提供的信息和服务。

（二）被占有者-占有者构式（possessee-possessor constructions）

除了用于整体-部分所有格构式的典型动词"have"之外，还有少数动词如"belong to""constitute"和"make up"可以用来组建被拥有者-拥有者/部分-整体构式。在这种构式中，充当部分的施事参与者

（agentive participant）与充当整体的受事参与者组成一个部分-整体关系，在这种关系中，这些动词前的部分可以识解为参照点，动词后的整体则充当目标（Davidse，2000：29）。从这个意义上说，"belong to" "constitute"和"make up"具有相同的认知语义，即将客体视为参照点，将主体视为目标，观察者通过参照点追踪心理目标，如图6.9所示。

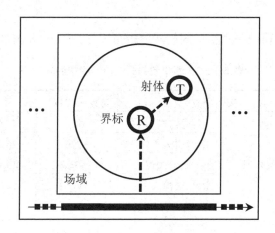

图 6.9　constitute、make up 和 belong to 的结构（Langacker，1995：65）

类似于图 6.5 中识解整体-部分关系的 have-构式，图 6.9 描述的是一种部分-整体所有关系，这种关系可以用表示时间持续性的粗线段箭头来体现，并由"belong to""constitute"和"make up"这样的所有格动词来指定。这些所有格动词可用于描述被占有者/射体和占有者/界标之间的关系在时间上的延续，即由这些所有格动词识解的占有关系具有持续性（Langacker，1995：65；Davidse，2000：29），如表 6.17 所示：

表 6.17　所有格动词识解的占有关系具有持续性

Agriculture and graziery	constitute	the backbone of the state's economy.
Together, they	make up	the world's largest geothermal system.
被占有者/射体/参照点	**过程**	**占有者/界标/目标**

基于此，根据表 6.16 和表 6.17，本小节在语料库中统计出 20 个被占有者-占有者构式，其使用比例仅占整个谓述性关系构式的 2.30%，表明这种被占有者-占有者/部分-整体构式极不受旅游语篇作者的青睐。

三、小结

旅游语篇中关系小句的构式分析可以根据表 6.18 做个小结：

表 6.18　关系小句构式在语料库中的分布

构式类型		句数（6718）	占比
表述性 （87.1%）	名词构式	3189	47.50%
	形容词构式	1726	25.70%
	介词短语构式	936	13.90%
	所有格构式	0	0%
谓述性 （12.9%）	占有者-被占有者构式 （整体-部分构式）	847	12.60%
	被占有者-占有者构式 （部分-整体构式）	20	0.30%

从表 6.18 中可以看出，表述性关系构式占据了整个关系小句构式的 87.10%，表明这一类构式是构建旅游目的地知识的"最喜欢的构式类型"。其中，用于表示类包涵关系和身份指称的表述性名词构式在关系小句构式的使用比例（47.50%）为最高，表明其在描述旅游目的地的状态关系中的主要地位。排名第二的是多用于表达情感意义和鉴赏意义的表述性形容词构式，其使用比例为 25.70%。排名第三的是使用比例为 13.90% 的表述性介词短语构式，在旅游语篇里主要用于表征旅游目的地的空间和时间信息。表述性所有格构式在语料库中的使用比例为零，表明旅游语篇不太喜欢用这种构式来描述基于狭义所有权的真正占有关系。另一个原因是，这种表述性所有格构式多用于口语，而不适用于书面语篇。

与表述性所有格构式相反，旅游语篇更偏爱谓述性所有格构式，这种构式可以通过转喻和隐喻的延伸来表示广义的占有关系。此外，在使用比例为 12.90% 的谓述性所有格构式中，占有者-被占有者构式/整体-部分构式与被占有者-占有者构式/部分-整体构式在使用比例上的巨幅偏斜（97.70%：2.30%）表明，旅游语篇中谓述性关系构式主要用于表达旅游目的地拥有的条件以及能够提供的信息和服务。

总而言之，根据认知语言学模型对关系小句构式进行的统计分析，有助于更好地理解系统功能语言学模型中关系小句在识解经验世界中的作用。例如，表述性名词构式大体上对应于识别式小句，可以用于识别、定义、例示、证明、解释等（Halliday & Martin，1993：40），因而关系小句构式在旅游语篇知识构建中的作用至关重要。

第四节　关系小句的原型范畴理论分析

范畴是认知主体对外界事体的本质与属性所做的主观概括，因此，划分范畴的能力也被视为认知最基本方面，即判断某一事体是或不是某个范畴的具体实例（Jackendoff，1983：77）。人类的认知基于体验，始于范畴化。范畴化是人类对事体进行分类的心智过程，也是范畴和概念形成的基础，而范畴和概念则是范畴化的产物和结果（Ungerer & Schmid，1996：2）。

基于范畴的原型理论（Prototype Theory）是认知科学（包括心理学和认知语言学）的一种范畴化理论。与强调范畴边界明确性以及范畴成员地位相等的经典范畴理论不同，原型范畴理论依据维特根斯坦（Wittgenstein，1953）提出的家族相似性（Family Resemblance）原理，尽可能使同一个范畴内各成员的相似性达到最大化程度，即这些成员以相似性的方式联系起来形成一个类别，即范畴。此外，范畴的边界是模糊的，范畴内各成员的地位也不相等。关于家族相似性，罗施和默维斯（Rosch & Mervis，1975：575）将其解释为：每个成员至少有一个或几个与其他成员享有共同成分，但没有一个或很少有几个成分是所有成员共同享有的。换言之，隶属同一范畴的各成员之间不存在共享所有特征或属性的现象。

原型范畴是指具有家族相似性的范畴，即包含原型和非原型的范畴，其中原型（prototype）具有最大的家族相似性，是范畴中的典型实例（Langacker，1987：371）。简而言之，原型范畴理论是对维氏"家族相似性"原理的应用和发展。本节主要从原型视角对关系小句的类型、及物性、语气和极性系统逐一进行分析。

一、关系小句类型的原型分析

范畴内的成员有原型和非原型之分，其中原型指范畴内的典型代表，具有无标记性。原型是比同一范畴的其他成员拥有更多共同属性的实例，即当提及某一范畴时人们可能首先想到的原型样本（Rosch & Mervis，1975：573），例如，当提及英语 "furniture"（家具）这个范畴时，人们最先想到的是"couch"（沙发），而不是"wardrobe"（衣橱）或其他物件。原型可以作为出发点，根据家族相似性原理类推到同一范畴的其他实例中，因此范畴是围绕原型这一参照点建立起来的。

关系小句范畴就是围绕包容型小句建立起来的。包容型小句作为关系小句范畴的原型有如下三方面的原因。

第一，从创立时间看，包容型小句（intensive clause）是系统功能语法创始人韩礼德（1967a，1967b，1968）于20世纪60年代末在其论文《英语及物性和主位的注释》中首次提出。以"x is a"为形式的包容型小句是一种归属过程小句，主要用于描述事体的特征或属性以及识别事体的身份。在对连接动词进行分类之后，韩礼德提出了关系小句的概念。到了1985年，韩礼德在《功能语法导论》（Halliday，1985a）中将所有的系动词句式、表语句式、句法层面的连结构式和所有格构式纳入关系小句的范畴，然后将其分为三种类型：形式为"x is a"的包容型，形式为"x is at a"的环境型，以及以"x has a"为形式的所有型。

第二，从家族相似性看，环境型小句是由包容型小句扩展而来，它是在"x is a"形式的基础上加了一个介词形成的。所有型小句与包容型小句也具有极大相似性，体现关系过程的连接动词（be 和 have）只是表示两个参与者之间高度概括的联系（highly generalized link），语义并不突出，主要用于描述作为主语的参与者的状态。此外，包容型小句和所有型小句的语法结构极为相似，都表现为"A+连接动词+B"。因此，相比较环境型小句和所有型小句，包容型小句在整个关系小句范畴中具有最大的家族相似性。

第三，从使用比例看，根据表 4.3，相比较环境型小句（27.90%）和所有型小句（12.90%），占比 59.20%的包容型小句拥有更多的共同属性，显示其在整个关系小句范畴中的原型地位。

此外，关系小句还可以分为归属式和识别式两个范畴成员。从表4.3 中两种关系模式的使用比例看，占比为 82.80%的归属式关系小句比占比为 17.20%的识别式关系小句具有更多的共同属性，比如识别式小句的语法结构就包含在归属式小句"x is a"的结构里，因而获得关系小句范畴中的原型地位。

总之，在由关系类型与关系模式构成的关系小句范畴里，包容型小句是关系类型子范畴中的典型实例，而归属式小句则是关系模式子范畴中的原型性成员。

二、关系及物性的原型分析

范畴是各成员以相似性的方式联系起来形成的一个类别。包容型小句、环境型小句和所有型小句根据家族相似性组成一个关系小句范畴。关系小句范畴的家族相似性主要体现为静态及物性，这种静态及物性表现为非动态的连接动词以及充当主语的名词词组，而且由名词词组体现的主语不是能量传递的源头，而是描述的对象。

（一）体现参与者的名词词组的原型分析

传统语法采用定义描写和句法描写两个标准来划分词类，将名词定义为表示人或事物的名称，常用作句子的主语、宾语、表语等，但传统语法无法解释名词范畴的非原型性成员。泰勒（2002：168）主张运用原型范畴理论来描写词类：词类与原型意义值有关——名词标明物体，动词标明过程或状态，形容词标明物体的特性，介词则标明事物之间的（空间）关系。这些主要词类在原型用法基础上通过隐喻、转喻等方法不断扩展其范畴，从而形成语言中辐射性词类范畴，即范畴的边缘成分。

兰盖克（1991：285；2000：22-26）通过意象图式提炼出两个概念原型："物理对象"（名词类的原型）和"物理动作"（动词类的原型）——名词勾画事物，而动词标明过程。这两个概念原型构成一个施事者-受事者互动，因此成为构成小句主要结构单元的基础。

贝茨和麦克威尼（Bates & MacWhinney，1982）运用原型范畴理论对名词进行研究，发现最具原型性的核心名词是指具体可见、能触摸、占有三维空间的离散实体。然后以其为核心，通过隐喻、转喻等方法不断向外扩展，从而形成一个复杂的名词范畴结构，其中包括非空间域的实体（如颜色），非离散的实体（如集体名词），以及非具体事物（如抽象名词）。此外，名词范畴的边缘成分还可以用作动词（例如 work）和形容词（例如 stability）。

德尔文和韦斯普尔（Dirven & Verspoor，1998：19）以 telephone、company、afternoon、job、stupidity 五个名词来例示如何识别名词范畴中的原型性成员（核心成员）和非原型性成员（边缘成员）：telephone 是核心成员，因为它是具体的物质、可见、可触摸并且占有三维空间；company 指非具体但真实存在的实体，其典型性比 telephone 稍差一点；afternoon 是一个时间名词，没有具体的存在，因此其典型性更差；job 指一个行为，更像一个动词；stupidity 指一个性质，更像一个形容词。以上五个名词在名词范畴中基本按照"从中心到边缘"依次排序。

　　基于此，在对由名词词组体现的参照点/主语进行的语料库统计分析中（表 6.10），我们发现六个类型的参照点/主语按使用比例（52%∶17%∶16%∶6%∶5%∶4%）依次排序为"位置＞非实体＞人物＞实体＞方式＞事件"，这里表示位置（包括地点、方位和时间）的名词词组的使用比例最高，达 52%，其中地点和方位是非具体但真实存在的实体，而时间没有具体的存在，因而都不是名词范畴的核心成员。排名第二的是非实体，即没有具体存在的抽象名词（如 diversity 和 economy），主要用于指事体的特征或属性，更像是形容词，因而属于名词范畴的边缘成员。排名第三的人物（16%）和排名第四的实体（6%）都是具体可见、能触摸、占有三维空间的离散实体，因而具有原型性。排名第五的方式（5%）和排名第六的事件（4%）都不是具体的实体，也没有具体的存在，因而可视为名词范畴的边缘成员。基于此，关系小句中名词范畴的原型性和非原型性在语料库的分布如表 6.19 所示。

表 6.19　关系小句中名词范畴成员在语料库中的分布

成员类型	参照点/主语	句数	占比
原型性 （22%）	人物	1075	16%
	实体	403	6%
非原型性 （78%）	位置	3493	52%
	非实体	1142	17%
	方式	336	5%
	事件	269	4%

　　从表 6.19 中可以看出，在作充当主语的名词范畴中，原型成员的使用比例仅为 22%，而非原型成员的使用比例高达 78%，表明用于建构旅游语篇的关系小句多使用名词范畴中的非原型成员来描写旅游目的地并创建旅游形象。

（二）体现关系过程的动词词组的原型分析

　　传统英语语法将动词定义为表示动作、过程、状态的词，跟在主语之后，有人称、时、体、态、数的变化。兰盖克（1991∶285）通过意象图式提炼出两个概念原型：勾画事物的名词和表示过程的动词。名词没有时间性，而动词带有时间性。核心动词在经典事件模型中指两个参与者之间能量的传递与互动。原型范畴理论则认为动词范畴的原型指的是具体的、可见的、有效的、由施事者执行并对受事者产生影响的动作。

从这方面意义看，体现关系小句过程的动词词组主要由连接动词 be 和 have 表现，连接动词不是具体的，也没有施事者对受事者产生的影响，它仅具有动词的部分特征，因而被视为动词范畴的边缘成员。

根据表 5.16 统计出来的体现关系小句过程的五个最高频动词（be、have、offer、provide、include）及其使用比例（62.40%＋7.20%＋5.60%＋2.20%＋2.10%＝79.50%），可做如下分析：①关系小句使用连接动词体现关系过程，其中五大高频动词在语料库的使用比例高达 79.50%；②体现关系过程的连接动词只起联系作用，没有施为功能；句子里没有施事者（即主语不是施事者，而是描写的对象），也没有充当宾语的受事者；连接动词不是典型的及物动词，而是动词范畴的边缘成员。换言之，体现关系小句过程的连接动词是动词范畴的非原型用法。

（三）关系小句时态和语态的原型分析

如前所述，小句的过程由动词词组体现，动词词组具有时间性，时间性由时态体现，时态是小句谓语动词用来表示动作（或状态）发生时间的语法形式，即时态是表示动词所指动作状态与其参照时点之间关系的语法资源。英语时态范畴由现在时、过去时和将来时组成。基于以下原因，本书将其中的现在时视为时态范畴的原型性成员，将过去时和将来时视为非原型性成员。

时态表示的时间从语义层面可分为话语时间（即情境时间）和功能时间（即应用时间）。时态范畴的原型指的是动词所指动作状态与其参照时点之间距离最短，也更省力、更容易获取。换句话说，现在时表示的话语时间和功能时间之间的距离最短，两者之间甚至是重合的，例如"I have a dream"，因而可视为时态范畴的原型性成员，而过去时和将来时这两种时态的话语时间和功能时间之间的距离较远，"I had a dream"和"I will have a dream"，因而属于时态范畴的非原型性成员。

现在时态的话语时间（即情境时间）和功能时间（即应用时间）之间的距离最短甚至重合的，表现在三个基本用法：①现在时用于表示现阶段事体的状态或特征、客观现象以及永恒真理，例如"Cape May is the oldest seaside resort in the U.S."，状态发生的时间（应用时间）与现在说话时间（情境时间）是完全吻合的；②表示现阶段经常性或习惯性的动作，在这种用法中，话语时间和功能时间有一定的距离；③表示说话当下瞬间发生并完成的动作，在这种用法中，瞬间动作与话语往往都是同时发生的。

此外，从使用比例看，根据表 6.20，相比较过去时（20.60%）和将来时（1.60%），占比 77.80%的现在时表明其作为无标记时态的原型用法，彰显其在时态范畴中的原型地位。

表 6.20　关系小句中三种时态在语料库中的分布

时态范畴	句数	占比
现在时	5224	77.80%
过去时	1387	20.60%
将来时	107	1.60%

总之，时态范畴是动词词组层级的概念资源，而体现关系过程的动词词组的时态主要是现在时。作为一种无标记时态，关系小句中的现在时常用于表示现阶段主体（语）非动作性的状态或特征，以及对旅游语篇中具有时间指示性的关系过程的实时描述。

语态是表示动词的主语与该动词所表示的动作之间关系的语法形式。语态范畴包含主动、被动和中动三个成员，其中主动态表示主语是动作的执行者，被动态表示主语是动作的承受者，中动态则表示主语受到动词所描写动作的影响，即中动态的主语既是受影响的对象，也是事件的起点或控制者。

在语态范畴中，本书倾向于将主动态视为原型性成员，因为大多数被动语态是由主动语态转换而来，中动语态则是主动语态的简体形式，即缺少宾语的主动语态。换句话说，被动语态和中动语态是语态范畴的非原型性成员。基于此，旅游语篇中关系小句的语态可做如下分析：①体现关系过程的连接动词只起联系作用，动作性不强，加上关系小句只有补语，没有充当宾语的受事者，因此关系小句多使用中动语态而非主动语态；②由于连接动词没有被动形式，因此，除了极少数动词词组复合体，例如 "Majestic Mt. Ida is said to be home to the cave where Zeus was born" 中的 "is said to be"，关系小句极少使用被动语态。总之，由连接动词体现的关系小句使用的是语态范畴中的非原型用法。

三、关系小句语气和极性系统的原型分析

语气是一种推进小句论元的人际功能（Matthiessen *et al.*，2010：146）。系统功能语法将语气分为主语（由名词词组指定）和限定语（由表达时态或情态的部分动词词组表示），这两个成分（主语和限定语）组合形成英语小句的语气系统。语气是动词形式分类的语法范畴，即动词所在的小句是否用于表达事实、命令、假设等的语法资源。Quirk等人（1985）按形式将简单句分为陈述句、疑问句、祈使句、感叹句等四种句型。这四种句型分别对应于陈述、疑问、祈使、感叹等四种话语功能类型（即语气类型）。本书采用系统功能语法的语气分类方法，按照主语和限定成分的排放顺序，以及使用目的将句子分为陈述句、疑问句、祈使句和感叹句，即将陈述、疑问、祈使和感叹四种句型纳入语气范畴，其中陈述句的原型用法是说明一个事实或陈述一个观点，疑问句的原型用法是提出问题，祈使句的原型用法是表示一项请示、建议或命令，而感叹句的原型用法则是表示感叹、惊讶、喜悦、气愤等感情。除了原型用法，还有其他非原型用法，比如陈述句用升调也可表示疑问，疑问句可以表示建议和问候，还可以表示感叹、惊

讶、愤怒等感情。

本小节只讨论关系小句的语气范畴，对四种语气类型不做逐一分析。基于以下两方面原因，本书将陈述句视为语气范畴中拥有最多共同属性的典型实例。

首先，陈述句是其他句型生成的基础。根据乔姆斯基的转换生成语法，我们发现疑问句、祈使句和感叹句是由以主语-限定成分为语序的陈述句转换而来的：疑问句的限定成分前置，语序为"限定成分-主语"；祈使句的主语为空，而感叹句则在"主语-限定成分"之前增加what-名词词组或how-形容词词组。换句话说，陈述句比疑问句、祈使句和感叹句拥有更多的语气范畴的家族相似性。

其次，从表 5.23 关系小句语气类型在语料库的分布来看，陈述句的使用比例高达 98.86%，祈使句、疑问句和感叹句三者相加仅占 1.14%，表明了陈述句在关系小句语气范畴中的原型地位。即陈述句成为语气范畴的典型代表，处于中心地位，而祈使句、疑问句和感叹句则不是该范畴的原型性成员，它们处于边缘地位。换言之，旅游语篇中的关系小句不适用于祈使、疑问和感叹三种语气类型

旅游语篇中关系小句的陈述语气主要用于说明一个事实或陈述一个观点，具体表现为四种功能：①描述现实：陈述句常常用来描述现实中存在的事物或情况，例如"Arlington National Cemetery is a compelling historic memorial.";②传递信息：陈述句还可以用来传递信息，例如"Tour companies include Blue Mountains Walkabout, which runs guided adventurous treks with Aboriginal and spiritual themes, and Aboriginal Cultural Concepts in Ballina, which offers Aboriginal heritage tour along the Bundjalung Coast.";③表达观点：陈述句也可以用来表达个人观点或看法，例如"Driving in Alaska is an unforgettable experience.";④提供证据：陈述句还可以用来提供证据或支持某个论点，例如"Archaeological records suggest that Aboriginal people entered Australia in the north-west，and show they were in a trading relationship with Indonesian fishermen from at least the 17th century"。前两种是陈述句的原型用法，后两种则是该范畴的非原型性成员。

极性是指肯定与否定这一对立关系范畴，是用于区别肯定小句和否定小句的一个术语（Aarts *et al.*，2014：311），也是评估小句论元价值的资源，即对命题有效性进行肯定或否定的语法资源（Matthiessen *et al.*，2010：161）。换句话说，极性是命题情态的肯定或否定的两极属性。在只有两个成员的极性范畴中，肯定是无标记的基本形式，否定是有标记的，否定因肯定而生，否定的存在就是肯定的缺失。简而言之，肯定极性具有原型特征，是极性范畴中的典型实例。这个论断可以用表 6.21 中的数据来验证。虽然否定形式在小句中的位置灵活，类型多样，但是 95.70% 的使用比例表明肯定性是关系小句极性范畴的原型用法，从而彰显其在极性范畴中的原型地位。

表 6.21　关系小句中极性范畴成员在语料库中的分布

极性范畴	句数	占比
肯定性	6429	95.70%
否定性	289	4.30%

小句的极性系统主要用于对命题做出肯定或否定的判断。系统功能语言学将极性归入人际功能范畴，用于构建人际关系。从表 6.21 中可以看出，肯定句和否定句的比率为 95.70%：4.30%，表明旅游语篇中关系小句主要使用肯定极性对由陈述语气体现的命题做出肯定的判断，即语料库中 95.70% 的关系小句使用肯定陈述句来表征正向的旅游信息或知识，进而构建旅游语篇。

四、小结

由维特根斯坦家族相似性原理发展而来的原型范畴理论在认知语言学研究中占有重要地位，该理论广泛应用于语言类型的研究。作为系统功能语法一个重要句法类型的关系小句，可以从认知语言学理论视角进行分析和研究。本节主要从原型视角对关系小句的类型、关系及物性、时态与语态、语气与极性逐一进行了分析。

从以上分析可以推断，包容型小句和归属式小句分别是关系类型范畴和关系模式范畴中的原型性成员；关系小句中作主语的名词范畴的原型用法是人物和实体，非原型用法是位置和非实体，后者（非原型用法）的使用比例远远高于前者（原型用法）；体现关系过程的连接动词 be 是动词范畴的非原型用法；时态范畴中的原型用法是现在时，主要用于表示现阶段主体（语）非动作性的状态或特征；语态范畴中的原型用法是主动语态，被动语态和中动语态是语态范畴的非原型性成员；在语句类型中，占比 98.86% 的陈述句表明其在关系小句语气范畴中的原型地位，而占比 95.70% 的肯定小句是关系小句极性范畴中的典型实例，表明其在极性范畴中的原型地位。

第五节　结　语

本章根据系统功能语言学-认知语言学理论框架，从认知语言学视角探讨关系小句形成的认知机制。根据认知语言学模型，本章先从意象图式视角分析关系小句的静态及物性，再从认知模型视角分析关系小句的形成机制，然后通过构式语法来描写和解释关系小句的语法结构，最后运用原型范畴理论分析关系小句的类型与范畴。

首先，从我们的身体及其与世界的互动中衍生出来的意象图式，通过隐喻和转喻的扩展，成为我们认知世界的语言基础，即基于意象图式的认知模型可以为语言形式的形成提供概念结构。本章在众多的意象图式中选取连接、类型-实例、容器、部分-整体四种意象图式来分析关系小句，是因为这四种意象图式都含有动作性不强的连接动词，而且这四种图式可以结合着使用来描写关系小句的句法结构，进而解释关系小句的句法成因。

其次，理想化认知模型可用于描写关系小句句法结构。用于分析关系小句的理想化认知模型主要有经典事件模型、事件域认知模型、射体-界标模型、参照点模型以及命题模型。经典事件模型和事件域认知模型这两个认知模型都包含许多可以用于描写关系小句的概念原型，其中经典事件模型中的舞台模型和事件域认知模型中的静态场景概念相结合用于描述由关系小句表征的非动作状态的事件。此外，射体-界标模型与参照点模型可以和静态场景概念组合成一个理想化认知模型，按此模型从参照点/射体视角分析关系小句的主语，进而对关系小句进行认知阐释。根据命题结构原则，本书采用"两分法"，将命题解析为一个主项-谓项结构，同时根据命题模型的判断性特点，将不做真假判断的疑问句、感叹句和祈使句排除在命题范畴之外，只对关系小句的陈述语气进行命题模型分析。此外，根据命题的不同形式及其相互关系，将命题分为简单命题和复合命题两大类型，并根据语料库统计的数据分析关系小句如何通过命题结构来构建知识。

关系小句还可以从构式语法视角进行分析。根据构式语法，本章将关系小句划分为表述性关系构式和谓述性关系构式：前者细分为表述性名词构式、表述性形容词构式、表述性介词短语构式和表述性所有格构式；后者则主要指占有者-被占有者构式/整体-部分构式。基于此，本章进一步分析了表述性和谓述性这两种关系小句构式，并根据认知语言学模型对这两种关系构式进行统计分析。根据表 6.13 的统计数据，表述性关系构式和谓述性关系构式在语料库的使用比例分别为 87.10% 和 12.90%，表明旅游语篇主要使用表述性关系构式来描写旅游目的地，比如表述性名词构式可以通过识别、定义、例示、证明、解释等语义方式来表征旅游语篇知识，因而在旅游语篇的构建中具有极为重要的作用。

最后，鉴于建立范畴是构建知识的重要途径，本章运用原型范畴理论对关系小句的类型、关系及物性、语气和极性系统逐一进行了原型分析。其中，关系及物性包括体现参与者的名词词组、体现关系过程的动词词组、以及时态和语态。在对关系小句范畴的原型分析中，我们发现包容型小句和归属式小句分别是关系类型范畴和关系模式范畴中的原型性成员。而在关系及物性系统中，名词词组范畴中表示位置和非实体的非原型用法在语料库中的使用比例为78%，远远高于仅占22%的表示人物和实体的原型用法；体现关系过程的连接动词be和have都是动词词组范畴中的非原型用法；主要用于表示现阶段主体非动作性状态或特征的现在时是时态范畴中的原型用法；在语态范畴中，鉴于体现关系过程的连接动词只起联系作用，且没有充当宾语的受事者，加上连接动词极少使用被动形式，因此关系小句多使用中动语态，而中动语态和被动语态都是语态范畴的非原型性成员。在语句类型中，占比98.86%的陈述句和占比95.70%的肯定小句分别是语气范畴和极性范畴的典型实例。总之，通过对关系小句的类型、关系及物性、语气和极性系统进行的原型分析有助于了解关系小句是使用什么类型的范畴成员来构建知识的。

第七章　总结与展望

本书从功能-认知视角研究英语旅游语篇中关系小句的词汇语法、功能语义和认知机制，进而论述关系小句在旅游语篇建构中的重要作用。确切地说，用于分析关系小句的理论框架由系统功能语言学模型和认知语言学模型组成：前者主要分析关系小句如何通过关系及物性、语气、情态、极性与局部语法、主位-述位结构与信息结构来体现经验功能、人际功能和语篇功能，后者则通过意象图式、理想化认知模型、构式语法和原型范畴理论来解释关系小句的形成机制。作为本书的结尾部分，本章将首先总结本书的主要发现，然后从跨学科融创视角对关系小句及其他小句类型的研究前景进行展望。

第一节　研究结果总结

一、基于文献研究的发现

本书先后从传统语法、认知语言学和系统功能语言学等视角回顾国内外关系小句的研究成果，并从不同视角讨论了功能-认知空间的理论与实践以及用于语料库分析的旅游语篇，为关系小句的研究目标和方法提供了重要的参考和依据。

首先，关系小句的传统语法研究发现表明，连接动词决定关系小句的基本结构和补语类型，其中，主语补语型大致对应用于描述或识别主语特征或身份的包容型小句，而状语补语型则对应环境型小句；后者既可用于描述主语，也可用于修饰连接动词本身。传统语法研究还表明，关于连接动词 be 对关系小句语义的贡献，传统语法研究仍存在分歧，一些语言学家（例如 Moro，1997；Adger & Ramchand，2003）认为连接动词 be 可以充当表达命题意义的肯定标志，以及用于描写主体/主语身份的标志，而其他语言学家（例如 Bach，1967；Lyons，1967）则认为关系小句的语义主要由连接动词前后的名词词组、形容词词组或介词短语来体现。此外，传统语法研究没有把所有型小句纳入关系小句范畴，认为所有型小句主要用于表达所有权，而不是用于描述或识别主体/主语的特征或身份。因此，关系小句的传统语法研究比较分散，仍然存在描写不够全面、术语不一致等不足之处。

其次，关系小句的功能语法研究表明系统功能语言学者对于关系小句的分类仍然存在分歧：汤普森（1996，2004，2014）等系统功能语言学家认为关系小句中的"过程"和"参与者"并没有表达常规意义的事件发生过程，因而不适用于关系及物性分析；艾金斯（2004）将存在小句和关系小句划为同一过程类型，并将致使关系小句纳入关系小句范畴；封丹（2013）只关注包含两种关系模式的典型包容型关系小句，没有将环境型小句和所有型小句纳入关系小句范畴。除了关系小句的分类问题，一些语言学家采用社会符号学方法对关系小句的某些具体方面（如等值性、穷尽性和不确定性）而不是关系小句的全貌进行研究，因而只取得了零星而非系统的研究成果。此外，以往的关系小句研究没有对关系小句如何通过语法手段体现经验功能、人际功能和语篇功能做出解释。

最后，关系小句的认知研究主要集中在连结构式和 Have-所有格构式。构式语法研究将连结构式大致等同于包容型小句，并将其中的归属式小句识解为一个单参与者构式，识别式小句为一个双参与者构式，同时将环境型小句识解为一个表示时空相邻性的双参与者构式，而将 Have-所有格构式识解为一个包含占有者和被占有者的双参与者构式。虽然构式语法解决了归属式与识别式的区分问题，但认知研究文献中对关系小句的构式描述并不全面，关于表语介词短语构式的描述较为少见，一些如意象图式和认知模型等重要的认知语言学理论也没有被用来描写关系小句的事件结构和句法构式。

总体而言，关系小句的研究是零星且分散的，没有形成一个整体研究范式，更没有一个可用于研究关系小句的综合理论框架，对旅游语篇中关系小句的研究也极为少见，这些都为建立一个以系统功能语言学–认知语言学理论框架为基础的综合研究范式提供了文献依据。

二、系统功能语言学–认知语言学分析框架的研究意义

语言学研究需要在特定理论框架下进行，关系小句的研究也概莫能外。关系小句是系统功能语言学的一个重要句法概念，主要用于描写事物的属性或特征。属性与人的认知紧密相关，是事体性质在人们心理中的体现，也是人与客观世界互动的结果（王寅，2006：120）。系统功能语言学的语义特征分析法往往忽略了人类的主观认知能力，因而在实际语言分析时具有某种局限性。基于此，本书在系统功能语言学理论基础上，通过增加认知语言学视角，构建一个用于分析关系小句的系统功能语言学–认知语言学理论框架。在这个框架中，系统功能语言学和认知语言学相互补充，形成互利关系，即系统功能语言学和认知语言学之间的协作与互补为关系小句的研究提供一个综合的理论分析框架。

为此，本书先概括系统功能语言学的总体取向，然后简要概述关系小句研究的系统功能语言学理论基础，包括语境论、层次观、级阶观、体现与例示、元功能理论、评价理论及局部语法，这些基础理论构成了用于研究关系小句的系统功能语言学模型。通过该模型，我们可以探索关系小句如何通过语篇功能来表达命题意义（包含经验意义和人际意义）。具体而言，根据该模型，本书先从过程类型、参与者角色、时态与体态等方面表达关系小句的经验意义，然后从语气、情态与极性、评价理论、评价的局部语法等方面识解关系小句的人际意义，最后从主述位结构和信息结构视角探索关系小句如何体现语篇功能。除了对关系小句进行功能语义分析的系统功能语言学模型之外，本书

还简要概述关系小句研究的认知语言学理论基础，包括意象图式、理想认知模型、构式语法以及原型范畴理论，这些基础理论构成了用于研究关系小句的认知语言学模型。通过该模型，我们可以分析关系小句形成的认知机制。具体而言，意象图式可用于分析关系小句的静态及物性，基于意象图式的认知模型可以为关系小句的形成提供概念结构，构式语法可以用来描写关系小句的句法结构，而原型范畴理论可用于分析关系小句的类型、及物系统、时态与语态、语气系统与极性系统。

在概述系统功能语言学和认知语言学两个语言学模型之后，本书补充论述了这两个语言学派之间六个方面的共现和五种类型的互补，并根据这两个语言学派之间友好互惠的关系建立一个互补的系统功能语言学-认知语言学理论框架，用以分析关系小句的功能语义和认知机制。该理论框架与基于语料库的定量研究方法相结合使得关系小句的研究具有理论创新性和论述充分性。总体而言，根据系统功能语言学和认知语言学这两个语言学派之间的兼容性和互补性建立起来的理论框架在关系小句研究中的作用至关重要。

三、系统功能语言学研究发现

根据系统功能语法，作为语言实例的小句不仅是语言的多功能单位，也是语篇分析的核心单位。因此，我们可以从元功能视角分析旅游语篇中的关系小句。为此，本书先从元功能理论深入分析关系小句的及物性、情态和极性，然后用评价理论分析关系小句的评价意义，再根据评价的局部语法对态度形容词和外置参与者进行分析，最后从主位-述位结构和信息结构视角分析关系小句的语篇功能。

首先，本书运用系统功能语义与符号学方法，从过程、参与者和环境成分三个要素以及时和体等方面展开及物性分析，探究旅游语篇中的关系小句如何通过关系及物性来识解经验意义。因此，基于语料库统计的关系小句的经验意义研究有如下主要发现：其一，关系小句按"是""是在"和"有"三个过程分为包容、环境和所有三个关系类型，每一个类型又分为归属和识别两种关系模式。其中包容型和归属式分别以59.20%和82.80%的使用比例占据了关系类型和关系模式的首位，表明旅游语篇中的关系小句多用于描写事体（包括旅游目的地、游客和旅行活动或事件）的状态、特征或属性。其二，从语料库中统计出来的五个高频动词be、have、offer、provide、include（使用比例依次排列为62.40%：7.20%：5.60%：2.20%：2.10%）来看，排名前两位的是be和have，表明关系过程主要由be和have两个连接动词体现，即关系过程体现为"是""是在"和"有"，其中用于表达"是"和"是在"过程的连接动词be的使用比例为62.40%，远远高于其他四个动词，彰显其在构建包容型和环境型关系小句中的重要作用。其三，环境型关系小句中环境成分的前三个语义项按使用比例（67.10%：10.70%：9.20%）依次排序为"空间＞时间＞方式"，环境型关系小句中表达空间的环境成分与表达方式和时间的环境成分的悬殊比例表明旅游语篇的首要任务是提供旅游景点的空间信息（即地理方位），其次才是关于如何（方式）与何时（时间）观赏景点的信息。其四，体现关系过程的连接动词语义不突出，它只是关系小句中两个参与者之间高度概括的连接，即关系小句的语义功能通常由参与者来体现。其五，从语料库统计数据看，旅游语篇中关系小句的时态按使用比例（77.76%：20.64%：1.60%）依次排序为"现在时＞过去时＞将来时"，这表明作为无标记的现在时适用于表达静态及物性的关系小句，即关系小句的现在时适用于旅游景点非动作性静态属性或特征的实时描述。

　　其次，旅游语篇中关系小句的人际意义研究主要从上层的语旨和下层的词汇语法两个视角进行。语旨（话语基调）按参与者角色分为个人语旨和机构语旨，它们构成了一个影响人际意义选择的语境变量，并决定语篇建构的人际意义范围，即上层的语旨影响下层人际意义的词汇语法表达，反过来，人际意义的类型（如语气和情态）随着语旨的变化而变化。体现关系小句人际功能的下层词汇语法主要有语气、情态和极性，以及态度词和评价句型。研究发现，98.86%的关系小句使用陈述语气来体现人际功能。25.30%的关系小句使用情态手段来表达人际意义，其中情态动词与情态附加语的使用比例分别为 5.50%和 19.80%，表明情态附加语比情态动词更多使用于旅游语篇。此外，在使用情态动词的 369 个关系小句中，认知型情态动词与道义型情态动词的使用比例分别为 93%和 7%，表明旅游语篇中的关系小句主要使用认知型情态动词来呈现与命题可能性意义有关的旅游信息。在关系小句的极性分析中，95.70%的关系小句使用肯定极性来呈现旅游目的地的正面信息。在关系小句评价意义的词汇分析中，情感、判断、欣赏三类态度形容词按使用比例（1.30%：4.50%：94.20%）从低到高依次排序为"情感＜判断＜欣赏"，其中鉴赏类形容词在旅游语篇中的使用比例最高，这类形容词主要用于评估事体的价值，因而常常被作者从审美视角对旅游目的地进行主观描述。此外，本书根据亨斯顿和辛克莱尔（2000）创建的由"被评价事物""合叶"和"评价范畴"组成的评价局部语法，运用其中的四类评价句型来分析关系小句的评价意义。虽然这四类评价句型在语料库中的使用比例很小，但这正说明关系小句中一些带有形容词的特殊句式需要根据评价的局部语法来分析。总之，评价的局部语法和总体语法的结合使用，使关系小句的人际意义分析更为全面而准确。

　　最后，本书分析的 6718 个关系小句是从语料库提取的，因而每个关系小句都是没有上下文的独立存在，即没有篇内语境（上下文），小句的主位和述位是孤立的；离开了语境，小句的信息也就不存在已知和未知之分。换言之，主位推进模式和信息流动机制更适用于语篇层面而不是小句级阶的语法分析。虽然对限定小句进行的语篇功能分析没有多大意义，但是从主位-述位结构和已知-新信息结构这两个功能视角进行分析，我们还是可以看到关系小句如何通过组篇方式将经验意义和人际意义组织在一个句子里，这有助于我们理解关系小句在旅游语篇建构中的重要作用。而且，有了语篇功能分析，关系小句的系统功能语言学研究才具有完整性。

四、认知语言学研究发现

本书采用的总体理论框架是由系统功能语言学和认知语言学两个语言学模型组成的。在从系统功能语言学视角分析了关系小句的功能语义之后，本书接着从认知语言学视角分析关系小句形成的认知机制。为此，基于认知语言学模型，本书先从意象图式视角分析关系小句的静态及物性，再从认知模型视角分析关系小句的形成机制，然后通过构式语法来描写和解释关系小句的语法结构，最后运用原型范畴理论分析关系小句的类型、及物性、语气和极性。

首先，意象图式是人类与环境互动体验过程中反复出现的常规性样式，也是从我们的身体与世界的互动中衍生出来的简单而基本的认知结构。在众多的意象图式中，用于描写关系小句句法成因的最重要的意象图式是连接图式，它可以和类型-实例图式、容器图式、部分-整体图式相结合，用于关系小句的意象图式分析。以连接动词为核心要素的连接图式可用于分析使用比例为59.20%的包容型关系小句，即通过隐喻连接，一种品质被赋予另一个实体，或一个实体被用于识别另一个实体。与系统功能语言学模型不同的，认知语言学不以连接动词后的名词词组是否确指来区分归属式和识别式，即不确指名词词组也可用于识别身份，如"Alabama is a great food destination in USA"，而形容词词组只用于赋予属性，如"Balmy Alley is beautiful"。据统计，描述属性的归属式和辨别身份的识别式的使用比例（30.10%：69.90%）表明，旅游语篇中的包容型关系小句大多用于识解事体的身份，而较少用于描述事体的属性。结合连接图式的类型-实例图式也可以用来描写包容型关系小句的结构，其中主语（主体）被视为由表语表示的某个或多个特定类型的实例。据统计，包容型关系小句按使用比例（93.10%：5.30%：1.40%：0.20%）依次排序为"1个实例＞2个实例＞

3 个实例＞4 个实例"，表明旅游语篇主要用表示 1 个实例的包容型关系小句来描写旅游目的地。容器图式可用于解析表示空间和时间的环境型关系小句的结构。据统计，在使用比例为 14.10% 的环境型关系小句中，表示空间和表示时间的比例为 93.10%：6.90%，表明旅游语篇中的环境型关系小句主要用于呈现旅游目的地的空间地理信息。此外，结合连接图式和容器图式，部分-整体图式可以用于描述整体对身体部位的占有、整体-部分关系、所有权、控制、介入等所有型关系。据统计，使用比例为 12.90% 的所有型关系小句主要识解四种所有型关系，这四种关系按使用比例（80.90%：16.80%：1.60%：0.70%）依次排序为"拥有者-被拥有者＞整体-部分＞部分-整体＞被拥有者-拥有者"，其中前两种关系的使用比例加起来高达 97.70%，表明旅游语篇中的所有型关系小句主要用于表达旅游景点所拥有的以及可以为潜在游客提供的信息和服务。

其次，理想化认知模型是认知和语言之间的表征中介，因此可以用来解析关系小句的句法结构。用于描写关系小句句法结构的理想化认知模型主要包括经典事件模型、事件域认知模型、射体-界标模型、参照点模型和命题模型。研究发现，鉴于关系小句是一种描写静态事件的小句类型，因此，结合事件域认知模型的静态概念，通过改良的经典事件模型，我们可以对表达静态事件的关系小句进行认知模型分析。换言之，经典事件模型中的舞台模型和事件域认知模型中的静态场景概念相结合可用于描述由关系小句表征的静态事件，即这两种认知模型的优化组合可以用来解析关系小句的句法结构。此外，结合静态场景概念的射体-界标模型和参照点模型也可以用来描写关系小句中用作参照点/射体的主语/主位。因此，根据优化组合而成的参照点/射体认知模型，我们可以将关系小句描写的对象（即主语或主位）识解为六个语义类型的参照点/射体。根据统计，这六个类型的参照点/射体按使用比例（52%：17%：16%：6%：5%：4%）依次排序为"位置＞非实体＞人物＞实体＞方式＞事件"的顺序，表明旅游语篇中的关系小句主要用于提供旅游目的地在时间、地点和方位等方面的位置信息，次要用于描述关于旅游景点抽象的观点和概念（包括心理感受），以及既是旅游主体又是旅游目的地人文地理景观重要组成部分的人物。最后，根据命题结构原则，本书采用"两分法"，将命题解析为一个主项-谓项结构，同时将不做真假判断的疑问句、感叹句和祈使句排除在命题范畴之外，只对关系小句的陈述语气进行命题模型分析。根据统计，98.86%的关系小句为陈述句，其中76%为简单命题，24%为复合命题，这表明旅游知识或信息主要体现为简单命题，因为相比较逻辑语义关系较为复杂的复合命题，由简单命题建构的旅游语篇更容易被读者理解，因而更有助于旅游目的地人文地理知识的传播。总之，经典事件模型与事件域认知模型、射体-界标模型与参照点模型、以及命题模型等理想化认知模型，可用于描述关系小句的概念结构和句法构式。

此外，构式语法也可以用来分析关系小句的语法结构。构式是指两个或以上的象征单位形成的结构，是由形式和意义/功能组成的信息存储单元。根据构式语法，本书将关系小句划分为表述性关系构式和谓述性关系构式，两者的使用比例分别为87.10%和12.90%，这表明旅游语篇中的关系小句主要使用表述性关系构式来描述事体的属性或特征，也表明这一类构式是构建旅游目的地知识的"最受喜欢的构式类型"。根据统计，四种表述性关系构式按使用比例（54.50%：29.50%：16%：0%）依次排序为"表述性名词构式＞表述性形容词构式＞表述性介词短语构式＞表述性所有格构式"，其中表述性名词构式的使用比例最高，表明旅游语篇多用表述性名词构式来建构旅游知识或信息，而占比为零表述性所有格构式表明这种构式不适用于旅游语篇。此外，在占比为12.90%的谓述性关系构式中，拥有者-被拥有者关系（包括整体-部分关系）和被拥有者-拥有者关系（包括部分-整体关系）在旅游语篇语料库的比例为97.70%：2.30%，如此悬殊比例，表明前者在谓述性所有格构式中的绝对主导地位。这些数据表明，旅游语篇中的大多数占有者-被占有者构式并不都表示真正意义上的占有关系，即主体对客体施加的物理控制。相反，通过占有关系的转喻和隐喻延伸，这类构式大多用于展示旅游目的地拥有的条件以及能够提供的信息和服务。总之，根据认知语言学模型对关系小句构式进行的统计分析，有助于更好地理解系统功能语法中关系小句在识解经验世界中的作用，例如，表述性名词构式大体上对应于识别式小句，可以用于识别、定义、例示、证明、解释等，从而理解关系小句构式在旅游语篇知识构建中的重要作用。

最后，由维特根斯坦"家族相似性"原理发展而来的原型范畴理论在认知语言学研究中占有重要地位。鉴于建立范畴是构建知识的重要途径，本书从原型视角对关系小句的类型、关系及物性、时态与语态、语气与极性逐一进行了分析。研究发现，关系小句范畴就是围绕包容型小句建立起来的，因为包容型小句是首创的，而且，从使用比例看，相比较环境型小句和所有型小句，包容型小句在整个关系小句范畴中拥有最多的共同属性和最大的家族相似性，显示其在整个关系小句范畴中的原型地位。关系及物性包括体现参与者的名词词组、体现关系过程的动词词组、以及时态和语态。在对由名词词组体现的参照点/主语进行的语料库统计分析中，六个类型的参照点/主语按使用比例（52%：17%：16%：6%：5%：4%）依次排序为"位置＞非实体＞人物＞实体＞方式＞事件"，在充当主语的名词范畴中，原型成员的使用比例仅为22%，而非原型成员的使用比例高达78%，表明用于建构旅游语篇的关系小句多使用名词范畴中的非原型成员来描写旅游目的地并创建旅游形象。在对动词词组的统计分析中，体现关系小句过程的五个高频动词（be、have、offer、provide、include）的使用比例合计达79.50%，这些连接动词不是典型的及物动词，所在的句子里没有施事者（即主语不是施事者，而是描写的对象），也没有充当宾语的受事者，这表明体现关系小句过程的连接动词是动词范畴的非原型用法。在对时态的统计分析中，相比较过去时（20.60%）和将来时（1.60%），占比77.80%的现在时表明其作为无标记时态的原型用法，彰显其在时态范畴中的原型地位，同时也表明旅游语篇中的关系小句大多使用现在时表示现阶段主体（语）非动作性的状态或特征，以及对旅游语篇中具有时间指示性的关系过程的实时描述。在对语态的统计分析中，本书发现由连接动词体现的关系小句使用的中动语态是语态范畴中的非原型用法，因为连接动词没有被动形式，其所在的关系小句里既没有施事者也没有受事者。在对语气系统的统计分析中，四种语气类型按使用比例（98.86%：0.49%：0.41%：0.24%）依次排序为"陈述＞祈使＞疑问＞感叹"，陈述语气以 98.86%的比例彰显其在关系小句语气范畴中的原型地位。此外，在陈述语气的功能范畴中，描述现实和传递信息是原型用法，而表达观点和提供证据是非原型用法，这表明旅游语篇中的关系小句主要使用陈述语气来描述旅游目的地以及传递旅游信息。最后，在对极性系统的统计分析中，肯定句和否定句的使用比例（95.70%：4.30%）表明，表明旅游语篇中关系小句主要使用肯定极性对命题做出肯定的判断，即语料库中 95.70%的关系小句使用肯定陈述句来表征正向的旅游信息或知识。

总之，对关系小句的类型、关系及物性、语气和极性系统进行的原型分析有助于理解关系小句是使用什么类型的范畴成员来构建旅游语篇知识的。

五、不足之处

本书主要从互补的系统功能语言学-认知语言学理论框架分析关系小句的功能语义和认知机制。虽然有上述研究发现，但本书仍存在一些不足之处亟待进一步改进。

首先，虽然系统功能语法认为小句同时体现概念意义、人际意义和语篇意义，但当关系小句被抽离篇内语境而独立存在时，对关系小句进行的语篇功能分析就显得没有多大意义，即主位推进模式和信息流动机制不适用于关系小句的语篇功能分析。因此，本书主要从主位结构和信息结构这两个功能视角探讨关系小句如何将经验意义和人际意义组织在一个句子并进一步建构旅游语篇。

其次，体现人际意义的态度形容词的分类存在问题。根据马丁（1997b）的评价理论，态度形容词可用于表达情感、判断和欣赏。然而，有些形容词可以在一种情形下表达情感，而在另一种语境则表达欣赏，例如 comfortable、festive、lucky 等。此外，有些形容词既可以是判断，如 good deed、bad guy，也可以表达赞赏，如 good thing、bad weather。虽然各层级的语言表达之间在本质上没有明确的界限，这是可以理解的，但是情感、判断和欣赏语义类别之间的模糊边界还是会影响语料库统计的准确性。

再次，由于条件和能力所限，本书采用的定量方法依赖于本人自建的小型语料库，未能使用大型语料库数据来统计分析旅游语篇中的关系小句。

最后，本书没有一款强大的计算机软件可用于自动识别所有的限定小句，并从中区分和统计出所有关系小句类型及其高频动词、评价词汇等数据。此外，由于没有得力软件的支持，本书不得不花费大量时间从关系小句、连接动词和态度形容词等集合中识别并分离出虚假实例。例如，虽然有赋码软件，但此类软件通常不考虑语境而进行赋码，因此本人必须通过手动将助动词 be 和 have 与连接动词 be 和 have 区分开来，以获得语料库中关系小句的五个高频动词的真实使用比例。人工识别通常意味着艰巨的任务，以及语言数据统计出现偏差的可能性。因此，我们要做的是设计好研究方法，尽可能减少错误与失真，使识别和统计达到合理的准确性。

第二节　研究展望

本书结合系统功能语言学理论和认知语言学理论，全面分析了旅游语篇中的关系小句。总体而言，本书有以下三方面的展望，即有一些领域应该得到更详细的处理和应用。

首先，有待于改进的语料库统计问题。在未来的语言学研究里，一定要善于使用更先进的语料库检索软件来准确识别和统计大型语料库中我们感兴趣的小句类型以及语法系统的所有实例，因为基于准确的语言数据所作的论断才具有可信度。

其次，除了旅游语篇，关系小句的研究也适用于其他如学术语篇和教育语篇的语类，即我们可以研究关系小句如何在学术语篇里用于表达观点，以及关系小句如何在学科教材里用于建构学科知识。此外，关系小句的功能-认知方法也可以应用于其他小句类型的研究，如旅游语篇中常用的存在小句。此外，功能-认知方法也可应用于翻译实践，这不仅有助于理解关系小句在旅游语篇建构中的重要作用，通过对旅游语篇的翻译也有助于宣传和推广旅游目的地的人文地理。

最后，未来语言学研究的跨学科融创视角。需要说明的是，本书的研究方法得益于笔者在厦门大学外文学院读博期间撰写的两篇课程论文：一篇是《语言-音乐多模态语篇构建的认知-功能对比研究》，该论文已于 2020 年刊发在《教育语言学研究》第二卷；另一篇是《系统功能语言学与文化语言学的界面研究》，该论文目前待刊。第一篇从认知和功能视角对语言和音乐两种符号模式及其关系进行对比研究，进而探讨语言-音乐多模态语篇对教育教学的理论启示和实践意义；第二篇从界面视角探讨系统功能语言学和文化语言学两个语言学科分支之间的关系，其目的是通过摒弃门户之见发现学科之间的交叉途径与动力。本书就是在功能-认知总体框架下建立更为具体且互补的系统功能语言学-认知语言学理论框架来分析旅游语篇中的关系小句。简而言之，语言学研究不必囿于门户之见，要善于从跨学科融创视角研究我们感兴趣的语言现象，从而使语言学研究变得丰富而全面。

参考文献

[1] Aarts, B., Chalker, S. & Weiner, E. The Oxford Dictionary of English Grammar (2nd edition) [Z]. Oxford: Oxford University Press, 2014.

[2] Aikhenvald, A. Y. Evidentiality [M]. New York: Oxford University Press, 2004.

[3] Andersen, T. H. Interpersonal meaning and the clause [A]. In T. Bartlett & G. O'Grady (Eds.), The Routledge Handbook of Systemic Functional Linguistics [C]. London & New York: Routledge, 2017: 115-130.

[4] Bach, E. Have and Be in English syntax [J]. Language, 1967, 43(2): 462-485.

[5] Bache, C. The Study of Aspect, Tense and Action: Towards a theory of the semantics of grammatical categories [M]. Frankfurt am Main: Peter Lang, 1997.

[6] Bache, C. English Tense and Aspect in Halliday's Systemic Functional Grammar: A Critical Appraisal and an Alternative [M]. London & Oakville: Equinox, 2008.

[7] Bates, E. & MacWhinney, B. Functionalist approaches to grammar [A]. In L. Gleitman & E. Warner (Eds.), Language Acquisition: State of Art [C]. Cambridge: Cambridge University Press, 1982: 173-218.

[8] Biber, D., Johansson, S., Leech, C., Conrad, S. & Finegan, E. Longman Grammar of Spoken and Written English [M]. Essex: Pearson Education Limited, 1999.

[9] Bloomfield, L. An Introduction to the Study of Language [M]. Amsterdam & Philadelphia: John Benjamins, 1983.

[10] Börjars, K. & Burridge, K. Introducing English Grammar, Second Edition [M]. London: Hodder Education, 2010.

[11] Boye, K. Epistemic Meaning: A Crosslinguistic and Functional-Cognitive Study [M]. Berlin: De Gruyter Mouton, 2012.

[12] Butler, C. S. On the concept of an interpersonal metafunction in English [A]. In M. Berry, C. S. Butler, R. P. Fawcett & G. Huang (Eds.), Meaning and Form: Systemic Functional Interpretations [C]. Norwood, NJ: Ablex Publishing Corporation, 1996: 151-181.

[13] Butler, C. S. & Gonzálvez-García, F. Situating FDG in functional-cognitive space: An initial study [A]. In J. L. Mackenzie & M. de los Ángeles Gómez-González (Eds.), Studies in Functional Discourse Grammar [C]. Bern: Peter Lang, 2005: 109-158.

[14] Butler, C. S. & Gonzálvez-García, F. Exploring Functional-Cognitive Space [M]. Amsterdam & Philadelphia: John Benjamins, 2014.

[15] Bybee, J. & Fleischman, S. An introductory essay [A]. In J. Bybee & S. Fleischman (Eds.), Modality in Grammar and Discourse [C]. Amsterdam & Philadelphia: John Benjamins, 1995: 1-14.

[16] Chen Jiansheng. Construing Experience in Tourism Discourse: A Corpus-based Study of Transitivity System [D]. PhD Dissertation. Hong Kong: Hong Kong Polytechnic University, 2012.

[17] Cienki, A. Frames, idealized cognitive models, and domains [A]. In D. Geeraerts & H. Cuyckens (Eds.), The Oxford Handbook of Cognitive Linguistics [Z]. New York: Oxford University Press, 2007: 170-187.

[18] Conrad, S. & Biber, D. Real Grammar: A Corpus-Based Approach to English [M]. London: Pearson/Longman, 2009.

[19] Croft, W. Radical Construction Grammar: Syntactic Theory in Typological Perspective [M]. Oxford: Oxford University Press, 2001.

[20] Croft, W. Construction grammar [A]. In D. Geeraerts & H. Cuyckens

(Eds.), The Oxford Handbook of Cognitive Linguistics [Z]. New York: Oxford University Press, 2007: 463-508.

[21] Croft, W. & Cruse, D. A. Cognitive Linguistics [M]. Cambridge: Cambridge University Press, 2004.

[22] Davidse, K. A semiotic approach to relational clauses [J]. Occasional Papers in Systemic Linguistics, 1992, (6): 99-132.

[23] Davidse, K. Turning grammar on itself: Identifying clauses in linguistic discourse [A]. In M. Berry, C. S. Butler, R. P. Fawcett & G. Huang (Eds.), Meaning and Form: Systemic Functional Interpretations [C]. Norwood, NJ: Ablex Publishing Corporation, 1996: 367-393.

[24] Davidse, K. Semiotic and possessive models in relational clauses: Thinking about grammar with grammar [J]. Revista Canaria de Estudios Ingleses, 2000, (40): 13-35.

[25] Davidse, K. & Vandenbergen, A. M. S. Introduction: The realization of interpersonal meaning [J]. Word, 2008, 59(1): 3-23.

[26] Declerck, R. Studies on Copular Sentences, Clefts and Pseudo-Clefts [M]. Leuven: Leuven University Press, 1988.

[27] Degaetano-Ortlieb, S. & Teich, E. Register diversification in evaluative language: The case of scientific writing [A]. In G. Thompson & L. Alba-Juez (Eds.), Evaluation in Context [C]. Amsterdam & Philadelphia: John Benjamins, 2014: 241-258.

[28] Dikken, M. D. Relators and Linkers: The Syntax of Predication, Predicate Inversion, and Copulas [M]. Massachusetts: The MIT Press, 2006.

[29] Dirven, R. & Verspoor, M. Cognitive Exploration of Language and Linguistics [M]. Amsterdam: John Benjamins, 1998.

[30] Eggins, S. An Introduction to Systemic Functional Linguistics (2nd edition) [M]. New York & London: Continuum, 2004.

[31] Eggins, S. & J. R. Martin. Genres and registers of discourse [A]. In T. A. van Dijk (ed.), Discourse: a multidisciplinary introduction [C]. London: Sage, 1997: 230-256.

[32] Fawcett, R. P. Cognitive Linguistics and Social Interaction: Towards an Integrated Model of a Systemic Functional Grammar and the Other Components of a Communicating Mind [M]. Heidelberg: Julius Groos and Exeter University, 1980.

[33] Fawcett, R. P. A theory of syntax for Systemic Functional Linguistics [M]. Amsterdam & Philadelphia: John Benjamins, 2000.

[34] Fawcett, R. P. Invitation to Systemic Functional Linguistics through the Cardiff Grammar: An Extension and Simplification of Halliday's Systemic Functional Grammar (3rd edition) [M]. London: Equinox, 2008.

[35] Fawcett, R. P., Tucker, G. H. & Lin, Y. Q. How a systemic functional grammar works: The role of realization in realization [A]. In H. Horacek & M. Zock (Eds.), New Concepts in Natural Language Generation: Planning, Realization and Systems [C]. London & New York: Pinter Publishers, 1993: 114-186.

[36] Firth, J. R. Papers in Linguistics 1934-1951 [M]. London: Oxford University Press, 1957.

[37] Foley, W. A. Anthropological Linguistics: An Introduction [M]. Beijing: Foreign Language Teaching and Research Press, 1997.

[38] Fontaine, L. Analysing English Grammar: A Systemic Functional Introduction [M]. Cambridge: Cambridge University Grammar, 2013.

[39] Freeborn, D. A Course Book in English Grammar, Second Edition [M]. London: Macmillan, 1995.

[40] García-Miguel, J. M. Clause structure and transitivity [A]. In D. Geeraerts & H. Cuyckens (Eds.), The Oxford Handbook of Cognitive

Linguistics [Z]. New York: Oxford University Press, 2007: 753-781.

[41] Gaskin, R. Bradley's Regress, The Copula and the Unity of the Proposition [J]. The Philosophical Quarterly, 1995, 45(45): 161-180.

[42] Geeraerts, D. & Cuyckens, H. Introducing cognitive linguistics [A]. In D. Geeraerts & H. Cuyckens (Eds.), The Oxford Handbook of Cognitive Linguistics [Z]. New York: Oxford University Press, 2007: 3-21.

[43] Givón, T. Syntax: A Functional-Typological Introduction, Volume 1 [M]. Amsterdam: John Benjamins, 1984.

[44] Goldberg, A. E. Constructions: A Construction Grammar Approach to Argument Structure [M]. Chicago: University of Chicago Press, 1995.

[45] Goldberg, A. E. Constructions: A new theoretical approach to language [J]. Trends in Cognitive Science, 2003, 7(5): 219-224.

[46] Goldberg, A. E. Constructions at Work: The Nature of Generalization in Language [M]. New York: Oxford University Press, 2006.

[47] Goldberg, A. E. & Jackendoff, R. The English resultative as a family of constructions [J]. Language, 2004, 80(3): 532-568.

[48] Goldrei, D. Propositional and Predicate Calculus: A Model of Argument [M]. London: Springer, 2005.

[49] Gonzálvez-García, F. & Butler, C. S. Mapping functional-cognitive space [J]. Annual Review of Cognitive Linguistics, 2006, 4(1): 39-96.

[50] González, M. Á. G., Ibáñez, F. J., Gonzálvez-García, F. & Downing, A. Introduction: Plotting functional-cognitive space [A]. In M. de los Ángeles Gómez González, F. J. R. de Mendoza Ibáñez & F. Gonzálvez-García (Eds.), Theory and Practice in Functional-Cognitive Space [C]. Amsterdam & Philadelphia: John Benjamins, 2014: 1-29.

[51] Graham, A. C. 'Being' in linguistics and philosophy: A preliminary inquiry [J]. Foundations of Language, 1965, (1): 223-231.

[52] Greenbaum, S. The Oxford English Grammar [M]. Oxford: Oxford University Press, 1996.

[53] Greenbaum, S. & Nelson, G. An Introduction to English Grammar (3rd Edition) [Z]. London & New York: Routledge, 2009.

[54] Gregory, M. Generic situation and register: A functional view of communication [A]. In J. D. Benson, M. J. Cummings & W. S. Greaves (Eds.), Linguistics in a Systemic Perspective [C]. Amsterdam & Philadelphia: John Benjamins, 1988: 301-329.

[55] Halliday, M. A. K. Categories of the theory of grammar [J]. Word, 1961, 17(3): 241-292.

[56] Halliday, M. A. K. Notes on transitivity and theme in English: Part 1 [J]. Journal of Linguistics, 1967a, 3(1): 37-81.

[57] Halliday, M. A. K. Notes on transitivity and theme in English: Part 2 [J]. Journal of Linguistics, 1967b, 3(2): 199-244.

[58] Halliday, M. A. K. Notes on transitivity and theme in English: Part 3 [J]. Journal of Linguistics, 1968, 4(2): 179-215.

[59] Halliday, M. A. K. Options and functions in the English clause [J]. Brno Studies in English, 1969, (8): 81-88.

[60] Halliday, M. A. K. Language Structure and Language Function [A]. In J. Lyons (ed.), New Horizons in Linguistics [C]. Harmondsworth: Penguin Books, 1970a: 140-165.

[61] Halliday, M. A. K. Functional diversity in language as seen from a consideration of modality and mood in English [J]. Foundations of Language, 1970b, 6: 322-361.

[62] Halliday, M. A. K. Explorations in the Functions of Language [M]. London: Edward Arnold, 1973.

[63] Halliday, M. A. K. Functions and universals [A]. In G. Kress (Ed.), Halliday: System and Function in Language [C]. London: Oxford

University Press, 1976: 26-35.

[64] Halliday, M. A. K. Language as Social Semiotic: The Social Interpretation of Language and Meaning [M]. London: Edward Arnold, 1978.

[65] Halliday, M. A. K. An Introduction to Functional Grammar [M]. London: Edward Arnold, 1985a.

[66] Halliday, M. A. K. Systemic background [A]. In J. D. Benson & W. S. Greaves (Eds.), Systemic Perspectives on Discourse [C]. New York: Ablex publishing, 1985b: 1-15.

[67] Halliday, M. A. K. How do you mean? [A]. In M. Davies & L. Ravelli (Eds.), Advances in Systemic Linguistics: Recent Theory and Practice [C]. London: Frances Pinter, 1992: 20-35.

[68] Halliday, M. A. K. 1994. An Introduction to Functional Grammar (2nd edition) [M]. London: Edward Arnold.

[69] Halliday, M. A. K. On Grammar and grammatics [A]. In R. Hasan, C. Cloran & D. Butt (Eds.), Functional Descriptions: Theory in Practice [C]. Amsterdam: John Benjamins, 1996: 1-38.

[70] Halliday, M. A. K. The Grammatical Construction of Scientific Knowledge: The Framing of the English Clause [A]. In J. J. Webster (ed.), 2004. Volume 5 in the Collected Works of M. A. K. Halliday: The Language of Science [C]. London & New York: Continuum, 1999: 102-134.

[71] Halliday, M. A. K. Volume 3 in the Collected Works of M. A. K. Halliday: On Language and Linguistics [C]. Edited by Jonathan Webster. London & New York: Continuum, 2003.

[72] Halliday, M. A. K. An Introduction to Functional Grammar (3rd edition) [M]. Revised by C. Matthiessen. London: Arnold, 2004.

[73] Halliday, M. A. K. Volume 6 in the Collected Works of M. A. K.

Halliday: Computational and Quantitative Studies [C]. Edited by Jonathan Webster. London & New York: Continuum, 2005.

[74] Halliday, M. A. K. Complementarities in Language [M]. Beijing: Commercial Press, 2008.

[75] Halliday, M. A. K. The gloosy ganoderm: Systemic functional linguistics and translation [J]. Chinese Translators Journal, 2009, (1): 17-26.

[76] Halliday, M. A. K. Halliday's Introduction to Functional Grammar (4th edition) [M]. Revised by C. Matthiessen. London & New York: Routledge, 2014.

[77] Halliday, M. A. K. & Hasan, R. Cohesion in English [M]. London: Longman, 1976.

[78] Halliday, M. A. K. & Hasan, R. Language, Context, and Text: Aspects of Language in A Social-semiotic Perspective [M]. Victoria: Deakin University Press, 1985.

[79] Halliday, M. A. K. & James, Z. L. A quantitative study of polarity and primary tense in the English finite clause [A]. In J. M. Sinclair, M. Hoey & G. Fox (Eds.), Techniques of Description: Spoken and Written Discourse [C]. London & New York: Routledge, 1993: 32-66.

[80] Halliday, M. A. K., Lamb, S. & Regan, J. In Retrospect: Using Language and Knowing How. Twelfth in a series of seminars: Issues in Communication, Claremont Graduate School, 1988.

[81] Halliday, M. A. K. & Martin, J. R. Writing Science: Literacy and Discursive Power [M]. London: The Falmer Press, 1993.

[82] Halliday, M. A. K. & Matthiessen, C. M. I. M. Construing Experience Through Meaning: A Language-based Approach to Cognition [M]. London: Cassell, 1999.

[83] Harder, P. Functional Semantics: A Theory of Meaning, Structure and

Tense in English [M]. Berlin & New York: Mouton de Gruyter, 1996.

[84] Harvey, A. Definitions in English technical discourse: A study in metafunctional dominance and interaction [J]. Functions of Language, 1999, 6(1): 53-94.

[85] Harvey, A. Relational clauses in English technical discourse: Patterns of verb choice [J]. Pragmatics, 2001, 11(4): 379-400.

[86] Hasan, R. Text in the systemic-functional model [A]. In P. Dressler (Ed.), Current Trends in Text Linguistics [C]. Berlin: Walter de Gruyter, 1977: 228-246.

[87] Hasan, R. The structure of a text [A]. In M. A. K. Halliday & R. Hasan (Eds.), Language, Context, and Text: Aspects of Language in A Social-semiotic Perspective [C]. Geelong Vic.: Deakin University Press, 1985: 52-69.

[88] Hasan, R. The conception of context in text [A]. In P. H. Fries & M. Gregory (Eds.), Discourse in Society: Systemic Functional Perspectives [C]. Norwood, NJ: Ablex, 1995: 183-283.

[89] Heine, B. Possession: Cognitive Sources, Forces, and Grammaticalization [M]. Cambridge: Cambridge University Press, 1997.

[90] Hewson, J. Tense [A]. In Robert Bennick (Ed.), The Oxford Handbook of Tense and Aspect [Z]. New York: Oxford University Press, 2012: 507-535.

[91] Heyvaert, L. A Cognitive-Functional Approach to Nominalization in English [M]. Berlin & New York: Mouton de Gruyter, 2003.

[92] Huddleston, R. Introduction to the Grammar of English [M]. Cambridge: Cambridge University Press, 1984.

[93] Hudson, R. A. English Word Grammar [M]. Oxford: Blackwell, 1990.

[94] Hudson, R. A. Word grammar [A]. In D. Geeraerts & H. Cuyckens

(Eds.), The Oxford Handbook of Cognitive Linguistics [Z]. New York: Oxford University Press, 2007: 509-539.

[95] Hudson, R. A. Word grammar and construction grammar [A]. In G. Trousdale & N. Gisborne (Eds.), Constructional Approaches to English Grammar [C]. Berlin & New York: Mouton de Gruyter, 2008: 257-302.

[96] Hudson, R. A. Cognitive functionalism in language education [A]. In M. de los Ángeles Gómez González, F. J. R. de Mendoza Ibáñez & F. Gonzálvez-García (Eds.), Theory and Practice in Functional-Cognitive Space [C]. Amsterdam & Philadelphia: John Benjamins, 2014: 253-270.

[97] Hunston, S. & Sinclair, J. A local grammar of evaluation [A]. In S. Hunston & G. Thompson (Eds.), Evaluation in Text: Authorial Stance and the Construction of Discourse [C]. Oxford: Oxford University Press, 2000: 74-101.

[98] Jackendoff, R. Semantics and Cognition [M]. Massachusetts: MIT Press, 1983.

[99] Jackendoff, R. Patterns in the mind: Language and Human nature [M]. New York: BasicBooks, 1994.

[100] Jackendoff, R. The Architecture of the Language Faculty [M]. Cambridge, Massachusetts: The MIT Press, 1997.

[101] Jespersen, O. The Philosophy of Grammar [M]. London: George Allen & Unwin Ltd, 1924.

[102] Jespersen, O. Essentials of English Grammar [M]. London: Routledge, 1933.

[103] Jespersen, O. Analytic Syntax [M]. Chicago: The University of Chicago Press, 1984.

[104] Johnson, M. The Body in the Mind: The bodily Basis of Meaning, Imagination, and Reason [M]. Chicago: University of Chicago Press,

1987.

[105] Johnson, M. & Lakoff, G. Why cognitive linguistics requires embodied realism [J]. Cognitive Linguistics, 2002, 13(3): 245-263.

[106] Kolln, M. & Funk, R. Understanding English Grammar, Ninth Edition [M]. New Jersey: Pearson Education, Inc, 2012.

[107] Kuhn, T. S. The Structure of Scientific Revolutions [M]. Chicago: University of Chicago Press, 1962.

[108] Laffut, A. Three-Participant Constructions in English: A Functional-Cognitive Approach to Caused Relations [M]. Amsterdam & Philadelphia: John Benjamins, 2006.

[109] Lakoff, G. Women, Fire, and Dangerous Things: What Categories Reveal About the Mind [M]. Chicago: The University of Chicago Press, 1987.

[110] Lakoff, G. & Johnson, M. Metaphors We Live By [M]. Chicago: The University of Chicago Press, 1980.

[111] Lakoff, G. & Johnson, M. Philosophy in the Flesh: The Embodied Mind and its Challenge to Western Thought [M]. New York: Basic Books, 1999.

[112] Langacker, R. W. The integration of grammar and grammatical change [J]. Indian Linguistics, 1981, 42: 82-135.

[113] Langacker, R. W. Space grammar, analysability, and the English passive [J]. Language, 1982, 58 (1): 22-80.

[114] Langacker, R. W. Foundation of Cognitive Grammar vol. I: Theoretical Prerequisites [M]. Stanford: Stanford University Press, 1987.

[115] Langacker, R. W. Concept, Image, and Symbol: The Cognitive Basis of Grammar [M]. Berlin: Mouton de Gruyter, 1990.

[116] Langacker, R. W. Foundation of Cognitive Grammar vol.II:

Descriptive Application [M]. Stanford: Stanford University Press, 1991.

[117] Langacker, R. W. Reference-point constructions [J]. Cognitive Linguistics, 1993, 4: 1-38.

[118] Langacker, R. W. Possession and possessive constructions [A]. In J. R. Taylor & R. E. MacLaury (Eds.), Language and the Cognitive Construal of the World [C]. Berlin: Mouton de Gruyter, 1995: 51-79.

[119] Langacker, R. W. The contextual basis of cognitive semantics [A]. In J. Nuyts & E. Pederson (Eds.), Language and Conceptualization [C]. Cambridge: Cambridge University Press, 1997: 229-252.

[120] Langacker, R. W. Grammar and Conceptualization [M]. Berlin: Mouton de Gruyter, 2000.

[121] Langacker, R. W. Cognitive grammar [A]. In D. Geeraerts & H. Cuyckens (Eds.), The Oxford Handbook of Cognitive Linguistics [Z]. New York: Oxford University Press, 2007: 421-462.

[122] Leech, G. & J. Svartvik. A Communicative Grammar of English, Third Edition [M]. London & New York: Routledge, 2003.

[123] Lemke, J. L. Textual Politics: Discourse and Social Dynamics [M]. London: Taylor & Francis, 1995.

[124] Lenci, A. The structure of predication [J]. Synthese, 1998, 114(2): 233-276.

[125] Lyons, J. A note on possessive, existential and locative sentences [J]. Foundations of Language, 1967, (3): 390-396.

[126] Lyons, J. Semantics. Cambridge: Cambridge University Press, 1977.

[127] Malinowski, B. The problem of meaning in primitive languages [A]. In C. K. Ogden & I. A. Richards (Eds.), The Meaning of Meaning [C]. London: Kegan Paul, 1923: 296-336.

[128] Malinowski, B. Coral Gardens and their Magic [M]. London: Allen

& Unwin/New York: American Book Co., 1935.

[129] Martin, J. R. Lexical cohesion, field and genre: Parcelling experience and discourse goals [R]. Paper presented at the second Rice Symposium in Linguistics and Semiotics: Text Semantics and Discourse Semantics, 1984.

[130] Martin, J. R. English Text: System and Structure [M]. Philadelphia & Amsterdam: John Benjamins, 1992.

[131] Martin, J. R. Register and genre: Modeling social context in functional linguistics [A]. In E. R. Pedro (Ed.), Discourse Analysis: Proceedings of First International Conference on Discourse Analysis [C]. Lisbon: Portuguese Linguistics Association, 1997a: 305-344.

[132] Martin, J. R. Analysing genre: Functional parameters [A]. In F. Christie & J. Martin (Eds.), Genre and Institutions: Social Processes in the Workplace and School [C]. London: Cassell, 1997b: 3-39.

[133] Martin, J. R. Beyond exchange: Appraisal systems in English [A]. In S. Hunston & G. Thompson (Eds.), Evaluation in Text: Authorial Stance and the Construction of Discourse [C]. Oxford: Oxford University Press, 2000: 142-175.

[134] Martin, J. R. Mourning: How we get aligned [J]. Discourse & Society, 2004, 15(2-3): 321-344.

[135] Martin, J. R., Wignell, P. & Eggins, S. The discourse of geography: Ordering and explaining the experiential world [J]. Linguistics & Education, 1989, 1(4): 359-392.

[136] Martin, J. R. & Rose, D. Working with Discourse: Meaning beyond the Clause [M]. London & New York: Continuum, 2003.

[137] Martin, J. R. & White, P. R. R. The Language of Evaluation: Appraisal in English [M]. London & New York: Palgrave Macmillan, 2005.

[138] Martin, J. R., Matthiessen, C. M. I. M. & Painter, C. Deploying Functional Grammar [M]. Beijing: The Commercial Press, 2010.

[139] Mathesius, V. On linguistic characteriology with illustrations from Modern English [A]. In Actes du premier congrès international de linguistes à la Haye. Reprinted in J. Vachek (Ed.), A Prague School Reader in Linguistics [C]. Bloomington: Indiana University Press, 1928.

[140] Matthiessen, C. M. I. M., Teruya, K. & Lam, M. Key Terms in Systemic Functional Linguistics [M]. London: Continuum, 2010.

[141] Mcenery, T. & Hardie, A. Corpus Linguistics Method: Theory and Practice [M]. Cambridge: Cambridge University Press, 2012.

[142] Moro, A. The Raising of Predicates: Predicative Noun Phrases and the Theory of Clause Structure [M]. Cambridge: Cambridge University Press, 1997.

[143] Nuyts, J. Cognitive linguistics and functional linguistics [A]. In D. Geeraerts & H. Cuyckens (Eds.), The Oxford Handbook of Cognitive Linguistics [Z]. New York: Oxford University Press, 2007: 543-565.

[144] Oakley, T. Image schemas [A]. In D. Geeraerts & H. Cuyckens (eds.), The Oxford Handbook of Cognitive Linguistics [Z]. New York: Oxford University Press, 2007: 214-235.

[145] Over, D. E. Predicative and Constructive Knowledge [J]. Analysis, 1982, 42(3): 140-146.

[146] Penston, T. A Concise Grammar for English Language Teachers [M]. Ireland: TP Publications, 2005.

[147] Praet, W. V. & Davidse, K. Revisiting the typology of English copular clauses: Ascription and specification in categorizing and identifying clauses [J]. Leuven Working Papers in Linguistics, 2015, (4): 1-32.

[148] Pütz, M. Cognitive linguistics and applied Linguistics [A]. In D.

Geeraerts & H. Cuyckens (Eds.), The Oxford Handbook of Cognitive Linguistics [Z]. New York: Oxford University Press, 2007: 1139-1159.

[149] Quirk, R. & Greenbaum, S. A University Grammar of English [M]. London: Longman, 1973.

[150] Quirk, R., Greenbaum, S., Leech, G. & Svartvik, J. A Comprehensive Grammar of the English Language [M]. London: Longman, 1985.

[151] Radden, G. & Dirven, R. Cognitive English Grammar [M]. Amsterdam & Philadelphia: John Benjamins, 2007.

[152] Rasinger, S. M. Quantitative Research in Linguistics: An Introduction [M]. London, New Dehli, New York & Sydney: Bloomsbury, 2013.

[153] Rosch, E. & Mervis, C. B. Family resemblances: Studies in the internal structure of categories [J]. Cognitive Psychology, 1975, 7(4): 573-605.

[154] Sapir, E. Language: An Introduction to the Study of Speech [M]. New York: Harcourt, Brace, 1921.

[155] Scheibman, J. Point of View and Grammar: Structural Patterns of Subjectivity in American English Conversation [M]. Amsterdam & Philadelphia: John Benjamins, 2002.

[156] Schmid, H. Entrenchment, salience, and basic levels [A]. In D. Geeraerts & H. Cuyckens (Eds.), The Oxford Handbook of Cognitive Linguistics [Z]. New York: Oxford University Press, 2007: 117-138.

[157] Siewierska, A. Functional and cognitive grammars [J]. Foreign Language Teaching and Research, 2011, 43(5): 643-664.

[158] Stalmaszczyk, P. Philosophy of language: Definitions, disciplines, and approaches [A]. In P. Stalmaszczyk (Ed.), The Cambridge Handbook of the Philosophy of Language [Z]. Cambridge:

Cambridge University Press, 2022: 1-48.

[159] Stassen, L. Predicative Possession [M]. Oxford: Oxford University Press, 2009.

[160] Stubbs, M. Quantitative data on multi-word sequences in English: The case of the word world [A]. In M. Hoey, M. Mahlberg, M. Stubbs & W. Teubert (Eds.), Text, Discourse and Corpora: Theory and Analysis [C]. London & New York: Continuum, 2007: 163-189.

[161] Talmy, L. Force dynamics in language and thought [J]. Chicago Linguistic Society, 1985, 21(2): 293-337.

[162] Taylor, J. R. Linguistic Categorization: Prototypes in Linguistic Theory [M]. Oxford: Oxford University Press, 1989.

[163] Taylor, J. R. Linguistic Categorization: Prototypes in Linguistic Theory (2nd edition) [M]. Oxford: Oxford University Press, 1995a.

[164] Taylor, J. R. Introduction: On construing the world [A] In J. R. Taylor & R. E. MacLaury (Eds.), Language and the Cognitive Construal of the World [C]. 1-21. Berlin: Mouton de Gruyter, 1995b.

[165] Taylor, J. R. Possessives in English: An Exploration in Cognitive Grammar [M]. Oxford: Oxford University Press, 1996.

[166] Taylor, J. R. Cognitive Grammar [M]. Oxford: Oxford University Press, 2002.

[167] Taylor, J. R. Cognitive linguistics and autonomous linguistics. In D. Geeraerts & H. Cuyckens (Eds.), The Oxford Handbook of Cognitive Linguistics [Z]. 566-588. New York: Oxford University Press, 2007.

[168] Teubert, W. Language and corpus linguistics [A]. In M. A. K Halliday, W. Teubert, C. Yallop & A. Čermáková (Eds.), Lexicology and Corpus Linguistics: An Introduction [C]. London: Continuum, 2004: 73-112.

[169] Teubert, W. My version of corpus linguistics [J]. International Journal

of Corpus Linguistics, 2005, 10(1):1-13.

[170] Thomson, A. J. & Martinet, A. V. A Practical English Grammar, Fourth Edition [Z]. Oxford: Oxford University Press, 1986.

[171] Thompson, G. Introducing Functional Grammar [M]. London: Arnold, 1996.

[172] Thompson, G. Introducing Functional Grammar (2nd edition) [M]. London: Arnold, 2004.

[173] Thompson, G. Introducing Functional Grammar (3rd edition) [M]. London & New York: Routledge, 2014.

[174] Tomasello, M. Introduction: A cognitive-functional perspective on language structure [A]. In M. Tomasello (Ed.), The New Psychology of Language: Cognitive and Functional Approaches to Language Structure [C]. Mahwah, New Jersey: Lawrence Erlbaum Associates, Inc., 1998: vii-xxiii.

[175] TripAdvisor. Best Destinations in the World [Z]. https://www.tripadvisor.in/TravelersChoice-Destinations, 2021.

[176] TripAdvisor. Travel Articles [Z]. https://www.tripadvisor.in/Articles, 2021.

[177] Tuggy, D. Schematicity [A]. In D. Geeraerts & H. Cuyckens (Eds.), The Oxford Handbook of Cognitive Linguistics [Z]. New York: Oxford University Press, 2007: 82-116.

[178] Tyurkan, E. Holistic linguistics: Anthropocentric foundations and the functional-cognitive paradigm [J]. Prague Journal of English Studies, 2015, 4(1): 125-156.

[179] Ungerer, F. & H. J. Schmid. An Introduction to Cognitive Linguistics [M]. London: Longman, 1996.

[180] Ungerer, F. & H. J. Schmid. An Introduction to Cognitive Linguistics (2nd ed) [M]. Harlow: Pearson Education Limited, 2006.

[181] Wikipedia. Institution [Z]. https://en.wikipedia.org/wiki/Institution, 2023.

[182] Wikipedia. Proposition [Z]. https://en.wikipedia.org/wiki/Proposition, 2023.

[183] Whitney, W. D. The varieties of predication [J]. Transactions of the American Philological Association (1869-1896), 1883, (14): 36-41.

[184] Wittgenstein, L. Philosophical Investigations [M]. Oxford: Blackwell, 1953.

[185] Zlatev, J. Spatial semantics [A]. In D. Geeraerts & H. Cuyckens (Eds.), The Oxford Handbook of Cognitive Linguistics [Z]. New York: Oxford University Press, 2007: 318-350.

[186] 薄冰. 高级英语语法[Z]. 北京：世界知识出版社，2000.

[187] 陈聪颖. 旅游话语中篇际互文表现的批评性体裁分析——以携程 APP 中旅游板块的产品介绍为例[D]. 广州：华南理工大学，2018.

[188] 陈明芳，周晗. 汉英旅游语篇翻译中主位推进模式的转换[J]. 英语广场，2017（11）：7-9.

[189] 邓奇，杨忠. 功能认知视角下的英汉感官形容词[J]. 外国问题研究，2013（4）：75-79.

[190] 邓庆环. 关系小句作为评价手段的认知语用分析[J]. 赣南师范学院学报，2009（4）：61-66.

[191] 董保华，全冬. 认知识解与语义构建：认知与功能的互补视角[J]. 外语教学，2015（1）：17-21.

[192] 方琰，E. McDonald. 论汉语小句的功能结构[J]. 外国语，2001（1）：42-46.

[193] 何中清. 功能-认知视角下的构式隐喻理论研究[J]. 外语教学，2013（5）：1-6.

[194] 胡韵. 网络英文旅游景点介绍的功能分析[D]. 杭州：浙江大学，

2006.

[195] 胡壮麟. 系统功能语言学的认知观[J]. 外语学刊，2014（3）：44-50.

[196] 黄国文，赵蕊华. 英语识别小句中的不确定性特征——基于系统功能语言学的符号视角[J]. 中国外语，2013（2）：42-49.

[197] 贾静静. 从语篇功能角度看汉语旅游语篇的英译[D]. 上海：东华大学，2007.

[198] 康宁. 从语篇功能看汉语旅游语篇的翻译[J]. 中国翻译，2005（3）：85-89.

[199] 李律. 从英语连系动词看核心、非核心动词假说[J]. 外语教学与研究，1998（3）：20-27.

[200] 梁兵，蒋平. 旅游语篇多模态话语分析与中国文化对外传播[J]. 外语学刊，2015（2）：155-158.

[201] 梁明霞. 试论英语系动词的词汇意义[J]. 北京农业大学学报，1990（3）：300-342.

[202] 廖福涛. 英语系动词语法化现象研究[J]. 外语学刊，2012（1）：35-37.

[203] 刘爱英，韩景泉. 论英语系动词结构[J]. 现代外语，2004（4）：360-369.

[204] 刘承宇. 语法隐喻的功能-认知文体学研究[D]. 厦门：厦门大学，2007.

[205] 刘若男. 汉英旅游语篇的人际意义对比分析[D]. 长春：东北师范大学，2012.

[206] 刘燕茹. 话语视角下旅游目的地形象建构研究——基于福建省旅游官网英文景点介绍语篇分析[D]. 福州：福建师范大学，2015.

[207] 陆国飞. 旅游景点汉语介绍英译的功能观[J]. 外语教学，2006（5）：78-81.

[208] 苗兴伟. 否定结构的语篇功能[J]. 外语教学与研究，2011（2）：

220-229.

[209] 任绍曾. 为何物质小句又可以是关系小句?——对双重谓语小句动词的认知功能研究[J]. 外国语，2010（2）：2-11.

[210] 任绍曾. 英语实义动词如何融入关系小句——对双重谓语句的认知功能探讨[J]. 外国语，2011（4）：21-31.

[211] 宋丽颖. 英汉旅游语篇体裁对比分析[D]. 曲阜：曲阜师范大学，2016.

[212] 孙羚玲. 英语连系动词的用法[J]. 青海大学学报，2001（4）：95-97.

[213] 王晨曦. 英文旅游语篇对比研究——定量视角管窥[D]. 北京：外交学院，2008.

[214] 王丽秀. 对旅游景点介绍文章的体裁分析[D]. 广州：广东外语外贸大学，2003.

[215] 王晓燕. 中英文旅游景点介绍语篇的语类分析[D]. 北京：中国地质大学，2006.

[216] 王寅. 事件域认知模型及其解释力[J]. 现代外语，2005a（1）：17-26.

[217] 王寅. 语言的体验性——从体验哲学和认知语言学看语言体验观[J]. 外语教学与研究，2005b（1）：38-40.

[218] 王寅. 体验哲学与认知语言学对语言成因的解释力[J]. 国外社会科学，2005c（6）：18-23.

[219] 王寅. 认知语言学[M]. 上海：上海外语教育出版社，2006.

[220] 魏蓉. 主位推进视阈下的旅游语篇汉英翻译[J]. 安徽工业大学学报（社会科学版），2016（4）：34-35，39.

[221] 文建欢. 英汉旅游语篇的态度资源对比分析[D]. 武汉：华中师范大学，2015.

[222] 谢丽丽. 中英网站英语旅游语篇的功能对比研究[D]. 南宁：广西大学，2012.

[223] 徐佳佳. 汉英旅游篇章的功能文体对比分析[D]. 武汉：华中师范大学，2007.

[224] 亚里士多德. 工具论（上篇）[M]. 余纪元等译. 北京：中国人民大学出版社，2003.

[225] 张道真. 实用英语语法[Z]. 北京：外语教学与研究出版社，2002.

[226] 张宏刚. 英语旅游语篇的系统功能语言学分析[D]. 长春：长春理工大学，2008.

[227] 章振邦. 新编高级英语语法[Z]. 上海：上海外语教育出版社，2012.

[228] 张友香. 系统功能视角的旅游语篇英汉对比研究[D]. 南昌：江西师范大学，2005.

[229] 赵蕊华. 识别小句的系统与功能——系统功能语言学的符号视角[D]. 中山：中山大学，2013.

[230] 赵蕊华. 系统功能语言学符号视角下英语识别小句的"穷尽"[J]. 解放军外国语学院学报，2014（5）：99-107.

[231] 赵彦春，黄建华. 英语系动词词库的模块性及其句法语义特征[J]. 福建外语，2001（2）：1-6.

[232] 周琦. 旅游景点介绍语篇的互文性分析[D]. 广州：广东外语外贸大学，2009.